LOCKING
UP
OUR
OWN

当代美国的罪与罚

CRIME AND PUNISHMENT IN BLACK AMERICA

James Forman Jr.

[美国] 詹姆斯 · 福曼 —— 著

马洁 —— 译

译林出版社

图书在版编目（CIP）数据

当代美国的罪与罚 ／（美）詹姆斯·福曼（James Forman Jr.）著；马洁译．
—南京：译林出版社，2023.10
书名原文：Locking Up Our Own: Crime and Punishment in Black America
ISBN 978-7-5447-8547-1

Ⅰ.①当… Ⅱ.①詹… ②马… Ⅲ.①詹姆斯·福曼－自传 Ⅳ.①K837.125.19

中国版本图书馆 CIP 数据核字（2020）第 268376 号

著作权合同登记号　图字：10-2019-569 号

当代美国的罪与罚　［美国］詹姆斯·福曼 ／ 著　马洁 ／ 译

策　　划　王笑红
责任编辑　潘梦琦
特约编辑　刘　免
装帧设计　周伟伟
校　　对　王　敏　戴小娥
责任印制　单　莉

原文出版　Farrar, Straus and Giroux，2017
出版发行　译林出版社
地　　址　南京市湖南路 1 号 A 楼
邮　　箱　yilin@yilin.com
网　　址　www.yilin.com
市场热线　025-86633278
排　　版　南京展望文化发展有限公司
印　　刷　徐州绪权印刷有限公司
开　　本　850 毫米 × 1168 毫米　1/32
印　　张　11.25
插　　页　4
版　　次　2023 年 10 月第 1 版
印　　次　2023 年 10 月第 1 次印刷
书　　号　ISBN 978-7-5447-8547-1
定　　价　88.00 元

献给伊菲和埃梅卡，

我此生的挚爱

目　录

序 篇

我们这些公设辩护人对马丁·路德·金式的演说都避之唯恐不 3
及，而华盛顿哥伦比亚特区高级法院的非裔法官柯蒂斯·沃克尤为擅长此类讲话。今天他的听众则是我的当事人，15岁的布兰登[1]。

“孩子，你的律师一直在给我讲你的好：讲你怎么疼爱小妹妹，足球教练如何说你是个天生的帅才，还有些任课老师相信你能进步。律师说他已经为你联系到一个项目，可以帮助你完成学业。他让我再给你一次机会，别把你关进监狱。”

布兰登承认持有手枪一把，还有少量大麻——仅够自用，不足以兜售。我为他进行缓刑辩护。沃克法官告诉布兰登他在考虑我的建议，不过有些话得说在前面。

“福曼先生说再给你一次机会。我得先问问你，你知不知道自己 4
已经有过多少次机会？也许你觉得现在的机会得来不易，不过我告诉你，以前更是难上加难。从前，黑人的孩子在种植园里采棉花，

[1] 本书涉及的所有当事人及相关案件的律师和法官的姓名，均有所改动。——作者注

在公交车上只能坐后排——能**坐**公交车而不必步行，就算够幸运的了。”

此时，沃克法官牢牢掌控了谈话的节奏。他并不是牧师，说话的架势却不像在周日去过几次教堂做会众那么简单。

“现在你可以上学，好好学习，实现你的梦想。我知道这并不容易，却是**有可能的**。为了这种可能性，人们斗争过，抗争过，甚至为此献出过生命。孩子，金博士就为此献出了他的生命。那么，你又做了些什么呢？根本不学习！是的，你旷课，逃避，混社会。不听妈妈的话，也不听祖母的话，却听命于那帮流氓无赖。”说到这儿，沃克法官瞪着布兰登。

我用眼角的余光瞥见布兰登正努力直视法官，这样很好，能在法官那里加分。如果目光躲闪，沃克法官会认为他没有礼貌。

“听着，我告诉你：金博士游行、抗议直至牺牲，并不是为了让你愚昧无知，去混迹街头，去嗑药，去持枪抢劫。年轻人，那可不是他的梦想，完全不是。”

他的这套说教我再清楚不过，尽管每次用词略有变化，但主题只有一个：当下非裔美国人的生活虽说也不容易，与从前相比却已大为改善。因此，你最该做的就是别再混迹街头，把握住别人艰难抗争才得来的机会。

我甚至连沃克法官说此番话时流露出的表情都烂熟于心——愤怒、懊恼，还有绝望。我刚成为公设辩护人，而沃克法官入行已久。无论在神情上还是言语上，他似乎已厌倦了对着黑人男孩（偶尔也有黑人女孩）说教，只是还不至于厌倦透顶，也不介意再多试一次。虽说法官在生布兰登的气，却也不至于弃他不顾。法官只是好似遇到了棘手的问题一般，无计可施。

沃克法官顿了顿，把目光从布兰登身上移开，转而对着铺在眼前的案件材料看了起来。他结束了说教，正思忖着如何量刑。这也是个好兆头。沃克法官能对被告做出公平审判，因而名声不错。不过，要是你误入歧途，那就得小心了。辩护人都称他为“远程射手”，意指他量刑过长。然而，此时他犹豫了，也许是我说服了他，这案子处理起来可不容易。 5

我明白，判缓刑的可能性不大。持枪是一项很严重的指控，更为难办的是，根据法庭指定的社工出具的报告，和布兰登一起混的其他孩子卷入了近期的社区抢劫案。

不过，抢劫指控并不成立，布兰登此前也并未受此指控。至于持枪，布兰登生活的社区极度危险，那里的孩子有时不得不携带枪支以自卫。最重要的是，我告诉沃克法官，布兰登头一次被捕。他是个很有潜力的孩子，足球教练和两名老师对此都提供了书面说明。他还获得了家人的支持，并于近期加入了一项旨在帮助边缘学生的学业辅导计划。布兰登已认罪，愿意为自己的行为承担后果，也表达了悔意。少年法庭理应给被告第二次机会，而布兰登是不二人选。

而检察官则认为布兰登应该被送往橡树山——哥伦比亚特区的青少年监狱。我表示反对并指出，众所周知，橡树山不过是个地牢，没有像样的学校，经常发生暴力事件，没有什么像样的心理咨询或心理健康服务，在青少年案犯释放后，也没有帮助他们重新进入社会的过渡服务。[1]如果布兰登被送往那里，将会连续数月无法接受学校教育。当他返回社区，校长可能会拒绝让他入学。果真如此的话，也就没有其他合适的学校可以让他继续接受教育了。

我们在听候沃克法官发落的过程中，布兰登坐立不安。我的手轻轻落在他的后肩上，试图安抚他。我转头扫了一眼，向坐在第一

6 排的布兰登的母亲和祖母投去自认为宽慰的微笑。她们不曾缺席过一次庭审，一直在表达对布兰登的支持。此刻，她们唯一能做的，只有等待。

终于，沃克法官收起材料，拢成一沓，随后把文件归入卷宗。他开口了，判决来得如此迅速而让人痛苦。“布兰登，”他说道，“我承认你有潜力，也看到你有老师和家人的支持。然而，这都不足以让你放下手中的枪。即使我确信你是因为害怕才持枪，你也有可能伤及他人。孩子，做了就得承担后果。这后果就是橡树山，六个月。在那之后，我希望你能改邪归正，不再辜负你的母亲和祖母对你寄予的期望。”

这就是结果。坐在我们身后的法警走上前，把布兰登带到法院内的一间关押室中。布兰登的母亲倒吸了一口气，开始大哭起来。这并不是沃克法官愿意看到的——哪个法官愿意呢？但此刻他又能做些什么呢？也许法庭的书记员会扶她出去，走到走廊上。抑或，这仅是我的一厢情愿吧。我得去看看布兰登。

关押室就在这间法庭后面，不过几英尺开外，却是另一个世界。那里不存在什么威严，没有木镶板，也没有地毯或软席座椅。只有金属和混凝土，关着像布兰登这样的黑人男孩。没错，被关在其中的都是黑人。那天，布兰登所在的关押室里还有三名黑人青少年，等候自己的案子开审。此情此景，几乎存在于哥伦比亚特区的每一间法庭，无论被指控的是青少年还是成人。其中也有成年或未成年的女性，但多数都是男性。而据官方数据，他们几乎全部都是非裔美国人，比例超过95%。[2]

这种状况并不是什么秘密。1995年，也就是布兰登等待沃克法官裁决的那一年，量刑计划组织发布了一份报告，记录了刑事司法体系中严重的种族失衡问题。而该报告仅是一系列报告中的一份，结果实在令人担忧。全国每三名黑人男性青年中有一名受到刑事司法监管，[3]而在华盛顿哥伦比亚特区，这一比例是每两名中有一名。

种族失衡并不是什么新问题。然而，在前所未有的、以惩罚为主的实验性刑事司法体系下，这种失衡加剧了。20世纪70年代初以 7
来，美国采取诸多严厉程度与日俱增的措施来打击犯罪，包括激进的街面治安防控、增加刑期，以及一系列终身刑罚（例如，剥夺重刑犯的公民选举权）。[4]结果又如何呢？截至1995年，这个人口仅占世界人口5%的国家，关押着占全球监狱总人口的25%。[5]其中黑人囚犯的比例还在不断增长。

现在布兰登也沦为其中一员。

我进关押室的时候，他挑衅地看着我。我觉得他想哭，但绝不会当着其他孩子的面。我告诉他我会去橡树山看他，帮助他度过六个月的刑期。（“老老实实服刑，不然就度日如年。”里面的孩子常说。）

此时此刻，我恨沃克法官乃至整个法院系统。我还意识到自己最为厌恶的竟是马丁·路德·金式的演说。

我想，假如法官同意对布兰登处以缓刑，那么他说那番话的效果就不一样了。在那种情况下，真心实意的训诫也许会有效，也许正是布兰登需要听取的，能够鼓励他好好把握这来之不易的重生机会。结果却是一边援引金博士的演说进行说教，一边将一个年轻的黑人送进监狱？这简直有悖常理。沃克法官肯定注意到了几英尺外的关押室里都是黑人。然而，他所做的只是为刑事司法体系中业已失衡的种族比例又加了一码。他如何才能走下道德高地？

我认为自己是那间法庭里唯一继承金博士的遗志、进行抗争的人——只有我在维护民权。我之所以成为公设辩护人，就是为了对抗种族不公。此前一年，我还是联邦最高法院大法官桑德拉·戴·奥康纳的助理。她鼓励我去司法部工作，或者加入美国有色人种促进会（NAACP）法律辩护基金会之类的全国性民权组织。而当我告诉她自己决定奔走于华盛顿哥伦比亚特区的地方法院，为那些受到指控的穷人辩护时，她惊讶不已。

8 奥康纳大法官问我为何想做一名公设辩护人，我直截了当地回答说：这是民权运动未竟的事业。我本人就是民权运动字面意义上的"孩子"，我的父母相识于"学生非暴力协调委员会"（SNCC，每个人都念作"Snick"）。它曾是20世纪60年代一支主要的民权力量。我的父亲生于1928年，在密西西比州长大，大萧条时期曾靠吃土果腹。八岁那年，仅仅因为他没有对某个店员说"是的，女士"，店里的白人男子便威胁说，如果再看到他叔叔带他进城，就要对他动用私刑。[6] 20世纪50年代，当时还是学生的父亲热衷于校园政治，于1961年加入了初建不久的学生非暴力协调委员会。作为该组织的总干事，父亲主要负责内部运作——从支付账单到扩大人员规模，再到策划争取选举权的活动，各种事务，不一而足。[7]我的母亲1962年从莎拉·劳伦斯学院退学，加入学生非暴力协调委员会设在纽约的办公室。六个月后，她成为该组织在亚特兰大总部的协调专员，负责筹措资金，以及与北方高校的分会进行联络。

30年后的今天，我，一个非裔美国人，以担任联邦最高法院大法官助理为开端，开启了自己的职业生涯。如果没有几代人的牺牲与抗争，这一切绝无可能实现。尽管民权运动取得了一些成就，但我知道只谈成就失之偏颇。这个国家关押的犯人正在逐渐"变黑"。1954年，即布朗诉教育委员会案宣判当年，全国在押犯人中有三分之一是黑人。而到了1994年，奥康纳大法官和我谈话的这一年，该比例已接近50%。[8]我告诉奥康纳大法官，刑事司法体系即是当下的民权运动要抗争的重点。虽说我代理布兰登这样的年轻人没多久，但这一经历证明了我的想法是正确的。

我完全被激怒了，于是告别布兰登，打算和他的家人谈谈。她们此刻应是在走廊里哭泣。我路过那间法庭时，法官、法庭记录员，以及少年法庭的检察官正在聊天，等着下一个案子开庭。

当我与他们擦身而过时，我注意到另外一个与种族有关的事实。
不仅关押室里的布兰登等年轻人是黑人，法庭里的所有人都是黑 9
人——不仅是法官，还有法庭记录员、法警，以及少年法庭的检察官。此外，逮捕布兰登的警察也是黑人，更别提警长和市长，无一例外都是黑人。甚至我们所在的那幢楼——卡尔·莫尔特里一世法院大楼——都是以本市第一位黑人首席法官的名字命名的，这昭示着非裔美国人对特区法律体系的影响。[9]

完全由黑人参与的庭审，对我而言并不是第一次，不过或许因为我被马丁·路德·金式的演说激怒，这一事实突显出来。回到办公室后，我继续历数种族失衡的情况。布兰登即将前往的新去处，那个拘留所，我去过的次数多到不想计算，我知道那里的所有狱警都是黑人。布兰登非法持有枪支和毒品的罪名，是根据市议会的相关立法确认的，议员中黑人占多数，这种态势业已持续25年以上。至于那些需要开庭审理的案件，陪审员也以黑人为主。就连一些参与特区刑事司法体系的联邦政府官员也是非裔美国人，包括时任特区首席检察官埃里克·霍尔德。

究竟出了什么问题？一个以黑人为主的司法体系是如何将如此多的自己人送进监狱的？

随着时间的推移，我逐渐认识到该问题不仅在华盛顿哥伦比亚特区尤为突出，而且在全国都普遍存在。2014年9月，量刑计划组织就白人与黑人对犯罪和刑事司法政策的态度进行了比较，并发布了一份研究报告。该报告发现，当美国人被问及“你认为本地区法院对罪犯处理过于严苛，还是不够严苛”时，回答“不够严苛”的白人（占73%）比黑人（占64%）多。量刑计划组织认为这一结果体现了“种族间对于惩罚的认识差异”，该看法在媒体报道中得以进一步重申。[10]但这里有一个事实并未得到关注：近三分之二的黑人秉持严惩犯罪的态度。政府已连续40年采取措施严惩犯罪，因而造成大批美国黑人入狱。怎么还会有64%的非裔美国人认为法庭不够严厉？

10 我想通过本书回答这些问题。在成书过程中，我试图从社会、政治和思想层面部分地还原美国黑人的历史——我们没有认识到过去40年间黑人在塑造刑事司法体系方面所起的作用，因此，对黑人的这段历史也就视而不见了。[11]美国黑人以多重身份塑造着刑事司法体系，他们是市民，也是选民，是市长，也是议员，是检察官，也是警官、警长、惩教官员，他们还是社区活动家。[12]随着黑人获得政治权，特别是1965年《投票权法案》通过后，黑人的影响力得以提升。[13]而随后涌现的黑人领导者及他们的选民都极力支持严惩犯罪。

为理解个中缘由，我们必须认清一个深刻的社会现实：由于此前对犯罪放任自流，犯罪与暴力致使黑人社区遭受史无前例的破坏。整个20世纪60年代，海洛因泛滥成灾，哥伦比亚特区和很多其他城市的命案增长了一倍，甚至两倍。20年后，“快克”[1]取代海洛因，

---

[1]“快克”可卡因，一种高纯度可卡因，加热时会发出噼啪声，因此得名“Crack”。——译注（本书页下注如无特别说明，均为译注，以下不再一一标明。）

急速占领市场，这种危害十足的毒品更易成瘾，被当时的人们称为“自奴隶制后我们遭受的最严重的侵害”。

过去40年里，无论是黑人市民的来信、社区委员会的通讯，还是黑人媒体的报道，都揭示出非比寻常的痛苦、恐惧和愤怒。1968年，哥伦比亚特区一群黑人民族主义者控诉毒品贩子：“空有一张黑色面孔的叛徒、败类，向我们的男孩或女孩兜售毒品，让他们沦为窃贼和娼妓。”又过了十年，特区的一个黑人社区委员会散发了一份宣传单，向居民介绍如何防范入室行窃，清单上包括看门狗、报警器和凶猛的蛇。而那些没什么财力的人得到的建议是：在门窗上缠绕鱼钩，以戳伤可能入室的窃贼。[14]到了20世纪八九十年代，特区议员的文件箱里塞满了惊恐的选民来信，他们抱怨说：“我们成了自己家里的囚徒，自家社区大街上的陌生人”，并请求警方采取更多行动。[15]

面对这一波极具破坏力的犯罪高潮，黑人官员表现出了一系列
复杂而矛盾的冲动。有些人对犯罪者表现出强烈的敌意，将他们比 11
作“毒瘤”，必须从黑人群体中彻底切除。还有些人力促加大惩罚力度，同时也承认，即便如此，也未必能解决眼前的危机。有些人甚至对刑事被告身处的困境表示同情，因为他们知道受困其中的绝大多数人都是黑人。然而，同情远远不敌受到黑人罪犯侵害的受害者的诉求，这些人通常坚持认为，要保护非裔美国人社区——包括许多最贫穷的成员——不受犯罪行为的蹂躏，就必须采取惩罚性措施。

许多黑人官员主张对涉及种族问题的犯罪施以严惩。例如，有些黑人反对大麻除罪化，认为此举等于对黑人青年放任自流——而他们有责任保护年轻人免于吸毒带来的毁灭性影响。还有些人认为黑人有权要求扩充警察和司法队伍——黑人利用这些国家资源的权

利长久以来得不到保障。包括沃克法官在内的一些人则认为，面对黑人社区走向自我毁灭的困境，要捍卫民权运动的遗产。

本书记录了黑人对犯罪问题的各种回应，而针对现行刑事司法体系拥护者时而提出的一个主张——非裔美国人一边抗议警察暴力执法，一边对黑人罪犯的暴行视而不见，本书也予以驳斥。[16]反驳该主张的方式不止一种，不限于以下观点："对（警察背后的）政府行事标准的要求当然要高于对街头帮派的要求。"不过，本书采取了不同方式进行回应：无论威胁黑人生命的是警察，还是街头罪犯，非裔美国人**总是**将保护黑人生命安全视为一个人权问题。[17]黑人侵害黑人的犯罪，绝非没有引起非裔美国官员及其选民的重视，相反，他们已经深受其扰。[18]

本书记录了非裔美国人的所思、所言和所行。我在聚焦黑人官员的行动的同时，并没有忽视白人及种族主义在大规模监禁中所起
12 的作用。相反，正是种族主义在政治、经济和法律层面形塑了黑人群体及其民选代表做出选择的语境。剥夺重刑犯公民选举权的法律规定意在压制黑人的选举权，以高房价掠夺黑人的财富，部分学校拒绝让黑人孩子入学，检察官不惜一切代价将黑人移出陪审员名单，卑鄙的政客利用种族焦虑赚取选票，隐性偏见潜移默化地"感染"了我们所有人。以上种种表明，不探究种族主义的持久影响，就不可能理解美国的刑事司法政策。[19]

2016年的总统大选则再次让我们见识到种族诱杀的无穷威力。唐纳德·特朗普对政治辩论的标志性贡献，在于其不遗余力地编造并传播了一个贝拉克·奥巴马不是美国公民的谎言，令当年的总统大选成为继1968年（强硬的种族隔离主义者乔治·华莱士参选）之后最具种族主义色彩的一次。尽管拉美裔和穆斯林才是特朗普攻击

的主要目标，但非裔美国人也未能幸免。特别值得关注的是，特朗普将黑人社区描述成杀戮场，唯一的指望是激进执法，由此唤醒了曾在戈德华特、尼克松、里根等共和党人执政时期大行其道的口号——“法律与秩序”[1]。虽然目前尚不清楚特朗普执政期间如何在政策层面转化他的这一竞选主张，但前景确实不妙，可以预见的是，国家对地方警察局在民权层面的监督将有所减少，而拦截与搜查将更为普遍。

本书还将历数美国种族主义者是如何花样百出，在美国黑人及其民选官员与犯罪做斗争的过程中不断压缩他们的选择空间。比如，尽管非裔美国人希望加强执法，但他们并不认为**仅**凭执法就能遏制犯罪。许多人相信也许要综合运用各种手段。一方面，他们支持调用包括警察、法院和监狱在内的一切国家资源打击毒品及犯罪，另一方面，他们渴望增加就业，提高受教育水平，满足居住需求等——许多人称之为“美国城市马歇尔计划”。由于非裔美国人是美国的少数族裔，要想在全国范围采取行动从根源上遏制犯罪，解决贫困、失业、种族隔离等问题，他们需要获得支持。然而，类似的 13
支持从未到来。黑人提出诉求之时，正值里根主义盛行，（约翰逊的）“伟大社会”计划遭到抨击，因此，国家无意实施什么社会发展计划——遑论那些被认为帮助黑人的计划。结果便是，非裔美国人从来没有享受到“马歇尔计划”——他们只等来了以严惩犯罪为名的法律。[20]

[1] 法律与秩序，亦称“严惩犯罪”或“向犯罪开战”，旨在加强刑事司法制度以严惩犯罪，特别是暴力或涉财犯罪，具体措施包括增加刑期、强制审判、“三振出局法”等，甚至死刑。

要理解美国黑人对待“罪与罚”的态度与行为，还有一个问题需要我们特别关注，即黑人群体内部的阶层分化（class division）。[21]这个问题往往为刑事司法研究所忽视。虽然大规模监禁对全体非裔美国人形成了危害，但最为直接的受害者还是贫困失学的底层黑人。对高中辍学的非裔美国男性来说，入狱风险伴随其终身，且与日俱增；而对受过一些大学教育的黑人男性来说，这一风险则稍有下降。截至2000年，就入狱服刑风险而言，高中辍学的黑人男性之风险是上过大学的黑人男性的十倍。[22]

正是这种阶层动力学以一些可预见的方式驱使民选官员采取了严惩犯罪的立场。例如，针对入室行窃加长刑期不足为奇，把黑人盗窃犯（多为穷人）投入监牢，就可以保护黑人家庭（多数为中产家庭）。同时，阶层分化也以不那么明显的方式影响着黑人群体的刑事司法讨论。例如，这就解释了黑人民选官员为何总是控诉种族定性的行为（因为这损害的是全体非裔美国人的利益），而鲜少针对不合理的监狱条件发声（因为这对中产或精英阶层的黑人没什么直接影响）。[23]

最后，针对犯罪的战争以叠加和扩散的方式逐渐发展，这令一些非裔美国官员难以认清他们所做的决策将带来的影响。大规模监禁非一日而成；是四十载光阴，零敲碎打、添柴加薪而成，并且从不缺乏“柴”与“薪”。警察进行逮捕，预审服务机构提出保释金方
14 案，检察官决定起诉，辩护律师（有时）进行辩护，陪审团（在极少数被告不认罪的情况下）进行裁决，立法机关确立量刑标准，法官依法量刑，惩教部门管理监狱，缓刑和假释官负责监控获释人员，如此等等。由此，造就出一个极为松散、各自为政的刑事司法体系，或者如丹尼尔·弗里德所言——“不成体系的体系”。[24]

尽管现行体系的弥散结构并不是什么新鲜事，但我们要厘清各自为政这一点如何成为监狱壮大的帮凶。在严惩犯罪的时期，任何单独的参与方都不可能造成收监率两倍或三倍增长。如果所有参与方都不同程度地倾向于严惩罪犯，如果**他们在同一时期同时如此行事**，入狱人数或处于刑事司法监控下的人数将会激增。然而，对于这一结果，谁也无须担责，因为没有人**有**责任——至少没有谁负全责。认识到这种责任感的缺失，就理解了为何那些即使不情愿或内心矛盾的打击犯罪斗士（非裔美国人群体中过去有之，现在亦然）也成了大规模监禁这台机器的助推力量，也就理解了为何时至今日，当这个体系对人们的伤害越来越明显时，它仍能滚滚向前。

本书讲述了一座城市的故事。因暴力与犯罪空前增多，这座城市深陷危机。本书探询了非裔美国公民及其领导者——包括沃克法官在内的黑人男性和女性——的所行所思。沃克法官把布兰登投入监狱，我对此很生气。而随着调查研究的展开，我遇到了不少与沃克法官相似的人，逐渐更能理解他们这样做的动机。我试图客观地讲述他们的故事，社区似乎就在眼前崩溃，他们为了拯救它而承受无尽的压力。

本书还讲述了我的当事人的故事，他们是与布兰登相似的黑人男性和女性。尽管选择有限，但他们也在奋力抗争。他们犯过错，甚至伤害过他人，但他们仍然值得拥有一个更好的选择，而不是受困于刑事司法体系。

第一部分

源起

第一章　以此入手，向毒品开战

大麻　1975 年

每一代人都不免犯错，有时错误造成的危害相对较小，或者可 17 轻易弥补。但走错一步不时也会造成破坏性的影响，让后人难以置信地摇头。“他们当时是怎么**想**的？”我们彼此探询，“他们怎么能不知道自己在做什么？”我们望着前人丢下的烂摊子——那些失败的政策和破碎的生活，心想，**这本可避免**。

禁毒战，包括转向更为严厉的量刑，可能会被判定为走错的那一步。

如今，人们普遍认识到，禁毒战已经造成了不可估量的破坏，尤其对低收入的非裔美国人社区而言，这一群体正是禁毒战的主要目标。作为较早反对禁毒战的法律学者，迈克尔·汤里在1995年曾说过：“该举动不必要地断送了数十万身处社会底层的年轻美国黑人的前程，明知如此却一意孤行。”[1]汤里发表上述言论后的几年内，他所抨击的政策变本加厉。尽管黑人吸毒者并不见得比白人吸毒者多，但与白人相比，黑人更易因涉毒而遭到逮捕、定罪和监禁。[2]虽 18 然在多数毒品交易中，黑人在街头贩毒活动中的影响大于白人，但最权威的研究表明，这并不能解释收监比例中的种族失衡问题。[3]涉大麻案中的种族差异尤为明显。在华盛顿哥伦比亚特区，2010年因藏有大麻而被捕的黑人比例是白人的八倍；同年，该市执法部门针对私藏大麻进行了5 393次逮捕——每天近15起。[4]

问题由此产生：黑人到底出于什么原因支持禁毒？

要回答这个问题，我们得回到禁毒战尚未一发不可收拾之时，得回到收监率大幅上升从而导致美国关押了全世界最多的囚犯之前的时期。20世纪70年代初期至中期，如果某项政策将导致许多年轻黑人背负污名，损害他们的未来，一个黑人数量居多的城市还可能对这项政策说不。而这个城市当时的选择预示了非裔美国人严惩犯罪运动的后续走向。

“嘿，我们没拿到应得的四十亩地一头骡，”[1]放克乐队“议会”的主唱乔治·克林顿唱道，“可我们确实得到了你，CC。”“CC”即巧克力城,巧克力城即华盛顿哥伦比亚特区[2]。美国还有不少“巧克力城”——“我们还有纽瓦克，我们还有加里，/有人告诉我还有洛杉矶，/我们还在争取亚特兰大”——不过，特区是最特殊的。正如克林顿所唱：“你是首都啊，CC。”

那是1975年，哥伦比亚特区的黑人公民占全市人口的70%，大家有庆祝的理由。自重建时期起，首都市民任何有效的自治权都被国会剥夺了。特区受制于来自南方的民主党人，而他们绝不会在一个拥有如此多黑人的城市里赋予市民任何自治权。20世纪五六十年

[1]“四十亩地一头骡”源自一段美国历史：南北战争期间，联邦政府曾许诺给所有被解放的黑奴四十英亩土地和一头骡子，但这个承诺从未兑现。

[2]“哥伦比亚特区”与“华盛顿市”的行政区划几乎完全吻合，在本书中指同一地区。

代，众议院的哥伦比亚特区委员会由来自南卡罗来纳的众议员约翰·L.麦克米伦执掌。作为一个公开的种族主义者，他把特区当作自家的种植园，还把同自己一样反感黑人的亲信安插进当地政府。[5]

然而，麦克米伦等白人至上主义者逐渐丧失了对黑人命运的掌 19
控。黑人在全国各地当选市长，这表明了美国当时正在发生的改变。1967年，卡尔·斯托克斯在克利夫兰当选，接着，1970年肯尼斯·吉布森在纽瓦克当选；三年后，洛杉矶的汤姆·布莱德利、亚特兰大的梅纳德·杰克逊和底特律的科尔曼·扬分别当选。[6]哥伦比亚特区也随之迎来了自己的转机。1973年，国会通过《哥伦比亚特区自治法案》，定于1975年1月生效。[7]尽管这个自治法案远没有赋予当地完全自治的权力，但它赋予当选市长实质性的行政权——包括对警察局的掌控——同时，市议会拥有了至关重要的立法权。[8]

1974年11月5日，选举开始。两个月后，1975年1月2日，哥伦比亚特区百年来首位非裔市长沃尔特·E.华盛顿在首位非裔最高法院大法官瑟古德·马歇尔的见证下宣誓就职。（在当选前，华盛顿一直担任“指派市长或专员”一职，这基本上只是礼仪性职位；即便是这样有限的地位，仍然惹恼了众议员麦克米伦，他给华盛顿的办公室送了一卡车西瓜以示抗议。）马歇尔同时见证了特区首届民选议会的就职仪式，其13名议员中有11名是非裔美国人。在这些人身后的舞台上，一支警察乐队演奏了马文·盖伊的《让我们开始吧》。特区政府大楼里举行了一场公众招待会，市民蜂拥而至，向新当选的官员表示祝贺，在纪念品单子上收集这些人的签名。杰拉尔德·福特总统通过代表发来一份声明，宣称“华盛顿本该享有的权力终于回到了华盛顿……每个公民都享有参政议政的权利”。因此，“议会”乐队新发专辑《巧克力城》的主打歌副歌歌词部分反复出现

“得到你”，确实再合适不过了，而专辑的封面设计也恰到好处地以涂满巧克力的林肯纪念堂、华盛顿纪念碑和国会大厦为主题。主打歌甚至在开头不无调侃地预测道：“现在它还叫作白宫，不过这也只是暂时的。”[9]

20 1975年，谈到哥伦比亚特区的种族构成，白人占主导的仅为第三选区。这意味着，任何一个打算在新一届议会中占有一席之地的白人候选人都得有足以吸引黑人选民的履历。而在涵盖了肖街、U街及哥伦比亚高地等社区的第一选区，出现了这样一位候选人，他将在这个刚得到赋权的城市引发一场关于刑事司法的辩论。

戴维·克拉克毕业于霍华德大学法学院，他是那里为数不多的白人学生之一。拿到学位后，他在马丁·路德·金博士的南方基督教领袖联盟驻华盛顿哥伦比亚特区办公室谋到一份工作。几年后，他自己开了律所，代理弱势群体的案子，很快便树立了声誉。一位朋友回忆说：“假如惹上麻烦，谁都知道要去找戴维·克拉克，因为不必付律师费。”[10]

自治法案刚出台，克拉克便热切地参与了市议会议员的竞选。他的竞选是典型的草根式竞选：总部设在他那间一居室的公寓内，没有金钱的助力，全凭一腔热情。特区的选民最终被克拉克的真诚与同情心，还有他一直致力于民权运动的坚持所打动，就职仪式当天，他作为市议会仅有的两位白人议员之一宣誓。[11]

克拉克一上任就将注意力移至他认为最紧迫的工作上，当时哥伦比亚特区大都会警察局不断加强涉大麻案件的执法力度，涉大麻拘捕数量由1968年的334次跃升至1975年的3 002次——增加了近900%。[12]而被捕者中的八成都是黑人。他们一旦有了案底，前途也就毁了，进而很难找到房子和工作，也很难获得公共福利或申请到学生贷款。

克拉克当选议员时，正赶上全美掀起一场大麻除罪化的运动。现在说起禁毒战，我们经常想到理查德·尼克松。1971年他曾放话，要对美国的“头号公敌”（即毒品）发起“全力以赴的全新攻势”。[13]但尼克松的这一轮攻势主要针对更易上瘾的烈性毒品；人们常常忘记，在同一时期，许多人努力使少量持有大麻成为民事违法
行为（会被开“罚单”），而非刑事犯罪（会遭逮捕入狱）。这场运动 21
赢得了广泛的支持，到1975年，大麻除罪化似乎完全可以实现，甚至成为必然。[14]

支持者来自众多领域。1970年，根据《受管制药品法》，大麻与药物滥用全国委员会成立。这是一个被《华盛顿邮报》视为“由保守派主导”的调查机构。随后两年内，委员会举行了几十次听证会，授权了50余个研究项目，有些成员甚至亲试大麻。[15]委员会于1972年公布了最终报告《大麻：一个误解的信号》，这份报告被大肆宣传。让许多观察者料想不到的是，报告对大麻采取了更加包容和理解的立场。报告宣称：“试验性或间歇性使用这种药物对公共健康造成的危害极小，不应对此过分紧张和关注。”[16]

尼克松总统认为该报告太过宽容，即刻予以否定。[17]不过，该报告让各州的大麻除罪化支持者士气大振，他们已经在州一级取得了一些进展。俄勒冈于1973年宣布大麻除罪化；两年后，加利福尼亚、科罗拉多、俄亥俄和阿拉斯加纷纷仿效。这项运动还得到了一些意料之外的支持：包括威廉·F.巴克利本人及其极端保守的杂志《国家评论》，该杂志1972年的一期刊登了封面文章《时机已成熟：废止大麻管制法》。[18]1977年，吉米·卡特总统准予对此进行联邦立法，要求国会将少量持有大麻除罪化。“对个人持有某种毒品进行的

处罚力度，不应超过吸食该毒品对其造成的危害。”卡特曾向国会如此表态。[19]

尽管全国部分地区的态度发生了这种自由化的转变，但华盛顿哥伦比亚特区的警察没有放松，他们聚焦于本城的黑人社区。[20]被
22 逮捕的人中80%都是黑人，如此失衡的比例在一个70%人口都为黑人的城市也许并不过分，不过，戴维·克拉克认为，这一比例恰好证明了一个要点。在白人人数占绝对优势的州，如俄勒冈和缅因，大麻除罪化事关公民自由和个人自主权；而在黑人人数占主导的华盛顿哥伦比亚特区，是事关民权和种族平等的要务。降低处罚力度在全国是大势所趋，哥伦比亚特区警方对大麻持有者的逮捕量却大幅增长，一言以蔽之，其所作所为令人恼火。

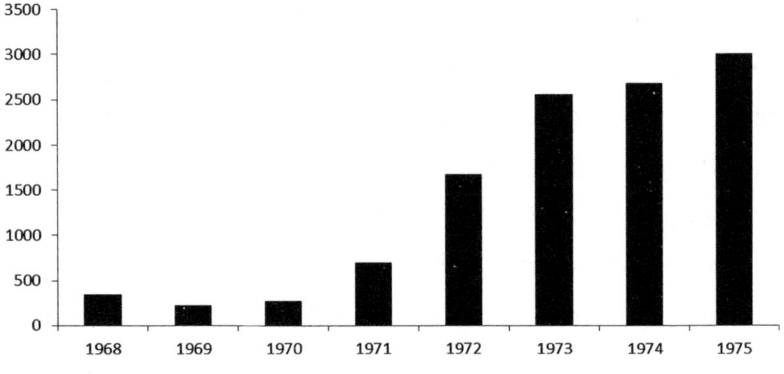

涉大麻抓捕量统计

来源：杰里·V.威尔逊：《哥伦比亚特区打击犯罪：1955—1975年》，华盛顿：美国司法部1978年版，第77页，表7-21

所幸，克拉克可以充分利用自己的职位改变现状：他成功当选后，受命执掌特区议会的司法和刑法委员会（常简称为“司法委员

会”）。他很快便将矛头对准了特区的大麻管制法规：1975年3月18日，克拉克推出一项提案，废止对大麻持有者可能采取的入狱服刑惩罚。取而代之的是，任何持有大麻不足两盎司者，将被处以100美元罚金。[21]（当时，持有大麻的最高刑罚与贩卖大麻相同——一年监禁，1 000美元罚金。如再犯，最高刑期增加至十年，并处以5 000美元罚金。）[22]克拉克还建议警察多开传票，少逮捕。

要想让这份动议得以通过，克拉克只能说服自己的黑人同僚（以及特区的黑人市长沃尔特·华盛顿），请他们从民权角度看待此事。于是，克拉克于7月16日召开司法委员会听证会，利用文献资料证 23
明了种族失衡对哥伦比亚特区涉大麻逮捕及刑事起诉产生的影响。数位证人做证支持提案，包括特区高等法院法官查尔斯·哈勒克。哈勒克曾做过检察官，却放弃了严惩犯罪的立场。据《华盛顿邮报》报道，20世纪70年代初，他“蓄起胡子，留起中长发，在一些人看来，他一改往日检察官的立场，转而开始力挺被告一方”。[23]哈勒克和克拉克一样是白人，也和他一样目睹了特区的刑事司法体系总是针对年轻黑人男性。哈勒克对大都会警察局选择性执行大麻管制法规尤为不满。他很肯定地说，警察“例行”拦下载有一名以上黑人男性的车辆，接着“对他们盘问、搜身”。哪怕仅发现了一支大麻烟，警察都会得意地将整整一车黑人青年抓进警察局。“他们在烟灰缸里碰运气，只要发现一个大麻烟蒂，”哈勒克做证时表示，“就有理由实施逮捕。”[24]

其余证人还证实，在特区针对大麻管制进行选择性执法的，还远不止警察局。据华盛顿“城市联盟”呈递的一份研究报告证实，检察官更倾向于追究牵涉黑人被告的案件，而驳回牵涉白人的。即使在控制了就业情况和教育程度之类的变量后，这种差异仍然存在：有工作的黑人比有类似工作的白人更有可能受到惩罚；黑人学生的境遇也比白人学生的更糟。[25]

证人一致认为，最具毁灭性的影响是：相对轻微的违法行为导致伴随终身的污名。许多证人都引述案例表明，对情节较轻的涉毒案犯的定罪，其所引发的附带损害可能比任何法官量刑都更为致命和持久。这样的例子放到今天也并不陌生。特区“联合之道”主席文森特·鲁克斯博士指出，自被捕之日起，违法犯罪即成为黑人男性的负担，如梦魇一般长期困扰着他们。他痛斥刑事司法体系“用
24 犯罪记录几乎毁掉一个人的一生”，并强调该体系“刻意起诉和恐吓黑人男性”。[26]哈勒克法官则认为，加强大麻管制最终导致“留下被捕记录甚至犯罪记录的年轻人被污名化了”。他进一步指出，即使这些年轻人中的大多数人能躲过牢狱之灾，他们在求职、申请住房或申请入学时也得坦承有过上述记录。一条犯罪记录往往从实质上导致黑人男青年无法就业，从而形成恶性循环，诱发向下的犯罪螺旋：哈勒克认为，上述黑人男青年中有些不免“迁怒于社会”，找不到工作使他们深受打击。他们“或许游手好闲，小偷小摸”——一夜之间，他们走上了邪路，“越走越远……最终身陷洛顿监狱，自由遥遥无期”。[27]（在本书所涉及的大部分时期内，哥伦比亚特区囚犯的服刑地点为位于弗吉尼亚洛顿的洛顿管教所。）

尽管在大麻除罪化的斗争中，种族平等是一个核心要素，但克拉克及其支持者并未止步于此。他们的另一关键主张是，大麻危害性远不及其他毒品，将其刑事化就是矫枉过正。马萨诸塞州的莱斯特·格林斯普恩博士致力于消除“许多和大麻相关的错误认识”。[28]他对市议会陈情，大麻并不具备成瘾性，不会导致精神错乱或大脑损伤，不会导致更严重的毒品依赖，也不会让人无心奋斗。[29]对于

吸食大麻是否对身体造成危害，其他专家的态度模棱两可。但所有专家一致认为，针对少量大麻的刑事定罪，其后果远比大麻本身严重。正如美国国家药物滥用研究所的罗伯特·杜邦所言，政府可以通过多种手段打击滥用大麻，而要凭借刑事司法达到目的，就其附带成本和造成的恶劣影响来看，根本毫无意义。[30]

听证会结束前，克拉克及相关证人有力地证明了哥伦比亚特区为何应加入各州行列，降低对大麻的打击力度。市议会借助废止对少量大麻持有者的刑事惩罚，能够表现出鲜明的种族平等立场。大 25
批黑人公民能摆脱被捕和判刑对他们的人生造成的阴影，而与大麻潜在危害相适应的惩罚措施或许也能得以实行。如此看来，克拉克的提案似乎成了显而易见的选项。那么，可能的障碍是什么？

是海洛因。50年前，海洛因对美国的城市造成了灾难性的重创，然而，现在人们似乎已经淡忘了。我在法学院课堂上说到禁毒战时，学生都以为我指的是针对“快克”的应对措施，20世纪八九十年代，“快克”曾在黑人社区肆虐成灾。有部分学生亲身经历了那场“快克”瘟疫，其他人则是通过相关书籍或影视作品管窥其情形。我告诉他们，海洛因之于60年代，就相当于“快克”之于80年代末，他们却都一脸茫然。这种记忆缺失是有代价的：略过海洛因的那段历史，也就无法理解非裔美国人对禁毒战的态度。

哥伦比亚特区一直深受海洛因之困——1955年的一份政府报告指称该市的毒品问题“严重而惨烈，代价高昂，前路凶险”——这个问题在20世纪60年代末更是演变成一场流行病。这个城市里贫困的黑人社区逐渐被海洛因吞噬。哥伦比亚特区中央拘留所（通常被称为“特区监狱”）的研究报告反映了问题的严重性：20世纪60

年代初期至中期，新入刑的犯人中染上海洛因毒瘾的不足3%。但自1967年起，这个比例激增，到1968年涨了两倍，而至1969年2月又涨了两倍。至6月，服刑犯人中瘾君子的比例达到了令人震惊的45%。[31]就整个城市而言，吸毒者数量由1970年初的5 000人，到当年圣诞节前已增加至1.8万人。到1971年，华盛顿哥伦比亚特区的海洛因成瘾者人数竟然是整个英格兰人数的15倍之多。[32]

这些成瘾者几乎全都是年轻的黑人男性，其中不少人高中即辍学。“城市联盟”前执行主席惠特尼·扬警告称，年仅十一二岁的孩
26 子正在因过量吸食海洛因而死亡。[33]而海洛因毁灭的不仅是吸食者本人的生活：每个刚染上毒瘾的人都仿佛变了一个人：神情恍惚，工作没有着落，常常陷入绝望，如何让自己保持吸毒时的快感成了他们追求的首要目标。一份针对哥伦比亚特区及其他三个城市的研究数据表明，海洛因成瘾者平均每年犯案300余次。[34]这些城市贫困的黑人社区遭到了多种破坏：因过量吸食毒品而死亡的青少年人数猛增，父母掩埋了自己的亲骨肉；抢劫和盗窃肆虐，居民们待在家中，门窗紧闭；年轻的成瘾者走投无路，只能偷亲戚的钱，致使家人反目。[35]

海洛因在哥伦比亚特区引发的这场“流行病”得到两种回应。首先，政府从公共卫生入手，加强戒毒治疗，淡化惩戒。该方案由杰罗姆·杰夫首倡，他是尼克松政府“预防滥用药物特别行动办公室”主任。他提倡使用“美沙酮维持疗法”，在政府规定的剂量范围内，向成瘾者免费提供一种人工替代品，即40毫克到80毫克政府管制美沙酮的“稳定剂量”。仅有几个成瘾者成功戒掉了毒瘾。不过，该方案为社区带来了好处，吸毒者用美沙酮替代了海洛因，进而不再需要靠抢劫或偷盗维持他们的这一特殊癖好。[36]杰夫的追随

者罗伯特·杜邦在特区周围成立了多所美沙酮维持疗法中心，收治海洛因成瘾两年以上的成年人，每天由专业的医护人员提供稳定剂量的美沙酮。[37]

第二种回应来自当地的社会活动家、社区领袖及黑人团体，其中以黑人民族主义者哈桑·杰鲁–艾哈迈德最为突出。他身材高大瘦削，喜欢别人称自己“哈桑”，曾以卖假发为生。他高中辍学，吸过毒，也在联邦监狱坐过牢，最终这些经历使他转变为一名坚忍不拔的禁毒斗士。[38]

哈桑同杜邦一样，都认为海洛因是特区的首要威胁，而美沙酮 27
可以作为解决方案之一——但二人的分歧也由此产生。哈桑认为美沙酮仅仅是戒除海洛因的缓兵之计，应该严格管控，使用最小剂量——恰好够消除海洛因造成的痛苦——并且最多只能使用几个月。[39]他还认为美沙酮**维持疗法**不过是另一种依赖形式罢了。[40]

哈桑拒绝“美沙酮维持疗法”，也就摒弃了杜邦式禁毒的内核。成瘾者以美沙酮替代无疑降低了犯罪率，这点哈桑并不怀疑，但让他无法接受的是大量黑人公民整日神志不清，完全靠政府提供的毒品度日。他宣称：“当后人为这段历史盖棺论定时，会感到沮丧，会说美国解决了所有问题，唯独留下了毒品问题。任由敌人在她青春年少的时候即开始毒害她，直至死亡。”[41]哈桑认为犯罪是毒品成瘾的一个症状，美沙酮维持疗法治标不治本，不如寻求根治的方法。他的诉求在特区广大黑人中引发了共鸣。正如《华盛顿邮报》首位非裔专栏作家威廉·拉斯伯里所言：“某人过去对海洛因上瘾，现在对美沙酮上瘾。街上的治安或许有了些许改善，瘾君子的生活却鲜有起色。”[42]

哈桑于1969年5月创立了“黑人发展中心”，它迅速成长为特区最激进的反毒组织之一。与哈桑相关的组织还包括“联合摩尔人共和国”和“黑人自由志愿军”，黑人发展中心同这些组织紧密合作（哈桑自称“指挥官”），其在鼎盛时期拥有七百余名成员，很多人和哈桑一样，曾经是瘾君子。[43]黑人发展中心之所以迁怒于杜邦的“毒瘾治疗管理中心”，根本原因在于美国那段奴役黑人的历史。哈桑及其同僚认定白人**想要让**黑人染上毒瘾，如此便能摆布他们。在黑人发展中心看来，美沙酮维持疗法赤裸裸地表明了白人奴役黑人的企图。黑人发展中心制作了一系列海报，贴遍全城，谴责海洛因
28 成瘾就是“1969年的奴隶制”。[44]该组织共设有三个外勤办公室（field office），可以为戒毒初期的成瘾者提供住宿，并提供后续长期的教育和咨询计划。其中一个办公室外面的标牌上写有如下标语：“我们不要美沙酮维持疗法，我们为您提供戒毒治疗”。[45]

杜邦和哈桑对毒贩的看法也大相径庭。杜邦认为自己的美沙酮方案会让海洛因市场萎缩；而黑人发展中心对海洛因替代品毫无兴趣，只求所有毒品统统从街面上消失，这也意味着驱赶将毒品带入市面的毒贩成为他们的首要目标。而白人毒贩是终极目标，其中不
29 少人与黑手党有勾连，在全国的毒品分销网络中处于顶端位置。正如黑人发展中心号召武装对抗的海报所断言的那样：“能挫败那帮白脸狗，阻止黑手党向我们的家人和在校学生非法贩售海洛因等毒品的，唯有**我们自己**。”[46]

黑人群体内部也有一帮败类，即黑人街头毒贩。他们受到白人的控制与利用，与其同流合污，进而臭名远扬。对此，黑人发展中心的一份传单描述得再清楚不过：“我们还得对付自己人里的叛徒，他们空有一副黑色皮囊，替白脸狗贩毒，让我们的男孩和女孩沦为小偷和娼妓。”既然美国从不关心穷苦黑人的死活，那么捍卫黑人社区的责任

就落在了诚实守法的黑人居民身上。要“收拾”这些叛徒，就得等这些人作奸犯科的时候，给哈桑设立的匿名热线打电话。“无论在哪儿，只要看到就告诉我们。我们来应对，”传单上写道，“我们只会当面警告一次。如果他们不立刻收手……**我们会让他们收手！！！**”[47]

虽说毒贩在黑人群体中如同过街老鼠，海洛因成瘾者也难逃责难。哈桑的黑人发展中心很少容忍成瘾者，特别是那些为吸毒不惜以身试法的人。黑人发展中心奉劝他们罢手，并为他们提供一次戒毒的机会。拒不合作者往往被交给警察，或者被殴打。哥伦比亚特区未来的市长马里恩·巴里讲了一件事，从中可以看出他和哈桑一样对瘾君子已忍无可忍。巴里于1967年创立“尊严”项目，旨在帮助特区无特殊技能的年轻人找到工作。该项目同时也向瘾君子开放，他向特区政府工作人员卡罗尔·哈维表达了自己的疑虑：“该死的毒虫连自己的亲妈都要偷。”他说：“我不知道是否应该让这种人参与到项目中来。”[48]

尽管哈桑赞成对毒贩施以惩罚，但同时他也呼吁从根源上遏制海洛因之祸的蔓延，包括改善学校教育、与种族主义斗争，并提倡黑人确立一种责任伦理，崇尚勤奋、学识和自律。从这个角度看，
哈桑的解决方案似乎兼顾“以上所有”，同时对付吸毒成瘾与毒品犯 30
罪两大问题。[49]因此，黑人发展中心一方面推广戒毒计划和工作培训，另一方面与警方合作，对毒贩围追堵截。（借用一位联邦检察官的说法，哈桑是一个“勇敢坚忍”的线人。）[50]

哈桑认为，警方并没有尽到责任，以确保黑人社区不受毒品交易的侵害。“我们环顾四周，发现街边有个男子在出售毒品，他把毒
品卖给了学生。”哈桑这样描述，而警察却常常以“技术性细则”搪 31
塞，或摆出官僚做派不作为。[51]黑人发展中心无须理会宪法，也不

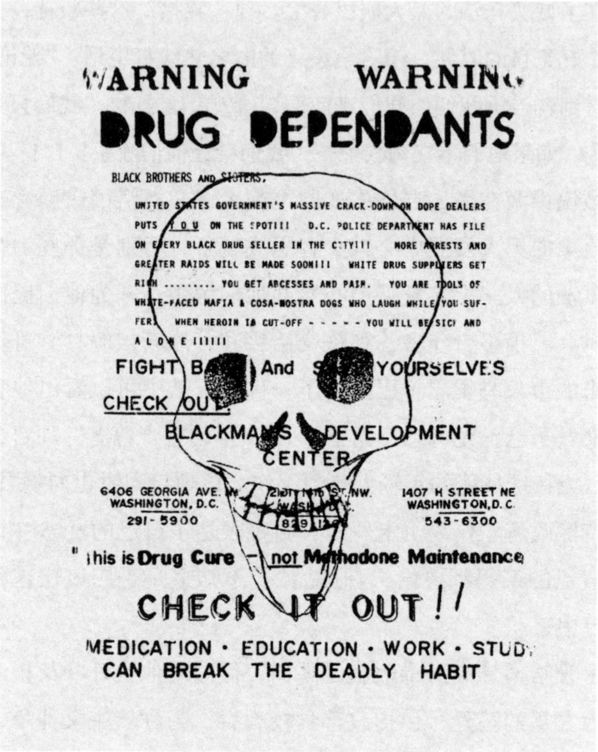

黑人发展中心的传单，1969年。

受制于官僚体制，只相信黑人社区赋予了它可以采取任何必要措施以阻止毒品交易的权力。[52]其成员熟知这座城市的每一个角落、每一条街巷，对藏污纳垢的交易场所也了如指掌。于是，在警方不作为的时候，这支影子部队就打算介入了。

如今，像哈桑这样的人已经不多了。他那种激进的反毒品方式，他的那套说辞都如潮水般退去。然而，这在20世纪70年代很普遍，并且不仅限于特区。和特区一样深陷毒品之祸、犯罪频仍的底特律，也出现过类似的言论。[53]在为科尔曼·扬当选底特律首任黑人市长而举行的祈祷早餐会上，达蒙·基斯法官就敦促扬解决犯罪蔓延的问题：“你这一届政府要想方设法，将为害地方的罪恶连根铲除，将犯下谋杀、强奸和伤害罪的恶人一网打尽。”基斯认为，这其中包括追踪“毒品贩子”，“必须曝光他们，必须让他们接受审判”。[54]扬在基斯之后登台发言，台下聚集着两千多名听众，其中大部分是黑人。扬向他们保证自己将尽心尽力。“我刚发布了一则‘公开警告’，警告所有毒品贩子、所有窃贼、所有抢劫犯：是时候离开底特律了。”[55]

全国有不少黑人反毒品活动组织都以纽约哈莱姆区为基地，它们应教会领袖、社区组织和当地黑人媒体的要求，以顽强务实的态度对抗那场海洛因之祸。哈莱姆的反毒联盟领导人奥比利亚·邓普西是一名牧师，迈克尔·福特纳在其《黑人，沉默的大多数》中曾对他有过描述。[56]和哈桑不同，邓普西并不认同“全方位”解决方案。“要解决美国的毒品问题，**唯有**执法一条路。”他曾在纽约黑人主流报纸《阿姆斯特丹新闻报》上如此断言。邓普西牧师要求市、州及联邦政府增派警力以清除街头海洛因交易，同时要求对吸食者 32
和毒贩都处以重刑。他还呼吁政府“在全国范围内，在远离市区的地区开辟医疗中心或市民看护营，把每一个臭名昭著的毒虫和恶棍赶出城区”。邓普西的愿景是通过监禁改造罪犯，把他们关起来，“至少关个十年，同时适当进行帮扶，让这些不幸的人得以自救”。[57]与此同时，遵纪守法的黑人也得武装起来。1971年，他在自己家附近被人用刀刺伤，伤口在眼睛上方。自那之后，他即呼吁哈莱姆的居民携带武器，以“抵挡这帮暴徒”。[58]

海洛因肆虐，人们又恨又怕，邓普西正是抓住了这一心理。无独有偶，1973年正值犯罪狂潮以迅雷不及掩耳之势席卷特区之时，“公民打击犯罪总动员”是美国有色人种促进会的下属机构，总部设在纽约，它敦促政府“为犯下抢劫行凶、贩毒及一级谋杀的罪犯加刑，延长最低量刑期”。同年，《阿姆斯特丹新闻报》主张对“贩售硬性毒品却未吸食者”施以强制性终身监禁。该报社编辑将毒品交易视为“对我们的社区实施的无差别谋杀，冷酷无情，处心积虑，早有预谋”。[59]

回顾三个城市的反毒运动，好斗与激进是其话语体系中所共有的也是最显著的特色。这是一个新兴的黑人国度，塞尔玛和沃茨的硝烟犹存；黑人依旧是少数族裔，频繁遭遇攻击，这点几乎无人质疑。因此，不少人将毒贩视为隐藏在黑人内部的敌人，必须甄别并消灭这支“第五纵队”。生活在哈莱姆的作家奥德·库姆斯曾指导过一名黑人少年，后来少年因吸食海洛因过量而死亡。他用文字捕捉到了时代的愤怒：

> 我们知道，每一年利用我们孩子的痛苦赚取数百万元的是白人。我们还知道，白人绝不会亲自来哈莱姆贩售他们那代表了毁灭的东西。那份脏活都交给了黑人，男人、女人都有。他
> 33 们毫无顾忌地出售我们的未来以换取自己现世的逍遥，开上装有空调的、浮夸的双色凯迪拉克埃尔多拉多。[60]

执法不力让库姆斯颇为失望，于是他呼吁黑人武装起来，在全国范围内与毒贩抗争。“我们之中那些为后代抗争的人才知道我们要做些什么，”他于1970年写道，“我们必须在哈莱姆巡逻，看到身穿

酒红色连身衣的黑人毒贩就干掉他们。”黑人内部通过义务警察维持公正，而自己除了支持别无他法，库姆斯深感痛苦。“如果在我们就黑人的尊严谈了那么多之后，却无法对自己负责，无法让社区摆脱死亡的威胁，”他写道，“那么我们永远不要奢谈黑人民族。”[61]或者，正如一位民权活动家向黑人专栏作家威廉·拉斯伯里所述：“毒贩，主动给那些要消灭黑人的人当走狗，是危险的敌人，必须要消灭他们。”[62]

戴维·克拉克了解海洛因造成的危害。但在他看来，大麻与此无关，因为大麻不会造成如此危害。他以海洛因等硬性毒品作为反例来证明他的观点：大麻与硬性毒品不同，也不是入门毒品，因此，不应该用同样的刑事司法措施去回应。

然而，并非所有议会同僚都赞同克拉克的观点，道格·摩尔就扯起了反克拉克提案的大旗。而当时正值哈桑及其组织衰弱的时期，摩尔适时接过了哈桑的接力棒。（到1975年，哈桑及其黑人发展中心不再是一支政治力量。由于被指控反犹，同时财务也出现了问题，黑人发展中心走向衰落。）摩尔强调，放弃与大麻抗争就是放弃黑人群体。在他看来，即便是尝试大麻的一个小过失，也足以给黑人群体带来巨大威胁，特别是贫苦的黑人青年，让他们深陷毒瘾与犯罪的泥潭，不断沉沦。

摩尔和克拉克一样，在进入特区市议会之前都参加过民权运动。
和克拉克不同的是，摩尔崇尚更为激进的黑人民族主义。而克拉克 34
曾任职于金博士的南方基督教领袖联盟的分支机构，该组织较为温和。摩尔是他那个时代较为典型的民族主义分子，20世纪70年代曾离开美国，先在法国停留，随后在刚果民主共和国定居。刚果民主共和国正是黑人激进分子的乐土。（其总理帕特里斯·卢蒙巴崇尚泛非主义，一直为黑人左派所尊奉。之后，他遭到暗杀，这更激发了人们对他的敬意。不少人推断中情局为暗杀行动提供了协助。）摩尔于1966年返回美国，并决定在特区定居，这里有他的母校霍华德大学。他的选择倒也不令人意外，由于特区人口中黑人占多数，越来越多受过教育、有政治理想的黑人把关注的目光投向了特区，他们早已厌倦了白人一统天下。[63]此外，摩尔认为在全球黑人的民主斗争中，特区就是美国的前线。尽管黑人人口在那里占绝对多数，但过得好似二等公民，挣扎在贫困线上，需要抗争争取独立。“我认为特区和非洲的状况差不多，”摩尔曾对《华盛顿邮报》记者胡安·威廉斯这样讲过，“非洲黑人的住房和教育都很落后，在华盛顿也是如此。”[64]

摩尔很快就在黑人联合阵线中找到了政治归宿，该组织1968年由斯托克利·卡迈克尔创立。（卡迈克尔在定居特区前，曾供事于学生非暴力协调委员会，并引领该组织进入黑人权力时代。）摩尔与卡迈克尔迅速成为好友，并结为政治同盟。摩尔甚至主持了卡迈克尔与南非歌手、民权运动家米瑞安·马卡贝的婚礼。1969年，新婚的卡迈克尔夫妇离开美国前往几内亚后，摩尔继任，成为黑人联合阵线运动的领袖。他身穿达什基衬衫，外披一件黑色皮衣，常戴一副太阳眼镜，成为当地闻名的黑人民权运动活动家。因此，他决定竞选特区首届黑人议会议员，并不让人大感意外。[65]

摩尔的竞选目标是守护特区的贫苦黑人，通过控制地方政府推
35 动黑人自治，他尤其强烈反对作为外人的白人对黑人自治指手画脚。在刑事司法层面，摩尔主张在警察队伍中增加黑人和妇女的数量，并公开声讨刑事司法体系中广泛存在的种族和阶层偏见。“是否入狱、刑期长短并非由是否有罪或罪行轻重决定，而是依被指控的罪

犯的种族及社会经济地位来定夺，”他断言，“这种情况普遍存在。”[66]摩尔的这种改革派立场为他赢得了监狱竞选委员会（一个由特区监狱囚犯构成的组织）的支持。“我们遴选委员会成员的标准，和司法体系决定我们刑期的标准是相同的，”该组织的领导人写道，“那就是看个人的记录。”[67]摩尔的思想在高墙之外也引起了共鸣，在17名候选人争夺两个无任所议员席位的竞选中，他最终收获的选票仅次于马里恩·巴里，位列第二。[68]

数月之后，戴维·克拉克提出大麻部分除罪化提案时，摩尔利用市议会议员这个新身份对其大加指责。克拉克认为该提案获得立法后将有助于黑人，摩尔坚决反对，并坚称黑人群体吸毒从来都不是美国关心的问题。他的这一论调源自非裔美国人经历中的一个核心悖论，即过度管控犯罪与对犯罪视而不见的情况同时存在。例如，1968年，在全国范围的种族动荡之后，肯纳调查委员会却发现不少黑人认为“警察在贫民区的执法标准过低，任由街头充斥吸毒、卖淫和暴力，而这是他们在其他任何地方都难以接受的”。[69]摩尔认为，大麻除罪化之所以越来越受到追捧，就是因为白人的孩子吸起了大麻，并因此被拘捕，这种情况越来越常见。克拉克提案真正在意的就是这些白人青年，摩尔声称：“人们希望这些人能成为年轻有为的法官或者律师，因此不能留有案底。”[70]

摩尔这种强硬且怀疑的立场在一部分黑人民权活动家中很普遍，他们并不相信那些声称是自己人的白人。比如，黑人诗人、歌手、民权活动家吉尔·斯科特-赫伦曾于1970年借一首诗以“学生争取 36
民主社会组织”（SDS）为例揶揄白人民权活动家：

最讽刺的

当属一个SDS的混账白鬼居然
黯然神伤，因为我没把他当兄弟，因为我让他滚
去自己的地方闹革命
……
他在争取合法地吸大麻，他在争取降低法定投票年龄
他希望和家里人少为代际鸿沟争吵，不愿在马路上见到
　　破事
我呢？我的诉求又是什么？
不过是一处安顿妻儿的清静家园
一家人每天的晚餐有着落[71]

当然，戴维·克拉克和斯科特-赫伦诗里的那些“混账白鬼”还是有本质的区别：SDS的成员都以自我为中心，而克拉克支持大麻除罪化显然是出于对黑人生命的尊重。不过，黑人民权运动领袖们已经对白人盟友失望至极，甚至对最左倾的白人也产生了合理的怀疑。斯托克利·卡迈克尔有一次开玩笑说：“我要告诉你什么是白人自由主义者，就是在贫民区和黑人手牵手的白人大学生，他要为自己争取蓄胡须、吸大麻的权利而战，而我们却要为生命而战。”[72]

除了质疑克拉克的动机，摩尔还声称大麻除罪化只会妨碍黑人争取平权的抗争。他认为吸大麻是种族压迫的象征——吸食毒品的黑人“承受着白人的种族主义”，更为严重的是，大麻是黑人失意生活的始作俑者。[73]摩尔坚持认为吸毒的黑人连洗心革面都不可能，更不要说联合起来同种族主义抗争了。这种想法在20世纪70年代的黑人左派中非常普遍。1971年10月，霍华德大学的两名学生明显因吸食毒品过量而死亡，这引发了一场反毒品运动，参与组织的有

学生、大学教授，以及当地的社会活动家。“黑人没有时间，也没有 37
资源在一个黑白颠倒的世界里浪费生命，”霍华德大学言语与传播学系教授拉温格·鲍登曾评论道，“如果我们都处于吸毒后飘飘欲仙的状态，那怎么能团结起来呢。”[74]1975年，亚特兰大首任黑人市长梅纳德·杰克逊运用相同的逻辑反对大麻除罪化：“军队睡着了还怎么战斗？我们得摒弃任何削弱我们、毁灭我们的东西。我们手无寸铁就不能指望改变什么，真刀实枪并不是我们的武器，头脑和纪律才是。”[75]

斯托克利·卡迈克尔进一步升华了该论调，认为黑人的反抗让白人害怕，于是他们利用毒品来镇压。“毒品就是压迫者的伎俩，因此，反毒就是一场革命，”1970年他曾对莫尔豪斯学院的学生这样说，“我们的人逐渐政治觉醒，这就为压迫者所不容，于是他们调运更多毒品输入我们的社区。”[76]即使摩尔认同卡迈克尔的“阴谋论”，在这场关于大麻的辩论中他也并没有表现出来。他仍然坚持认为毒品阻碍了非裔美国人的发展。他并不希望看到一个受毒品之害而无力无知的黑人群体，他要调动集体的力量，“我想要的是一个强大而刚健的黑人群体”。[77]

在克拉克主导的司法委员会举行听证会期间，许多赞同摩尔观点的证人针对吸毒和成瘾给黑人，特别是给首都的年轻一代造成的恶劣影响慷慨陈词。他们的立场与哈桑在反抗海洛因时的论点完全一致。而无论克拉克的支持者存留了多少毒品执法对黑人群体造成危害的案例，年轻的吸毒者始终是他们的改革中的薄弱一环。毕竟没人愿意让年轻人吸毒成瘾。唐·弗里曼代表“社区研究”组织指出：“在青少年成长的关键期，如果他们长期吸食大麻，即使少量吸食，也仍然会成为一个颇具潜在威胁的问题。”[78]H.D.伍德森高中的
副校长保罗·康得诘问道：“难道特区议会一边通过立法支持大麻除 38

罪化，一边希望我们的孩子将来做个对社会有用的人？”[79]更何况，在种族失衡非常普遍的大背景下，大麻除罪化为黑人的发展又竖起了一道路障。摩尔注意到，白人的孩子能上好学校，“有很多机会，能够三思而后行”。黑人孩子却没有这种优势，吸毒只会让他们的生存环境更加险象环生。摩尔宣称：“在我看来，大麻除罪化就是对社会犯罪，因为不惩处滥用大麻，只会阻止更多的黑人孩子进行思考，而他们原本就缺乏思考的能力和机会。”[80]这一论调再次和卡迈克尔与杰克逊的主张遥相呼应。在摩尔的支持者中，高等法院法官约翰·方特勒罗伊为其论调提供了最重要的证明。他和摩尔一样体察到了黑人工薪阶层的贫穷与困窘。方特勒罗伊在种族隔离的特区长大，曾在阿姆斯特朗技术高中学习印刷，并于1937年毕业。虽然在印刷行业没找到工作，但他凭着较强的适应能力和天赋，在特区最大的雇主，即联邦政府那里谋到了一份办公室文员的差事。后来，他又报名攻读罗伯特·H.特雷尔法学院的夜校课程。该项目仅存在了19年，却为当地培养出了第一代黑人本地律师。[81]在律所工作了20年后，他于1967年成为特区首批法官之一。他用法庭作自己的“布道坛”，赞成对青少年案犯进行改造，并坚决反对当时特区流行的论调“眼不见为净”。[82]他批评特区的公设辩护人服务处未能雇用黑人律师，[83]这在该市的律政圈子中引发争议，并成为一时热点而备受瞩目。哈佛大学法学院知名教授查尔斯·欧格里特当时是公设辩护人服务处的初级律师。在他的记忆中，方特勒罗伊“是一名勤勉认真、备受尊敬的法官”，控辩双方律师都很敬重他。[84]

这样一位敢于突破桎梏的黑人法官出现在我们面前，面对种族问题，特别是特区青年群体中的种族问题，他同摩尔一样直言不讳。
39 对于克拉克的大麻除罪化对黑人群体有利的论断，他也同摩尔一样不为所动。他认为，在特区贫困社区挣扎的黑人青少年为大麻禁令提供了依据。

方特勒罗伊解释说，白人青少年可以不必因吸食大麻而断送前程。在享受了其中的乐趣后，他们仍然能够“返回市郊的家里享受安乐”。而生活在内城的非裔同龄人却因贫苦而犯不得错，他们可没有中产父母为他们构筑的茧房，从而摆脱吸食大麻造成的危害。他们“生于逆境，身处经济困境，住在低于标准的住房里，他们的家庭也许靠社会福利度日，他们没有车……”，这样的孩子根本禁不起叛逆的青春。这样的孩子，方特勒罗伊不无绝望地总结说：“将来很难找工作。他们现在旷课逃学，年满16岁或许就退学了。”因此，即使大麻除罪化能够让一个黑人青少年免于被捕，也掩盖不住更为严重的问题：吸毒、学业失败、犯罪。[85]

方特勒罗伊在做证时甚至引述了一个案例，一帮高中生在吸食大麻后，借着癫狂的劲头决定打劫他们的辅导老师。这帮学生破门而入，用手枪击打老师及其妻子，抢走了他们的钱、电视和音响。在方特勒罗伊的法庭，这帮学生要面临终身监禁的刑罚。法官的言下之意是，如果孩子们获取毒品的渠道更少，也许就能避免如此下场。[86]

方特勒罗伊为反对大麻除罪化提供了社会层面的依据，特区的黑人神职人员则从道德和精神层面做了补充。“百名牧师委员会”领袖安德鲁·福勒是特区最具影响力的宗教人士之一。他之所以反对克拉克提案，是因为大麻不仅伤害了个体吸食者，也给黑人群体造成了危害。福勒断言大麻令人上瘾，对人的心理造成负面影响，包括焦虑、判断力减退等，且常常引发犯罪。（福勒并未引述任何研究数据支持他的观点，而选择凭借自己担任30多年牧师的亲身经验作 40

为支撑。）他援引《马太福音》第25章对特区议会陈情，大麻除罪化是对这个城市中的受压迫人群的背弃。“大麻致使一些人挨饿，一些人缺水，导致有人形同陌路，有人衣不蔽体，引发疾病，甚至把人送进监狱。”他说。[87]他坚持认为这个城市最贫苦的灵魂需要被解救，而克拉克提出的议案却恰恰相反：一个合法的地狱。“我们要求你们挑起重担，”他代表特区的基督徒向特区议会表示，“否则上帝不会饶恕我们。”[88]

黑人牧师认为大麻本身有害，此外，他们还坚称吸毒者会进而吸食硬性毒品。这是塞缪尔·乔治·海恩斯的证言的核心，他代表当地30名牧师组织“第二选区神职人员联合会”向议会陈情。也许海恩斯及其同僚并未读过《大麻：一个误解的信号》，该报告早在三年前即证实大麻并非硬性毒品的入门毒品。又或，他们确曾读过报告，却发现其结论与自己亲眼所见的瘾君子的情况有出入。不管是哪种情况，海恩斯都是出于对易受影响的年轻人的关爱，驳斥吸食大麻无害的观点。他坚持认为，如果大家都抱着这种想法，“年少无知的人们就会轻易被这种看似无害的‘快乐’所诱惑，继而深陷毒品的泥潭”。[89]

大麻引起的快感或许会有失效的一天，那时吸食者将寻求更劲爆的毒品，人们以前就有这种担忧。哈桑在1970年就曾表达过这种担忧，他称吸食大麻的年轻人“更易被诱惑吸食海洛因”，因为“别人会说：‘吸吧，吸了它你会更嗨，嗨的时间也会更长。’”[90]这会导致毒贩兜售更多硬性毒品：正如方特勒罗伊在其证言中强调的，街头毒贩手中的货通常不止一种。诱使大麻吸食者“进阶”，购买包括“海洛因、安非他明、LSD、天使粉等其他毒品”，这确实是笔好买卖。[91]

41 戴维·克拉克及其支持者不遗余力地强调，他们并非鼓动吸食大麻。类似否认却受到摩尔的嘲讽，摩尔坚称他所捍卫的城市黑人青年对特区议会的举措有不同解读。“我听到全城的年轻人都在讨论［这部新法案］，”他宣称，“他们说：‘现在你可以搞个两盎司尝尝鲜，因为这是合法的。’”摩尔无法接受这种状况，他对毒品的立场直截了当：“黑人不需要靠大麻或海洛因度日。”[92]

对于克拉克宣称的降低危害干预，摩尔也毫不买账。他可不希望特区的年轻人吸了大麻不必进监狱，仅付罚金了事，这不是他心目中的黑人社区的样子。他希望年轻人别去碰大麻，他希望，无论是在读的黑人学生还是已工作的黑人青年，都要杜绝毒品。“我有三个儿子，他们都是黑皮肤，”摩尔告诉克拉克的委员会，“我可不相信我们黑人有吸食任何毒品的意愿。”[93]

特区市议会并未重视摩尔的疾呼——至少一开始并未如此。1975年10月8日，市议会以8∶4的投票结果初步通过了克拉克提案。而欲使其立法，还需再次投票——根据《哥伦比亚特区自治法案》之规定——并由新市长沃尔特·华盛顿签署。随后，由市长办公室提交至国会的哥伦比亚特区委员会，在那里历经30天等待期。如果国会没有否决，则立即生效。

“国会黑人议员同盟”创始人之一查尔斯·迪格斯并不待见克拉克的提案，他同时执掌国会的哥伦比亚特区委员会。当然，迪格斯和国会其他黑人议员一样，小心翼翼地呵护着特区刚争取到的自治权。《华盛顿邮报》曾刊登一篇题为“迪格斯尝试对大麻提案说‘不’”的头版头条，表明了该议员的举棋不定。最终，尽管迪格斯让特区的领导们知道他并不支持克拉克法案，但也没有证据显示他打算为该提案的通过设置障碍。[94]

42 不过，有人的确站出来反对。提案获初步通过后，特区的牧师们加紧动作，企图阻止其最终获批。他们这一次明确表示，反对该提案已不再完全出于道德考量，也许还会产生真正的政治效应。事实上，黑人教会是特区最具实力的政治选民。正如摩尔观察到的，最能影响本城选票的政治团体并不是人们猜测的那些，“不是贸易委员会，不是民主党，也不是共和党，甚至也不是工会”。“在一个政党影响力相对较弱的城市，倒不如说是黑人教会控制着大多数人。”[95]

福勒、海恩斯及特区其他黑人牧师都宣称，特区大部分民众都与他们立场一致，反对克拉克提案。[96]现有的民意数据尽管有限，但支持了他们的这一观点。1975年，社会科学研究局在市议会审议该提案期间针对城市和郊区居民进行了一场民调，询问他们是否赞成“在规定包括年龄在内的限制条件后，吸食大麻应该被视为合法，做法同对酒类的限制相似”。[97]这并非摆在议会面前的确切议题，克拉克提案规定吸食大麻违法，但要降低处罚力度，代以传讯或判处罚金。上述做法产生了显著效果。借议会就克拉克提案进行辩论之机公布的民调结果显示：特区支持大麻除罪化的白人选民占绝对优势，比反对的白人选民多出14个点；黑人选民中的情况却出现了“反转”，仅有43%的人赞成大麻除罪化，反对者占51%，举棋不定者占6%。[98]

神职人员不遗余力地确保黑人中的反对派坚守立场。在提案初步获得通过后，150名牧师在特区政府办公楼前集会。其中一名牧师甚至威胁市议会成员，称他们会在“选举投票站”和议员们会面。[99]

他们继续施压，将矛头转向市议会议长斯特林·塔克。10月21日，50名牧师与塔克面谈，要求他把提案搁置，不要向上呈递提案

进行最后投票。[100]塔克当时51岁，是个雄心勃勃的政客。他与各选 43
区的关系都不错，20世纪50年代曾掌管“城市联盟”在本地的分部，该组织比较温和，与商界关系较好。1968年，他还曾在较为激进的“黑人联合阵线”中短暂担任过联合主席。[101]塔克表现出的协商姿态，引发了立场不坚定的批评。正如他的一个朋友1974年对记者形容的那样：“在一场激烈的博弈中，政客需要知道谁是站在我这一边的。而他们却无法确定塔克的归属，因为他对每个人都抱着开放态度。”[102]

作为选民，这些神职人员拥有令人敬畏的力量。这点在上次的选举中已得以证实，他们将票投给了华盛顿市长，市议会13名当选议员中有11名也得益于他们的支持，其中包括塔克本人。要想保住自己的职位，塔克就得设法保住这些神职人员手中的选票。而社会科学研究局的调查结果显示，这些选票不会流向支持大麻除罪化的政客，特别是在特区神职人员已明确表示将用政治手段宣泄黑人群体不满的当口，尤是如此。

还有一个因素让塔克坐卧不安，即使提案获得通过，华盛顿市长也有否决权。[103]克拉克提案呈至特区议会时，华盛顿市长并没有发声。但他本人和该市的宗教领袖过从甚密。[104]假如塔克站在这些神职人员的对立面，结果只会让自己与市长为敌，如此一来，不仅会断送前程，自己的努力也将化为乌有。最终，这些神职人员占了上风，在他们与塔克结束会面数小时后，提案被市议会搁置，这预示着它在当时的议会会期内最终无果的结局。[105]10月21日周二晚，1-44号议案，即1975年《大麻改革法案》宣告夭亡。[106]

为何向毒品开战，我们的标准叙述是十分必要且很有说服力的。

而要想厘清为何黑人人口占主导的特区坚决反对大麻除罪化，这些理由显然是不充分的。毕竟事实并不是占主导地位的白人不在意甚
44 至无视黑人死活，坚持从重判罚刑事犯罪，从而导致严重的种族失衡，增加黑人群体的负担。事实恰恰相反：主导大麻除罪化的正是白人，唯一一份民调显示，大多数白人公民都支持克拉克提案。应该这么说，扼杀了大麻除罪化的正是黑人。[107]

何以如此？原因有很多，将其综合起来，就能厘清禁毒战在缔造一个具有浓厚种族色彩的全新刑罚体系的过程中所起的作用。

首先，我们得面对一个现实，即反对大麻除罪化的中坚力量，如方特勒罗伊、道格·摩尔，为了黑人群体绝不会退让。他们可不是逆来顺受的“汤姆叔叔”，他们要同不平等较量到底。这些领袖在进行官方政治辩论时，或者在其更宽泛的公共生活中，将自己认定为黑人群体，特别是黑人青年的守护者，决意保护他们远离毒品危害。他们反对大麻除罪化，远非法学教授兰德尔·肯尼迪所言是出于“体面的政治”，即体面的黑人力图将犯罪从他们中间驱逐出去，或者试图回避犯罪给黑人族群造成的令人难堪的不体面。[108]恰恰相反，他们这样做完全是出于政治责任。

20世纪60年代，犯罪率一度攀升，特别是海洛因肆虐，他们出于对黑人群体的政治责任感而反对大麻除罪化。海洛因肆虐已经让黑人领袖和选民意识到关于毒品的社会现实，毒品成瘾可能呈指数级扩散，而其所导致的后果却未必限于个人层面。吸毒可能毁了家庭，毁了学校，甚至整个社区都将覆灭。而自由派对毒品所持的观点是：“我吸什么、抽什么，怎么对待我的身体是我自己的事。”黑人群体根本不买账。此外，如幽灵一般的海洛因更易触发“大麻是入门毒品”之类的争论：既然海洛因可以如此迅速地摧毁社区，那

么照此思路，即使大麻吸食者发展为海洛因吸食者的可能性微乎其微，决策层也不愿冒这个风险。安德鲁·福勒牧师曾提醒市议会议 45
员："年轻人吸大麻后，很容易对更为有害的毒品上瘾。"他警告说，这些年轻人，"除了你们，就没有守护者了"。[109]

既然大麻除罪化的反对者决意对首都黑人群体的命运负责，那么他们为何不能理解：如果继续追究吸食大麻者的刑事责任，遭受损害的恰恰是黑人群体？答案就在本书的一个核心论点之中——微小却明确的种种举措，共同导致了大规模监禁的出现。每一项举措产生的影响，只有随着时间推移，通过后续事件才能逐渐显现出来。1975年不准许大麻除罪化的决策即是一个例子。克拉克提案的反对者一味强调，即使被捕，多数人最终也并未被定罪，且几乎没有人入狱，如此便最大限度地弱化了大麻刑事化的危害。[110]这在当下似乎不可思议，而在当时却是不争的事实。那些参与了1975年辩论的人当年还未意识到，几年之后，刑事定罪——乃至被捕后未被定罪——将导致越来越严重的间接后果。总之，特区这场围绕大麻除罪化的辩论发生于全面禁毒战开始之前，反对者无法预见他们的胜利对他们试图挽救的黑人青年意味着什么。

种族间的信任缺失也是市议会否决提案的一个关键因素。大麻除罪化的倡导者——哈勒克法官与核心人物戴维·克拉克——都是白人。尽管市议会中不乏黑人议员（包括马里恩·巴里）为提案投了赞成票，但他们不是市议会的核心人物，对这场辩论的影响也不大。

特别是在后自治政治时代，该法案主要支持者的种族身份便显得更为敏感。特区居民在国会的管控下生活了一个世纪，如今他们总算挣脱桎梏，获得了自由。因此，许多政客在竞选时便亮明立场，坚决独立于白人政治当权派。有些候选人更为激进，如道格·摩尔，46 直言不讳地批评黑人精英中的一些人拒绝向白人权力掮客说“不”。上述白人主张帮助黑人青年摆脱被钉上犯罪耻辱柱的命运，在这种情势下却无法得到所有人的信服。

为何白人成了那次运动的主导？1973—1975年，特区警察抓捕了逾8 000名黑人大麻持有者。[111]也许人们原本指望他们或他们的亲属能站出来，在这场关于大麻除罪化的辩论中做证，或者影响民意。然而，这些人只是被抽象地提及，克拉克提案缺乏像禁毒战时期的有血有肉的黑人受害者支持其观点。我们也因此预见到了针对大麻的扫毒战带来的后果。随着严惩犯罪运动的深入，那些曾被抓捕或定罪的人无缘参与刑事司法政策的相关辩论，在特区如此，全国亦然。他们没机会讲述自己的故事。他们隐没在大众的视线之外，这恰好解释了我们的刑事司法体系为何如此彰显惩罚力度。

第二章　黑人的命也是命

控枪　1975年

1975年1月4日，市长及市议会宣誓就职后的第三天，哥伦比 47
亚特区最大的黑人报纸《华盛顿非裔美国人报》(通常被称为《美国黑人报》)在其头版头条刊登了罪案报道《牧师被持枪歹徒劫走1 100美元》。头条下方是第二条新闻《新议会商讨本市未来发展》。很显然，特区新一届政府自就职开始便要面临暴力犯罪的挑战。

报道中提到的牧师是莱昂·利普斯科姆，歹徒毫无忌惮地对他实施了抢劫。当时他的妻子艾达正在室外擦玻璃，两名男子挡住她的视线，冲她亮了亮枪并将她推搡进屋，随后他们发现了利普斯科姆。歹徒将夫妻二人推进二楼卧室，把他们绑在床边，然后盖上一条毯子。接下来，他们翻箱倒柜，开始劫掠，拿走了珠宝、手表，以及会众为表达感谢刚送给利普斯科姆牧师的假日捐资1 100美元。

利普斯科姆本人是教会领袖，因此本案受到媒体关注，但案子
本身并没有什么反常之处。1960—1969年，特区凶杀案发生率增长 48
了三倍，在全美引发政客的广泛关注。他们抓住黑人人口占主导的特区罪案率不断攀升这一点，试图败坏约翰逊政府的信誉，同时质疑自由派。[1]1964年，共和党总统候选人巴里·戈德华特借特区犯罪

率上升之机表示，特区“应该鲜明地反映总统是否关注法律与秩序，是否关注守法合规。然而，现在这个城市却身陷重围，无法无天，人民担惊受怕”。历史学家迈克尔·弗拉姆指出：“非裔美国人大量聚居在华盛顿，是这个城市不曾挂在嘴边却为大家所默认的形象与
49 印象。”[2]美国有色人种促进会的执行秘书罗伊·威尔金斯这样质疑戈德华特的策略：“这位共和党总统候选人及他的副总统竞选伙伴针对（犯罪）问题说的每一句话都带有种族主义意味，有的是不加掩饰的言外之意、弦外之音，有的更为直截了当。”[3]理查德·尼克松接过戈德华特的观点，他继续宣称：“哥伦比亚特区不该失序，不该是犯罪的代名词。”[4]

向犯罪发难的并不限于白人保守派。该市两大报纸，即《华盛顿邮报》《华盛顿星报》经常刊登犯罪高发的相关报道，常见的标题诸如“特区犯罪最新报道：惊悚之城侧写”，或“来自特区的枪：快速通过波托马克河边的城”。（后者出自年轻记者卡尔·伯恩斯坦之手。）[5]尽管首都的赤贫地区才是犯罪高发地段，但似乎无人能幸免于犯罪危害。密西西比州参议员约翰·斯坦尼斯遭抢劫枪击即是明证。1973年1月30日，斯坦尼斯在自家门外受到两名黑人青年持枪胁迫，对方抢走了他的钱包，里面有25美分，以及“全美大学优等生荣誉学会[1]之钥”。尽管他没有抵抗，但两名歹徒还是用棍棒将他打倒在地，并朝他开了枪。像这样显要的人物成为受害者，这场毫无道理、令人发指的加害在任何时候都会登上头条。然而，由于

[1] 全美大学优等生荣誉学会（Phi Beta Kappa），一个大学学术精英组织，成立于1776年，出过17位美国总统，41位联邦最高法院大法官，140位诺贝尔奖获得者。目前，该学会拥有逾50万名活跃会员。

整整十年间罪恶与暴力频仍，这一事件仅仅引发了短暂的震惊。

连自由派中坚分子也开始重新审视核心原则。在为《华盛顿星报》撰写的文章中，米尔顿·维奥斯特描述了斯坦尼斯遭枪击事件发生后的一个夜晚自己独自在家时的情景。听到门铃响，维奥斯特正要回应，两张黑色的面孔就出现在他眼前。“记得当时我对自己说：‘乖乖，看来不妙啊。’”维奥斯特承认自己的担心不无种族因素：“假如你想把这个叫作种族主义，那就尽管叫好了。”他还是去应了门，结果来访者只是问路而已。躲过一劫后的维奥斯特在松口气的同时，悲愤却涌上心头——斯坦尼斯遇袭“如此随机，如此随意，如此令人费解”，使自己因而发生转变。仅仅因为门外站着黑人就不敢开门吗？他到底怎么了？他认为这些都拜有恃无恐的犯罪所赐。

> 受到伤害的不仅仅是那些遭遇枪击、刺杀、强奸或抢劫的 50
> 人。我们都受到了伤害——夜晚，我们放弃了自己居住的城市，即使把自己锁在屋子里，也难有一丝安全感。我们彼此恐吓，尤其针对肤色有异于我们的人。犯罪将我们彼此割裂，其作用之大，就连吉姆·克劳法都自叹弗如。[6]

犯罪率居高不下令华盛顿全城不安，而其中尤以黑人社区为重灾区。1963年，马尔科姆·X曾去过一次特区，当时就看出街头犯罪的严重性。他告诉聚集在国家机场的记者，自己计划召集仅有黑人参加的一系列会议来讨论该问题。[7]而且这个问题不仅限于特区，全美的黑人社区都已失控，犯罪率呈螺旋上升。[8]20世纪60年代，费城凶杀案发生率几乎翻了一倍；而在波士顿、底特律和纽约，增长还不止一倍；在克利夫兰增长了两倍以上。[9]

关于哥伦比亚特区及全美犯罪数量上升的原因，刑事学家意见不一。一些人将责任归于战后婴儿潮。（年轻人群的犯罪率要高于年长人群。）一些人认为肆虐的海洛因难辞其咎。还有一些人指出，汽车排放的铅导致青壮年中毒，进而表现出冲动行为。（在联邦政府出台含铅汽油禁令之前，尾气排放量连续数十年居高不下。）不管原因何在，事实都是残酷的：20世纪60年代，特区成了危险之地，身居其中的人们经历着有记录以来最大规模的犯罪高峰期，时间长达十年之久，空前绝后。[10]

许多人认为，正是枪支，尤其是手枪让这波犯罪潮具备了危险的杀伤力。1974年特区凶杀案数量创下新高，407宗凶杀案中逾60%与枪械有关。[11]枪支暴力已成为特区40岁以下男性死亡的主要原因。[12]在全美也出现了类似趋势，20世纪60年代，随着凶杀案发生率一起升高的还有与枪支相关的凶杀案发生率。[13]此外，自60年代初以来，包括持械抢劫在内的抢劫案以高于其他任何犯罪的速度
51 增长。到了1973年，越来越多的持械抢劫案涉及手枪，而非刀具或其他非致命武器。[14]

1975年夏，当戴维·克拉克和道格·摩尔就大麻对黑人群体的影响展开缠斗之时，市议会正讨论出台一揽子举措，以便使任何一个美国城市都能对枪支进行全面管控。而我们后来发现，特区在大麻和控枪方面的争论，其进程竟然惊人地相似。市领导们在这两个问题上都要面对黑人群体受到的显而易见的威胁——一个是药物滥用和吸毒，一个是枪支暴力。与此同时，他们还得面对同一个拷问：刑法是最佳解决方案吗？

我们通常并不以类似的方式考虑毒品政策和枪支政策。二者之间的区分反映在我们的政治上：自由派一般反对禁毒措施而赞成禁枪，保守派则通常和自由派唱反调。区分还表现在我们的语言上：当我们禁止毒品时，我们称之为“禁毒战”；而禁枪时却称之为“枪支管控”。当然，看待这个问题还有更多样的视角——就连最坚定的禁毒斗士也不得不承认，枪支对公共安全造成的危害比任何毒品都更直接，更严重。即使二者存在这样的差异，我们对枪支和毒品的反应也有着自己很少承认的共通之处。正是这些共通之处在大规模监禁潮到来之前形塑了美国刑事政策的导向。

1975年，华盛顿市黑人社区的几乎每个角落都被肆虐的犯罪所吞噬。《美国黑人报》呼吁政府采取措施，刊登了一系列社论，敦促市领导“让罪恶付出代价”。[15]在“何不来一场反犯罪运动？”这类头版标题下，该报称：“哥伦比亚特区的居民打开收音机、电视机，或者拿起日报、周刊，却得知自己的一个邻居成了受害者。[16]这种集震惊、气馁和恐惧于一体的情绪与日俱增。”该社论配了一幅卡通画， 52
描述特区黑人领袖开会时黑影压顶，上面写着“犯罪威胁与日俱增”。

社区简报的语气越来越迫切，恳请居民“联合起来与犯罪做斗争”，“一旦看到任何可疑的陌生人在街上晃”，就要和当地警察局联系。[17]教堂和社区组织联合举办预防犯罪研讨会，特别邀请华盛顿市市长参加。[18]

就连霍华德大学这样培养黑人精英，铸就了辉煌历史的大学也 53
遭到围攻。其校报《山巅》悲叹道：“迎接今年校友返校节的再度是死亡和犯罪。”还配了一幅社论漫画，画的是一个黑人男子，图注为：“通缉：犯下兄弟相残之罪。”克里斯·洛克发表了那番广为人知的抱怨，即好逸恶劳、作奸犯科的“黑鬼”让“黑人”的生活苦不堪言。在他抛出这一言论的25年前，《山巅》的犯罪报道对黑色人种做了同样区分："10月25日周三，住在弗雷泽赫尔的瓦伦西亚·艾伯纳修女被一名黑人男子（黑鬼）持点三八口径镀银手枪劫走10美元。"[19]学校定期召开预防犯罪研讨会，著名黑人精神病学专家阿尔文·坡圣特曾受邀出席一个为期一天的研讨会，并发表了主旨演讲。他同时也是《黑人为何自相残杀》一书的作者。[20]

部分特区居民安装了防盗栅栏，将一道门锁升级为多重门闩，以此守护住所。[21]还有一些人报名习武，比如功夫或柔道，据特区最受欢迎训练场之一的老板称，近年来在该场馆受训的学员超过4 000名。[22]针对无法参训习武的人，《美国黑人报》的一位专栏作家支招："假如你的双肩或咽喉被袭击者以双手扣住，对方可能无暇顾及自己的中段。此时对其腹股沟来一记猛踢，实践证明很有效，穿尖头鞋的效果更佳。"这位专栏作家还劝诫说："之后可别站在原地试图把他制服。赶紧逃命！"[23]

有鉴于此，许多居民宁可待在家里也就不足为奇了。全国统计数据显示，各类人群对犯罪的担忧都有所增长，其中涉及种族差异的数据几乎无一例外地表明，黑人比白人更易让人产生恐惧感。[24]"城市联盟"的一份调查数据显示，在低收入社区中，有三分之二的受访者称他们"不敢在自家附近走动"。而华盛顿市市长牵头进行的民调显示，特区居民中有20%的男性，以及45%（比例惊人）的女性称他们晚间从不单独外出。[25]

54 然而，无论怎样谨慎都无济于事。当地的一位社会活动家在步行去参加某社区联合会议的路上遭枪击身亡，而他要参加的会议的议题便是如何打击犯罪。[26]一名犯罪学专家在步行去国会山向参议院某委员会陈述其研究发现的路上，遭到持枪抢劫。[27]14岁男孩肯

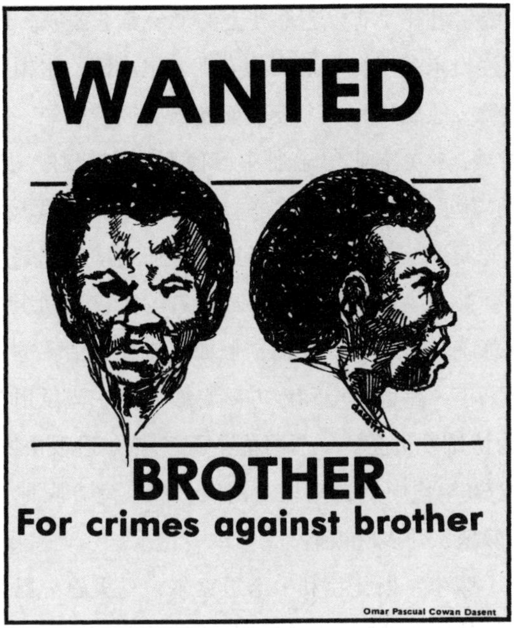

“通缉：犯下兄弟相残之罪。”

来源：霍华德大学校报《山巅》，1972年10月27日

尼思·华盛顿乘坐《华盛顿邮报》卡车送晨报时，遭流弹击中而身亡。[28]人们发现，即使去教堂做礼拜，也不再能够“全身而退”，因 55
为从教堂出来就被扒手盯上了。《美国黑人报》宣称“到了结束这种自我毁灭的时候了”，“我们得抢在那些罪犯作恶前阻止他们”，这得到了舆论的齐声支持。[29]

> 对黑人而言，枪支的问题就是枪太多了，结果我们用枪去杀戮，去残害，去劫掠我们自己人，直到濒临绝境。
>
> ——约翰·威尔逊，1975年哥伦比亚特区市议会第二选区[30]

约翰·威尔逊并没有以犯罪斗士的形象竞选公职。1943年，他出生于马里兰州东海岸乡村地区的安妮公主小镇，由祖父母抚养长大。高中时代，他成长为一个英俊而幽默的篮球明星，把谈恋爱看得比学习重要。（在毕业纪念册中，他要大家记住“他的恋爱技巧”。）[31]威尔逊于1961年进入大学，但是对知识的渴求远没有对民权运动的那样紧迫，于是他不久后退学，加入学生非暴力协调委员会。该委员会被视为南方最主要、最激进的民权运动组织。生于佐治亚州的前总统吉米·卡特曾说：“假如你想在佐治亚的西南部吓唬白人，搬出马丁·路德·金和南方基督教领袖联盟没用，只需说出‘学生非暴力协调委员会’一个词就够了。”威尔逊很快便如鱼得水，并于20世纪60年代中期自马里兰出发，深入南方腹地，召集选民登记，组织静坐，并多次被捕。[32]

像道格·摩尔、斯托克利·卡迈克尔、马里恩·巴里等众多民权活动家数年前做的那样，威尔逊于1969年来到华盛顿，这个城市被《黑玉》杂志称为“民权避难者的下一个麦加”。[33]1973年《哥伦比亚特区自治法案》生效后，特区得以选举自己的市议会。一个所有民权运动老将普遍面临的问题摆在了威尔逊面前：既然已经赢得
56 了选举权，并可以担任公职，那么他们应进入体制，还是继续从外部施压以求改变？威尔逊自称“现实主义者”，因而选择进入体制。32岁的他选择在特区种族最为多样化、经济基础最具差异性的第二选区参加竞选，并赢得了胜利。[34]

然而，威尔逊无法回避犯罪问题，他也不想回避。肯尼思·华盛顿在送报途中被杀害后，威尔逊保留了一份刊有相关报道的报纸。[35]他和议会同僚一样都是民选黑人官员，他们在全国有兴起之势。人们认为他们和先于他们参政的白人政客是不同的，这是黑人政客成为

候选人的前提。黑人公民被刻意忽视的日子一去不复返了，警察拒绝进入黑人社区办案的日子一去不复返了。（美国有色人种促进会的罗伊·威尔金斯回忆说，在他儿时生活的堪萨斯城，警察的潜规则是“又死了一个黑鬼——死得越多，我们的麻烦就越少”。[36]）曾几何时，一个黑人把另一个黑人杀了，却因此被赦免，因为“本案不过是一个黑鬼把另一个给杀了”，正如一首耳熟能详的老歌唱的那样：“热乎的晚饭；有口烈酒；一个黑鬼死了。”[37]

约翰·威尔逊需要找到解决犯罪危机的办法，从枪支管控入手是符合逻辑的。而他的提案即使从当代标准看也极具雄心。假如你在晚餐时扯出“控枪”话题，多数人都认为你指的是加强持枪者的背景调查、缩小弹药夹，以及严控枪支流向精神疾病患者。然而，40年前的情况与当下截然不同，从威尔逊的提案中便可一窥端倪。他希望禁止枪支销售和买卖，并禁止市民持有任何手枪和猎枪。现有的持枪者有责任交出他们的武器，一旦被发现未上交枪支，初犯可能被判刑，再犯则必须服刑。威尔逊对此解释说：“人们认为我要清理掉所有人手里的枪——他们的理解完全正确。”[38]

威尔逊提交控枪提案的那一年，正是戴维·克拉克要求大麻除
罪化的那一年。两位议员都坚称他们的提案能在最大程度上改变黑 57
人的处境。不过，情势对威尔逊更为有利：黑人受害者得到了社会的声援。[39]

黑人受害者的声音

1975年4月4日，马丁·路德·金遇刺七周年纪念日，刚刚退休的理查德·韦尔在这一天被惊醒，得知了一个为人父母者最不愿

听到的噩耗：有人来电通知，他的儿子死了。理查德·韦尔退休前一直供职于国务院，他的儿子理查德·韦尔三世在亚拉巴马大街的“四个伙计”食杂店做副经理。那天他要去银行存当日的收款，在路上遇到两名持枪男子抢劫。他还在迟疑的时候，就遭枪击而身亡。

遭遇如此悲剧，有些父母选择忍气吞声，归于沉默。韦尔却将此视为采取行动的召唤。他和妻子在儿子遇害两个月后开始散发请愿书，要求“市长及市议会采取措施，阻止发生在马路上的杀戮”。在议会委员会就威尔逊控枪提案召开听证会时，韦尔便加入了证人行列。

“重要的事情要先做，”韦尔说，“我的家人并不希望生活在恐惧中，不必对走在我们前面或跟在我们身后的人疑神疑鬼，能够身心放松地走在大街上。”[40]韦尔陈述说，自己的朋友们越来越不敢外出，即使在大白天也害怕出门。令他尤为苦恼的是特区控枪所牵扯出的种族问题。韦尔指出，自己的儿子和杀害他的凶手都是黑人。这点已不足为奇，韦尔的儿子被害时，哥伦比亚特区枪杀案的受害者中有85%都是黑人，而相关嫌疑人为黑人的比例也与之相似。黑人社区充斥着暴力，这在哥伦比亚特区乃至全美都产生了非常恶劣
58 的影响。就全美而言，黑人杀人的比例比白人高出7～11倍。[41]

怎么就发展到了这一步？韦尔发问。20世纪60年代末70年代初，出现了类似“黑人荣耀”“黑即是美”的口号，许多非裔美国人因此开始赞颂黑人美学，歌颂黑人文化和凝聚力。韦尔悲叹道：“一方面，黑人越来越习惯于彼此称兄道弟，另一方面，不断自相残杀，多么讽刺啊。”[42]

注意到这种讽刺局面的不止韦尔一人，《乌木》杂志刊登的一幅卡通插画同样耐人寻味。（请注意墙上宣传詹姆斯·布朗演唱会的广

告。而他的歌《大声说——我是黑人，我骄傲》被视为当时黑人荣耀运动的主题歌之一。）

在韦尔和威尔逊看来，减少枪支流通，让城市重享安宁至关重 59
要。韦尔认为："所有的恐惧都源自持枪的人。我们必须与之斗争，否则只有死路一条。战胜他其实很简单——夺下他的枪。没有了枪，他什么也不是。"[43]

与韦尔有着类似遭遇的人拥有一个重要盟友，即黑人教会。我们从前文已经了解到，哥伦比亚特区的黑人宗教领袖反对大麻除罪

"兄弟，赶紧的，别出声，举起另一只手就好……"

来源：《乌木》，1973 年 7 月

化，并且产生了效果。尽管教会组织并未在枪支管控的争论中表明立场，但有着神职人员身份的个体起了关键作用，其中尤以沃尔特·方特罗伊最为突出。作为新伯特利浸信会的牧师，方特罗伊于1971年成为哥伦比亚特区首批当选的众议员，进入国会。[44]控枪是他在众议院的标志性议题之一。而在地方层面，他赞成哥伦比亚特区市议会的控枪提案，是听证会上的重要证人。[45]

方特罗伊在市议会听证会上表示，他“再也不希望为死在手枪之下的冤魂举行葬礼”。他说枪支不仅夺去了马丁·路德·金这样的国家英雄的生命，更制造了无数姓名已被遗忘的逝者。方特罗伊强调，枪支问题对他来说并不抽象：“我是牧师，同时在为争取民权而奔走。我主持了无数市民的葬礼，如果我们有法可依，禁止手枪的生产销售和持有，今天他们可能还活着。”[46]方特罗伊希望禁令能改变美国人，特别是年轻人对枪支的看法：“从怀亚特·厄普[1]再到《教父》，我们的年轻一代受到误导，以为凭枪杆子就能捍卫男子气概。”[47]

许多牧师都和方特罗伊一道，现身说法支持控枪。来自国会山以便以谢联合卫理公会教堂的牧师斯坦福·哈里斯告诉议会，他代表一个牧师联盟发言：“他们中至少有两位曾被人用枪指着头或身体。”他还代表会众，包括不少老年市民发声：“手枪给他们造成了恐惧和创伤。”哈里斯牧师最后表示，他同时替自己发声，因为枪支
60 暴力让他也承受了丧子之痛。他告诉议会：“我们的儿子年仅22岁，被另一个年轻人持手枪击中头部导致脑浆四溅，此后，绝望之情笼罩着全家，心理上的伤痛挥之不去。”[48]

---

[1] 怀亚特·厄普（Wyatt Earp），美国西部片《执法悍将》中的主人公。

强硬措施：强制最低量刑

人们在同情哈里斯牧师及其他受害者家属遭遇的同时，将一腔怒火发泄到扣动扳机的人身上，在政治上具体表现为要求严惩罪犯，特别是所有涉枪案件的罪犯。方特罗伊建议：任何因贩售枪支被捕的人要面临最高五年的刑期，被指控非法持有枪支的人要面临最高两年的刑期。[49] 约翰·威尔逊却认为这还不够严厉，应该设定强制最低刑期。他抱怨说，现行判决法律"在很大程度上遭到法官和检察官的无视，并没有被严格执行"。[50] 联邦检察官厄尔·西尔伯特称，1974年全年因非法持枪而受到起诉的罪犯中，仅有7.6%入狱服刑，其余或被判缓刑，或假释，或交罚款了事。[51] 这一论据得到《华盛顿邮报》的威廉·拉斯伯里的附议，他指出，哥伦比亚特区一位法官审理的73个涉枪案件中，仅有一个案件的嫌疑人获刑入狱。[52] 威尔逊表示，这种状况亟待改变，希望可以促使法官使嫌疑人获刑。他还试图剥夺检察官在涉枪案件中进行辩诉交易的权力。正如他所言，按照他的提案，"人们将知道一旦因涉枪被捕将面临10到12个月的监禁，再也不会有什么借口可以逃脱惩罚"。[53]

威尔逊对法官和检察官未遵守法律的指控未免有失公允。自由裁量权深入刑事司法体系的每一处肌理，法官和检察官试图低于最高刑期给罪犯量刑并无过错。然而，不管孰是孰非，威尔逊的诘难在20世纪70年代变得越来越普遍，他的解决方案彰显出美国刑事司法的典型特征：如果想阻止人们的某种行为，那么就夺走法官的 61
自由裁量权，增加刑期。

类似提案造成的种族影响是不言而喻的，要被关起来的毫无疑问是黑人。对此，威尔逊也承认："任何出过庭的人都知道，因持致命武器被捕的人中有95%是黑人。"[54] 但是，他已做好即便如此也在所不惜的准备。在写给其他市领导的公开信中，他强调犯罪就是少数人对多数人的迫害："我们必须开始醒悟，这座城市的绝大多数居民……正受到极少数人群的威胁，这些人没有敬畏之心。"这些人尽管数量不多，却已构成巨大的威胁。威尔逊称，如果不加以控制，城市中的犯罪分子将"限制我们的自由，降低我们的安全感，抑制经济和社会发展"。他知道自己的强硬立场可能会被解读为反黑人——正如喜剧演员、民权运动家迪克·格里高利近期所言，"街头犯罪"是"美国人用来称呼'黑鬼'的新名词"。威尔逊以令理查德·尼克松或巴里·戈德华特感到欣慰的语言反驳道："'尊重法律'再也不能被视为偏执的代名词。"[55]

威尔逊并不是孤军奋战。霍华德大学举办了为期三天的"黑人犯罪"研讨会，《美国黑人报》随后发表社论：只有严格执法才能恢复秩序。社论反思了首都的迅速衰败，"原本平和、安宁、和谐"的区域"急速蜕变，充斥着不安和恐惧"，并总结说"法庭和法官的立场要严厉起来，对触犯法律的罪人施以重判，延长刑期"。[56] 社论称："唯有如此，才能阻止这一小撮犯罪分子在毁灭城市的路上越走越远。"

一场全国运动

62 尽管有那次听证会在前，但控枪倡议者们清楚地知道，要想把枪支从街头清除，哥伦比亚特区也好，全美任何一个城市也罢，能做的都很有限。正如方特罗伊所言："即便严格执法，对解决该问题也于事无补，因为问题的核心在于，每月涌进特区的数千支枪都来自北卡罗来纳、南卡罗来纳，以及任何一个枪支不受管控的地方。”[57]不过，威尔逊提案的支持者们仍然坚持不懈，并将自己视为发动一场全国运动的急先锋。在方特罗伊做证时，克拉克曾告诉他："我觉得我国首都的新议会果断采取的控枪措施，将为全国制定理性的控枪政策开先河。”[58]和克拉克一样，理查德·韦尔认为别人都会关注哥伦比亚特区，他还认为外地的黑人尤是如此。他表示："华盛顿市对于一个黑人来说有着举足轻重的象征意义。”作为“一个黑人人口居多，民选政府官员也以黑人为主的美国大城市，哥伦比亚特区的一举一动都受到全美黑人及其他族裔的关注”。[59]

支持控枪者有理由乐观。民调显示，枪支管制正逐渐为公众所接受，特别是在20世纪60年代约翰·肯尼迪和罗伯特·肯尼迪相继遇刺身亡后。非裔美国人对于控枪的看法也正在迅速发生转变，全美的民选黑人官员正着手提出控枪动议。[60]在支持控枪的黑人政客中，尤以亚特兰大市市长梅纳德·杰克逊和来自底特律的众议员约翰·康耶斯两位为代表。推动这两人支持控枪的背后原因与威尔逊及其在特区的同僚一致：亚特兰大获得了美国“谋杀之都”的别称，而底特律的情况也好不到哪里去。杰克逊曾对亚特兰大的黑人主流报纸《亚特兰大每日世界》说："我们生活在一个武装营地里，不过这个武装是非法的。我的职责就是阻止杀戮。”[61]康耶斯将控枪视为自己“最紧迫”的要务，他利用自己众议院司法委员会犯罪分委员会主席的职务，推动包括禁用手枪在内的一揽子法案。 63

杰克逊在康耶斯的分委员会前做证时表示，他肩上的担子很重，他成为黑人民选官员，担任要职，而这个城市遭到枪支危害的黑人却如此之多。“黑人谋杀黑人的案件如此高发，这是我们的耻辱柱上最沉重的一笔。”他对康耶斯说。杰克逊以下面这番话作结，试图唤起种族间的同理心：“我，以一个黑人、一个非裔美国人的身份，同时以本市市长的身份，恳请大家为了亚特兰大的所有黑人或白人，行动起来，从现在做起。”[62]

然而，杰克逊的说辞刻意模糊了一个重要事实，即枪击案在全美黑人社区的发生比例并不平均，而是集中发生在那些最贫困的黑人身上，他们不得不在暴力滋生的环境中生活。底特律的心理学家于1973年指出：“贫民区的生活充斥着挫败感，压力重重，每日身在其中，令许多人成为行走的火药桶。”[63]这番话在非裔美国人中最能引起共鸣。一些社区领袖因此坚持认为，如果不从根源上消灭犯罪，也就无法真正做到管控枪支。芝加哥黑人牧师罗司·米克坚决反对控枪，反对康耶斯的提案，他认为国会应该“打击犯罪的社会根源，而非针对持有武器”。[64]

重要的是，像杰克逊这样的黑人“控枪派”承认“一些社会因素会引发犯罪”，他们要为争取种族平等与公正继续顽强斗争。同时，他们认为，即使控枪无法解决所有问题，也会是其中重要一环。“非裔美国人在经济上受到压迫，”杰克逊在国会听证会上说，“要解决这个问题，就要让美国人，包括非裔美国人在内的所有美国人在住房和就业方面享有公平的机会，享有公平的医疗服务……我们在竭尽全力解决上述问题的同时必须对付手枪这个新问题。”埃尔
64 玛·亨德森是底特律市议会的第一位黑人女议员，她在支持康耶斯提案的同时也坚持认为，提案必须成为改善黑人社区环境这一大工程的一部分。“如果我们不消除种族间的紧张关系，黑人的经济状况得不到缓解，”她警告说，“那么控枪法案将没有实质意义。”[65]

哥伦比亚特区市议会的威尔逊希望从容应对犯罪“根源”之争。

他开列出可能会遇到的反对意见，并一一附上回应，以此迎接委员会公开听证会。在“控枪并未触及引发犯罪的社会和经济根源”的标题之下，威尔逊写道：“当然不会，控枪只是降低了犯罪造成的危害。”威尔逊进一步认为，特区的黑人市民已经等不及美国从根源上解决犯罪问题。正如他在准备好的回应中所述：“明明现在就可以降低因犯罪和意外导致的生命损失、身体损伤和财产损失，却等着社会去解决其根源性的社会和经济问题，这说不通。”[66]

《美国黑人报》刊登过数篇社论支持控枪，其中一篇对威尔逊方案大加推崇。社论指出：“每当高犯罪率的问题被摆在桌面上，总有人批评种族主义、压迫、贫穷、自暴自弃、歧视和失业。所有这些问题当然会为犯罪行为添砖加瓦，如果所有引发犯罪的恶劣条件得不到改善，负面影响无法被消除，我们在根除城市犯罪问题上就永远无法取得任何实质性进展。”随后该社论话锋一转，得出结论：“如果一项控枪提案对现状有所助益，那就拿出提案来吧，越快越好。”[67]

反对派：用于自卫的枪

这场控枪之辩一时沸沸扬扬，其独特性之一在于可能解决枪支引发的危险的即枪支本身，这看似合理，但枪支也许是所有危险品中唯一具有这一特点的。没人愿意用更多可卡因去解决可卡因问题，枪支问题却可以另当别论。在特区，市议会议员道格·摩尔发起抵 65
制控枪行动。1975年夏天，摩尔正在同戴维·克拉克提出的大麻除罪化做斗争，他认为该动议对特区的黑人群体只有坏处，没有好处。同年夏天，摩尔发起反对控枪提案的类似论战。

威尔逊认为，要保护黑人就得摆脱枪支，而摩尔针锋相对，黑人需要用枪支进行自我保护。他认为，既然黑人公民无法仰仗政府使他们免受暴力之害，那么唯有拥有枪支才能享受宪法第十四修正案赋予他们的同等权利。[68] 同时，摩尔主张：枪支并不仅仅是个人自保的工具，还可以让黑人联合起来抵抗白人暴力。他坚信，如果特区没有了枪，“那么本城市民——大多数都是黑人——在面临来自邻州的持枪白人黑帮时，就无从保护自己”。摩尔警告说：“那些从马里兰州、弗吉尼亚州、纽约州，或者其他任何州来的人会说：‘瞧，特区的枪都被没收了，我们可以大摇大摆进去了。’”[69] 对此，底特律首位黑人市长科尔曼 · 扬与摩尔有同感。扬表示：“底特律近郊和周边危机四伏……那里的人们用自动武器肆意挑衅，如果我在这个时候命令收缴市区的枪支，我会受到诅咒的。”[70]

摩尔和扬的言论在今天听来可能有些荒诞，其实不然。两位官员的言论都源自黑人的政治和思想传统，即尼古拉斯 · 约翰逊所称“尚武的黑人传统”。[71] 在黑人看来，枪支不仅是实用的自卫工具，更是黑人自决的象征。

南北战争过后，南方一些州的黑人常常受到恐吓和威胁，法院和执法部门则充当帮凶。诚如摩尔所强调的，部分是出于对上述状
66 况的回应，[72] 第十四修正案承诺黑人会获得法律的平等保护。重建时期的许多议员提出，为确保各州保护新获自由的黑奴不受私刑侵害，有必要出台第十四修正案。例如，1866年，新罕布什尔州共和党人丹尼尔 · 克拉克问道：“黑人是不是没有同白人一样享受生命的权利？”如果有的话，克拉克追问：“那他是不是不能同白人一样，完全享受法律对其生命的保护？”[73]

承诺黑人会获得平等保护不过是战后重建时期诸多败笔中的一处。在吉姆 · 克劳法笼罩下的南方各州，白人对黑人施以暴政，暴

力是家常便饭。绰号为“干草叉”的参议员本·蒂尔曼曾吹嘘自己与白人至上主义者是如何靠武力和暴力盗取了选举：“我们尽了力……绞尽脑汁、想方设法将他们斩草除根。我们把投票箱塞满，向他们（黑鬼）开枪。**我们丝毫不感到愧疚。**”[74] 白人还使用暴力剥夺黑人的不动产和财物。正如塔那西斯·科茨所言，吉姆·克劳法不仅代表着种族隔离，还是针对黑人的劫掠。“当我们想到白人至上主义时，”他写道，“头脑中出现的是‘仅供有色人种’之类的标识，但其实还应该加上一面面海盗旗。”[75] 一语中的。而且，海盗手中有枪。

要使黑人屈服，就得解除他们的武装。亚拉巴马州的法律即是明证：“任何被解放的奴隶、黑白混血儿，或者本州拥有自由身的有色人种”均不得“拥有枪支，或者随身携带手枪及其他任何致命武器”。[76] 黑人若违反上述之条款，即会被监禁——在20世纪初，这通常意味着被判债务奴役，工作条件与奴隶的处境几乎等同。道格拉斯·布莱克蒙说：“那个时代的南方，许多人随身携带武器。将夹藏武器定为犯罪几乎只针对黑人，此举在世纪之交得以延续，是禁锢黑人最一以贯之的手段。”[77]

重建时期，南方各州的黑人为抵抗压迫而以其人之道还治其人之身，他们的工具即枪支。1876年，南卡罗来纳州白人射击俱乐部成员企图恫吓黑人，阻止他们参与选举。黑人市民签署请愿书宣 67
称：“我们正告你们，你们的行径张狂不了多久。别忘了本州有八万黑人，都有权持有温彻斯特步枪，并且都会用。”[78]

枪支对于黑人自卫是必不可少的，这种情况一直延续到20世纪。自1917年开始，许多北方城市爆发了一系列暴力种族冲突。白人媒体给其贴上“种族暴动”的标签，更准确地说，是白人有组织地针对黑人施暴。历史学者戴维·克鲁格勒对此阐释说："所谓**暴动**，不过是非裔美国人对暴力予以抵抗、反击和抵制；尤其是**反抗**。"[79]

哥伦比亚特区的黑人武装抵抗由参加过一战的黑人老兵主导，他们大多曾在第368或第372步兵团服役。[80]他们打完仗回到美国，发现国内种族隔离状况更加恶化，主政的总统正是当年送他们去参战的伍德罗·威尔逊。威尔逊在联邦政府机构及办公室内恢复隔离措施，用隔板将黑人雇员同白人雇员分隔开来。1915年，他还在白宫放映了种族主义影片《一个国家的诞生》。[81]波士顿的报社编辑门罗·特罗特率一个黑人团体赴华盛顿请愿，批评威尔逊的政策，据说这位总统做出如下回应："种族隔离并非对你们的羞辱，而是一种福利。先生们也应该如此看待种族隔离。"[82]

1919年，特区的一伙白人暴民鼓动袭击黑人，城中的黑人老兵做好准备，捍卫自己及家人的安全。双方对抗开始前不久，一位军事情报员在一份秘密备忘录里写道："这些军官和士兵回到他们在特区的家，面对不公正的待遇，他们并没有坐以待毙，而是让大家知道他们的不满……夸口自己用枪的本事，并决心拿起他们手中的武器，而不是屈服于不公正的待遇。"[83]黑人司机们约定在第七街和西北区T街的路口聚集，组成车队前往巴尔的摩，他们回来时，后备厢里装满了武器。与白人暴民的战斗持续了五天，尽管黑人的伤亡多于白人，但双方的实力不相上下。而在别的城市，这种态势几乎不可能出现。

68 特区黑人老兵领导的抵抗得到美国有色人种促进会领袖詹姆斯·韦尔登·约翰逊的称赞："黑人决心不逃避，选择战斗……为自己的生命而战，为家人而战。他们救了自己，也救了华盛顿。如果对白人暴民再不加以遏制——也只有黑人果敢地阻止了他们的恣意妄为——华盛顿将沦为另一个东圣路易斯，或许会更糟。”以黑人劳工组织者A.菲利普·伦道夫为创办人之一的杂志《信使》，引述上例宣称一个“新黑人”时代已到来。该杂志称颂这批奋起反抗的黑人，指出他们同布克·T.华盛顿、W.E.B.杜波依斯等人不同，并嘲讽这些保守的黑人当权派领袖，说他们鼓励黑人“谦逊低调”，“忘记内心的不满与委屈”。[84]

遏制白人暴行的言论在整个20世纪都不绝于耳。反私刑活动家 69
艾达·B.威尔斯认为 :“温彻斯特步枪应该在每个黑人家庭中占有一

这群“新黑人”让美国得以保全。

来源 :《信使》，1919年

席之地。法律拒绝保障的，用这支枪可以实现。”马尔科姆·X则宣称：“任何人持有步枪或手枪都是合法的。每个人在获取自己合法权益时，有权保护自己不受任何干预自己获得合法权益之人的侵害。”认同黑人持枪以保护自身不受种族主义侵害的非裔美国人中有不少名人，简直可以成就一部非裔美国名人录。[85]

约翰·威尔逊深谙黑人配枪的传统。他在20世纪60年代主要服务于学生非暴力协调委员会。该委员会中生于南方的成员，如范妮·卢·哈默尔就持枪公开发表过言论：“我卧室里的每个角落都存着一把手枪。来犯的第一个‘饼干佬’[1]似乎想冲着我家大门扔炸药，结果炸掉了自己的手。”[86]来自北方的学生非暴力协调委员会成员则将接待过自己的黑人家庭如何全副武装的情形记录了下来。我父亲老詹姆斯·福曼在回忆他的南方生活时写道：“自卫——至少是在家的防卫，对于生活在1963年的黑人来说并不算什么新鲜事，那时几乎家家备有手枪或步枪。”[87]学生非暴力协调委员会的朱利安·邦德对此表示认同：“当时在密西西比州，我们寄住的每一户黑人家里都有枪。”尽管这些枪主要用于打猎，但朱利安注意到“它们似乎还有别的用处”。[88]学生非暴力协调委员会的工作人员很快便接受了各自寄住家庭的传统。据历史学者克莱伯恩·卡森估算，截至1964年夏，学生非暴力协调委员会几乎所有的外勤人员都配备了枪支。[89]

到了20世纪60年代末，就在黑人开始在公开场合、在政治领域内挥舞枪支时，长期反对控枪的一派突然开始关心从源头上限制枪支。这提醒了黑人：不能放弃手中的武器。在黑豹党（全称为

[1] 饼干佬（cracker），16世纪从英国到美国淘金的人中，较穷苦者去往佐治亚州开荒，他们的主要食物是饼干，因而被称为“佐治亚饼干佬”（Georgia crackers）。

“黑豹自卫党”，但“自卫”常被忽略）武装起来后，加利福尼亚州的民选官员，包括当时还是州长的罗纳德·里根即迫不及待地推行了严苛的控枪法。尽管当时控枪法案的发起人唐·马尔福德矢口否 70
认种族在其中起的作用，但黑人议员心知肚明。诚如其中一位黑人议员所言，“当手持武器的黑人出现在马尔福德的选区即奥克兰时”，[90]他即改弦更张支持起控枪来。国会于第二年通过了控枪法案，这也是近30年来的头一次。尽管该法案的约束力总体看来并不强，但国会的确试图限制一类枪支的流通——被称为“周六夜特供”的廉价劣质手枪。[91]记者罗伯特·谢里尔评论说，专挑穷人青睐的枪支进行限制的法案“得以通过的原因不在于控制枪支，而在于控制黑人”。[92]看出其中端倪的不止谢里尔一人。

特区的黑人民族主义者，包括道格·摩尔、斯托克利·卡迈克尔，以及黑人联合阵线等组织，肯定也持这个看法。1968年4月5日，马丁·路德·金遇刺后的第二天，随着特区及其他城市的人们转悲为怒，卡迈克尔和学生非暴力协调委员会在位于第十四街和U街以北的非裔美国人思想新学院紧急召开记者会。“昨晚白人的美国杀害金博士时，她已向我们宣战。”卡迈克尔说。他在随后的声明中又补充道：“我们不再需要知识分子式的讨论。黑人知道他们手中得有武器。”[93]同年11月，卡迈克尔在霍华德大学面对1 900余人演讲时表示，他们必须“有求生欲和斗志，为了自己的同胞而杀戮”。[94]与此同时，卡迈克尔和摩尔领导的黑人联合阵线针对地方控枪提案也开展了抗议行动。1968年8月，该组织坚称：“特区针对控枪的立法是白人种族主义者耍的手段，旨在剥夺黑人的自卫武器。”[95]次月，马里兰州与特区相邻的两个县——蒙哥马利县和乔治王子县开始抵制控枪措施，黑人联合阵线得以重申其反对控枪的立场。这两个县的居民当时都以白人为主。“黑人人口占68%的华盛顿”要接受控枪法案，“而其周边白人人口占95%的郊区，在没有类似控枪法案的情况下却呼吁居民武装起来，且居民都已行动起来”。[96]黑人联合阵线因此争辩说在特区控枪完全没有意义。七年之后，摩尔运用同样的逻辑进行辩论。

12：1

71 哥伦比亚特区市议会的投票结果甚至没有出现胶着状态。尽管摩尔有大量历史和现当代事实作为依据，但他甚至连一个同僚都无法说服，让其相信特区黑人应该获准继续持有武器。1976年，特区市议会以12：1的投票结果通过了全美历史上最严格的控枪法案。虽然不是威尔逊最初提议的全面禁止，但该法案的力度也着实不小。市议会要求现有持手枪者全部登记，同时禁止居民购买新枪；一旦违反，将面临十天监禁。[97]摩尔也没能争取到民意支持。也许出于黑人传统上对武器的推崇，特区黑人并不像白人那样支持控枪，但黑白两大阵营的大多数人都支持控枪。[98]

摩尔是哥伦比亚特区市议会中唯一反对控枪的人，他在全国却有不少盟友。其中有些人与他观点一致，认为黑人需要枪支进行集体防卫。例如，芝加哥牧师罗司·米克称控枪针对黑人，而白人仍保留枪支，这不公平。他认为：“控制枪支就是控制种族。”[99]

而在黑人反控枪派中，大多数人都重视个体自我防护。梅纳德·杰克逊在佐治亚州推行控枪时，佐治亚州众议员比利·麦金尼带头反对。麦金尼曾是佐治亚州第一批黑人警官，他说，由于暴力事件增多，“我得随时带枪防身”。[100]米克对此表示赞同，[101]他曾因在马尔科姆·X学院开设“黑人空手道”课程而获《乌木》杂志专题报道。他对康耶斯的委员会表示，连他本人都需要提防街头暴徒：“我可不打算用空手道或者扫把击退截短霰弹枪、手枪，或者截短步枪。”[102] 考虑到黑人长久以来对自我防护秉持的立场，上述观点引起了共鸣。1968年哥伦比亚广播公司的一份民调问道：“您认为包括您本人在内，大家需要做好准备，保护家园免受犯罪和暴力侵害，还是认为警察有能力做到这些？”与白人相比，黑人的答案更倾向于他们得依靠自己保护家园。[103] 72

对一些黑人女性来说，自我防护更具特殊意义。“作为单身独居女性，我认为自己应该有权享有某种方式的保护。”来自迪卡尔布县的佐治亚州众议员贝蒂·克拉克在州议会反对梅纳德·杰克逊禁止手枪提案时这样表述。[104] 道格·摩尔常常援引女性安全问题，说明控枪尤其置女性于危险境地：“如果你要清理所有枪支，就表明这个城市中每一名女性都要任由罪犯、强奸犯、抢劫犯，甚至暴脾气的丈夫摆布。”[105] 摩尔表示他希望在全城，包括学校启动教育项目，教女性如何使用枪支。在第二天的听证会上，他讲述了枪支训练如何让一名女性居民受益的案例。[106] 据摩尔说：“一位女士遭到强奸，而警察始终找不到元凶。于是她丈夫教她怎么用枪，那个侵犯过她的人打算再次施暴时，她杀了他。”[107]

然而，摩尔及其他持异议者的作为也就到此为止——仅仅持异议而已。到20世纪70年代中期，黑人政治当权派明确支持严控枪支，包括手枪禁令。康耶斯声称，他在黑人市民中同样感受到对控枪的支持度不断提升，而特区针对控枪提案12∶1的投票结果恰好支持了他的观点，情况已经发生了改变。[108]

个中原因何在？黑人对武器的推崇已有百年历史，是什么促使这一传统消失得如此之快？

这里有两大主因。其一，黑人重视武器的传统源自白人针对黑人施暴的历史。兰德尔·肯尼迪解释说："长期以来刑事司法制度故意放任白人义务警察的反黑人行径，这是最让黑人对制度灰心的原因。"[109] 尽管白人种族主义者的暴力行径还远没有成为过去，但一种对黑人生命的新威胁逐渐取而代之。从全国范围来看，从前黑人报纸详细报道针对民权工作者的私刑和袭击，如今报纸的通栏标题之
73 下的报道则是利普斯科姆牧师及夫人被绑在家中遭劫。理查德·韦尔之子是食杂店的黑人雇员，他遭遇黑人抢劫并受枪击致死，此类事件已成为美国黑人暴力犯罪的标志性事件。韦尔在市议会做证时指出："我年轻的时候，黑人常被白人杀害；而如今杀害黑人的大多都是黑人。"[110] 黑人需要枪支自保以抵抗多数族裔，这样的观点在韦尔等人那里已经失去了意义。正如他所说："黑人更应该担心的并不是种族屠杀，而是潜在的种族自杀。"[111]

原因之二与政治力量的转换相关。枪支对于非裔美国人社群来说具有特殊意义，是对种族主义政府无视，有时甚至怂恿杀害黑人的行径的回击。然而，除却其中关于勇气的辞藻，几乎没有人认为拿着枪彻夜不眠是最佳方案。[112] 只有当其他求助方式都失效的时候，这才是你的选择。回想一下艾达·B.威尔斯的名言："温彻斯特步枪应该在每个黑人家庭中占有一席之地。**法律拒绝保障的**，用这支枪可以实现。"[113] 假如法律没有拒绝呢？假如警察接到报警后前往现场了呢？假如政府确实尽力保护黑人生命了呢？

理查德·韦尔做证时抬头看了看主席台，那上面坐着各位议员，而他们的存在否定了促成黑人重视武器传统的种族主义。包括约翰·威尔逊在内的许多议员在年轻时代都誓与吉姆·克劳法抗争到

底——这在当时几乎是不可能实现的目标。然而，现在他们赢了，他们现在当家做主了，承诺向黑人群体提供长期以来未曾落实的警力保障。他们并不是变革的唯一象征。在政界有约翰·威尔逊，在警界也有这样的力量存在，并且多数都支持手枪管控。越来越多的美国黑人选择相信这些新一代的领袖——即便这意味着解除武装。[114]

从这个角度衡量，特区控枪法案标志着民权运动的胜利。“除非被杀害的黑人男子，黑人母亲的孩子，能够像白人母亲的孩子被害 74
那样在全国引起足够的重视，在这个目标实现之前，我们这些信仰自由的人不会罢休。”[115] 1964年，民权活动人士詹姆斯·钱尼、迈克尔·施韦纳和安德鲁·古德曼在密西西比遇害，学生非暴力协调委员会的艾拉·贝克愤而说出这番名言。而此时距离1964年不过12年而已。施韦纳和古德曼是来自北方的白人，他们的失踪引发了媒体的大量关注，多方搜寻二人的尸体。学生非暴力协调委员会的不少工作人员抱怨说，如果失踪的是黑人，就没有人这么上心了。他们的抱怨果然应验了。在寻找失踪民权活动人士的过程中，官方在密西西比沿岸发现了两名黑人的尸体，而他们的死因从未得到调查。[116] 如今距此不过十来年，约翰·威尔逊及其同僚已可以理直气壮地宣称，至少在哥伦比亚特区，黑人的死不再轻于鸿毛。

控枪，还是向枪支宣战？

不过，我们在庆祝这一进展的同时也要慎重，毕竟威尔逊及其同僚是通过把枪支买卖双方投入监狱这种方式来表达对黑人生命的关切。哥伦比亚特区通过的法案仅对违反者处以十天监禁，而威尔逊和方特罗伊还曾寻求更严厉的处罚。他们的提案之所以没有获批是出于特区法律中的一个偶然因素。国会在20世纪70年代初下放部分自治权给特区的时候，对市议会修改地方刑法施加延缓履行令。特区的议员在经过数轮辩论后得出结论，在不违背上述延缓令的前提下要想让法案生效，就不得在提案上附加大幅度延长刑期的条件。[117] 1979年，施加于刑事立法上的延缓令到期失效，市议会即刻强化了刑事法律（此内容将在第四章阐述）。

特区之外的黑人议员无须等待，他们有能力，也确曾毫不迟疑地寻求延长涉枪案犯的刑期。包括亚特兰大的梅纳德·杰克逊在内
75 的一些议员指出，针对非法持有枪支者要依法确立最低惩治标准。杰克逊援引马萨诸塞州1975年的一项法律为例，该法律对非法持有枪支者规定了一年强制刑期。他表示："现在，我不知道这是自由派、保守派还是温和派的立场。实际上，我根本不在乎。主席先生，我想说的是，假如最低强制刑期确实有用，特别是在这里能起到作用的话，我就支持。"[118]

在杰克逊呼吁对非法持有枪支罪处以强制最低量刑的同时，有人提出强制持枪犯罪的案犯入狱服刑，[119] 这项相关提案获得了大量黑人议员的支持，包括手枪禁令的支持者和反对派。而在特区，道格·摩尔在这点上与威尔逊和方特罗伊难得地立场一致。摩尔说，针对持械案犯，"我认为应该从严量刑"。"也许我得去读法学院才有资格做这件事，不过我要让法律变得严格起来，这样任何一个持枪抢劫犯，或者任何一个持枪犯罪分子，都将获得最严厉的惩罚。"[120]

连底特律市市长科尔曼·扬都认为对涉枪案犯施以强制最低量刑是一种合理的折中方案，既可以打击犯罪，又不必迫使守法的黑人公民缴械。[121] 密歇根州曾于1976年通过一项法律，针对犯重罪时持有枪支的被告强制追加两年刑期。[122] 扬秉持以下观点，即普通

公民可以在家保有枪支，但使用枪支的刑事案犯要面临重判。这也是许多黑人公民遵循的立场。在底特律附近的芝加哥，民调显示，三分之二的黑人居民认为应该允许公民持有枪支，而同样有三分之二的调查对象称，针对持枪案犯，法庭没有给予严惩。[123]

最终，控枪之争从形式到结果都与大麻除罪化之争类似。在这两个案例中，都是民选官员与社群领袖界定了困扰该群体的问题，从种族维度进行考量，导向以禁令为重心的政治回应。而且，都以执法和不断升级的刑事处罚力度为支持。

我们将会发现，事实证明，加重量刑的冲动越来越难以克制。 76
无论在特区还是别处，尽管惩罚措施并未取得预期效果，但这种情况仍然普遍存在。一方面，无论是扫毒还是控枪，二者产生的影响几乎都一样：受罚的大多数人都是低收入、文化程度不高的黑人男子。另一方面，二者都**没有取得**理想的效果：前者并未阻止大麻滥用，后者也没能保护社区免受枪支暴力的危害。

平心而论，黑人控枪派所设想的一系列成果要比他们现实中取得的进展宏大得多。方特罗伊和康耶斯都希望特区能走在全国控枪运动的前列。无独有偶，杰克逊市长认定，控枪要成为消灭种族差异运动的一部分，该运动旨在打击医疗、就业和教育等方面的种族不平等。[124]现在回顾起来，我们会发现方特罗伊、康耶斯和杰克逊有些盲目乐观。

康耶斯的控枪提案，从未在他本人所在的分委员会获得通过（6：1的投票结果令人难堪）。在此后的数年中，他所寻求的全国控枪法案在国会更是希望渺茫。[125]至于从根源上预防犯罪的努力，到了1975年甚至成为嘲笑的对象，成为20世纪60年代自由主义的

“无望的天真”的代名词。林登·约翰逊曾为“伟大社会”计划辩护，视其为对抗犯罪的努力，并声称“从根源入手”才能阻止骚乱。约翰逊认为：“根源在就业，根源在教育，根源在医疗卫生。”[126]对于自由派所称的杀人凶手“十岁时没有吃到西瓜”因而犯罪情有可原，亚拉巴马州州长乔治·华莱士直接予以反驳。[127]尼克松站在华莱士一边，不过表达方式更为老到。尼克松说，贫穷和失业并不是犯罪的原因，“个体都有受驱使导致犯罪行为的天性，而未能有效遏制这种天性”才是犯罪的原因。[128]许多黑人赞同将消除种族不平等与加
77 大力度惩治犯罪结合起来，而保守派却往往选择非此即彼。正如尼克松所言，要解决犯罪问题“并不能靠四倍追加‘政府向贫穷宣战’的资金，而应给更多有罪之人定罪”。[129]保守派取得了胜利。到了20世纪80年代，实现全国范围的控枪已是遥不可及的妄想，杰克逊等人倡导的消灭贫穷、消除种族主义那一套也失去了往日的号召力。[130]

最终的结果是，在黑人聚居区禁止持有枪支，比如特区，与此同时，人们未能有效遏制全美枪支交易市场的活跃，未能从根源上解决犯罪问题，如此便出现了最坏的结局。我们的中心城区充斥着枪支和由此引发的暴力事件，而因持有枪支入狱的绝大多数人都是黑人或棕色人种。

第三章　非裔的代表

非裔美国警察的崛起　1948—1978年

1976年9月7日，来自24个州、55个主要城市的60余位执法 78
官员在华盛顿哥伦比亚特区外的双桥万豪酒店举行会议，探讨如何降低城市低收入地区犯罪活动的问题，他们代表约一千万美国黑人参加此次讨论。[1]会议议题本身并无新意，探讨犯罪是那个年代的主题。[2]这次会议真正的独特性在于与会者均为黑人，也是全国首次黑人警官峰会。[3]

特区警察局副局长布特尔·杰弗逊等为这次会议的举办付出了巨大的努力。杰弗逊是特区大都会警察局职位最高的黑人警官。两年后他将被任命为局长，肩负警察局的指挥和领导权，而这支警队也将成为全国首支以黑人为主的警队。杰弗逊为人谦逊，蓄小胡子，一头短发，手边常备《圣经》，看上去像个教会长老。[4]他和同僚们，正在崛起的一代黑人警官领导者，在9月7日这一天有了值得骄傲的理由。

美国警察局历来都是白人的天下。这绝非偶然，毕竟警察有权 79
剥夺你的自由乃至生命。在绝大多数白人看来，将如此威慑力赋予黑人简直荒谬绝伦，他们坚信警察的基本职能之一就是控制黑人。

美国黑人对此曾经深有体会。詹姆斯·鲍德温曾写道，在1960年，白人警官从贫民区穿街而过，那样子“就像占领军身处充满敌意的敌对国家”。[5]他说出了很多人的心声。

鉴于这些过往，黑人警官领导者济济一堂，的确具有不容忽视的强烈象征意味。不过，与此同时，一个问题凸显出来：既然长期存在于警队的种族界限已被打破，那么刑事司法政策将何去何从？黑人警监及警官与其白人前辈将有何不同？这个胜利的确具有象征意义，但其实际效果还有待考证。

早在19世纪60年代，就有人呼吁美国黑人雇用自己的警察。对于美国民权运动而言，这虽然常被忽略却是不可或缺的斗争领域。[6]人们呼声不断，理由却不尽相同。有些赞成派宣称黑人有能力更好地打击罪犯，因为他们更容易赢得黑人的信任，足以在黑人群体中培养线人，最重要的是，他们会更积极地保护黑人生命不受侵害。对于因白人漠不关心，长期遭受犯罪、涉毒、卖淫腐蚀而混乱不堪的黑人社区而言，最后一点尤为重要。另一些人赞同雇用黑人警官是因为他们与白人同事相比不会有种族主义负担，不会虐待、侮辱同胞。他们不太可能无理盘查或骚扰无辜黑人，也不会对被扣留和被捕的黑人过度使用武力。并非所有黑人在他们看来都是嫌疑人，因此他们能够区分好人与犯罪分子。还有些赞成派从经济角度阐述黑人警官存在的合理性。警察是份不错的工作，薪水高，福利好。黑人理应有资格从中分得一块蛋糕。最后一种支持观点认为，
80 赋予黑人警徽和配枪将向在种族界限两边对峙的美国人民传递一个重要讯息，颠覆白人长久以来试图抵制黑人当权的思想传统。

我们只要回顾一下，就不难看出上述理论在实践中会自相矛盾。举个最明显同时也最具说服力的例子，期望警察队伍更加强大有力，

这与减少警方骚扰的目标相悖，而这一潜在矛盾在百年内都不曾被人们发现。只要黑人成为警察仍是一个遥不可及的梦想，那么任何关于他们加入后会给执法带来变化的理论都无从证实。截至1976年，美国各城市已有足够多的黑人受命担任警察局高官，只不过他们的职责仅限于出席各式研讨会，同时有成千上万名黑人警官受雇，只是职级都不高。不过，关于黑人警官能够或者将会带来哪些变化的问题却变得愈加紧迫。海洛因和枪械横扫黑人社区，犯罪率不断攀升，同时大众对警察滥用职权问题的关注度有增无减，人们迫切希望新任黑人警官们能够发挥出具有变革性的影响力。

20世纪70年代，黑人担任警察局高官在引发更多问题的同时，也预示着将会出现更多回应这些问题的声音。民权运动领袖、牧师，以及黑人媒体数十年坚持推动雇用黑人警官，并大胆宣称，他们一旦取得显著的代表性，将进行怎样的改变。然而，这些赞成派自己并不是警官，也无意加入警队。

与此同时，不为公众所知的是，布特尔·杰弗逊及其黑人同事长期以来一直在同警察体系内部充满吉姆·克劳主义的职场歧视做斗争。他们忍受着无法言述的侮辱，克服了种种困难，如此足有20年、30年，甚至40年。现在他们终于抵达或者即将抵达警察职业的巅峰，这个行业终于允许他们，或者说允许他们中的部分人担任领导职位。很少有人关心他们上任后打算做些什么。现在这个国家，特别是拥有大量非裔人口的城市将找到这个问题的答案。

1948年，布特尔·杰弗逊还年轻，正在找工作。他于1925年 81
出生在特区。他在奉行种族隔离的学校体系下完成学业，六年前毕业于阿姆斯特朗技术高中。该校建于1902年，践行了布克·T.

华盛顿的理念，他在建校典礼上的演讲中指出："任何形式的劳动，脑力也好，体力也罢，都令人尊敬。"[7]尽管这所学校开设了大学预科课程，但仍然无法与保罗·劳伦斯·邓巴高中一较高下。邓巴高中也许是吉姆·克劳法时期全美最顶尖的黑人高中，这所传奇学校因而成为黑人精英的不二选择。[8]相形之下，阿姆斯特朗技术高中凭借其职业教育建立声誉，毕业生从事修补鞋履、粉刷或裁缝等工作。[9]

阿姆斯特朗技术高中并没有打算让学生做警官。考虑到种族和警务工作的历史，这倒也不足为奇。南方的警队中有不少就是为了监管奴隶而设立的，警察具体负责抓捕和殴打逃亡奴隶，并将他们扭送回主人处。[10]南北战争后，对奴隶的监管终结了，或者至少官方说法是这样。而黑人继续受到管控和压迫，只是分工有了变化。警察主要执行吉姆·克劳法中的流浪汉法，以及夜晚宵禁。包括私刑、焚烧十字架以恐吓黑人、夜行作乱在内的"脏活儿"则由三K党这样的激进组织去做。[11]三K党和警察还经常联手，花名册上的人员也常有重叠。夜幕降临，有些县里的警长半遮半掩地把警徽换成三K党的长袍，并不特地避人耳目。[12]在黑人看来，压迫只是换汤不换药而已。据北卡罗来纳州的一名黑人回忆，奴隶制被废数十年后，"以前用警察来管控奴隶的那一套还存在，只是手段更加恶劣"。[13]

重建时期，黑人获得选举权并担任公职后，有黑人首次加入南方的警队。[14]然而，恰如重建时期许多其他进展一样，这胜利并没有持续太久。在一个要黑人臣服，并害怕黑人报复施暴者的社会，
82 黑人警官的存在只会引发愤怒，让人生畏。1868年，北卡罗来纳州的罗利市招聘了四名黑人警官，《每日哨兵报》使用如此标题予以回应："杂种警队！黑鬼做了警察！"同时，该报警告读者说："这是我

们走向灭亡的开端。”[15] 密西西比州杰克逊市和默里迪恩市新任职的黑人警官履职时，两个城市都发生了骚乱。[16] 针对南方普遍盛行的观点，密西西比州国会议员埃塞尔伯特·巴克斯代尔所做的概括也许最为准确：黑人警官的存在意味着黑人压过了白人，“而白人还未适应听命于有色人种”。[17]

在州政府被反重建派控制后，他们着手制定吉姆·克劳法，实施种族隔离。黑人警官便成为他们最先下手的对象。历史学者W.马文·杜拉尼总结道：“1910年以前，南方警察系统中几乎不存在非裔美国人。”[18] 当时全美47.5%的非裔人口生活在南卡罗来纳、佐治亚、路易斯安那、密西西比、亚拉巴马等州，但这些州连一个黑人警官都没有。[19] 在边界地区和北方各州，情况也好不到哪儿去。即使有为数不多的黑人警官，他们的处境也堪比二等公民。[20]

> 105 000名黑人公民中，至少有一名黑人警官。
>
> ——示威者，1946年佐治亚州亚特兰大市

黑人有多期望获得担任警官的权利，白人至上派就有多抵制。整个20世纪前半叶，美国民权组织持续针对警察局开展调查，这样做是为了统计黑人警官数量，也为表明已配有黑人警官的城市对他们的表现是满意的。[21] 该信息为各地民权活动家所用，以推动全美各城市进行相应变革。

以亚特兰大为例，民权运动组织、宗教领袖，以及全市最大的
黑人报纸《亚特兰大每日世界》，十年如一日为黑人当警官奔走呼 83
吁。为黑人争取这项权利的并不仅限亚特兰大一地，但鉴于该市的黑人中产规模庞大，堪比哥伦比亚特区，因此吸引了全美黑人媒体

争相报道。亚特兰大的支持者认为，黑人警官有能力高效打击犯罪。“为何亚特兰大黑人群体的犯罪率一直居高不下？”发问的是种族合作委员会（CIC），该组织成员为南方白人自由派和黑人保守派，其中一些人与布克·T.华盛顿的塔斯克基学院有往来。[22] 种族合作委员会于1936年举行系列集会，邀请亚特兰大当地的杰出黑人参加。随后委员会公布了一份报告，将居高不下的黑人犯罪率部分地归咎于白人警官和白人陪审员在“黑人杀害黑人”的案件中采取“自由放任的态度”。[23] 报告指称，在这些案件中，“凶犯仅获刑两到三年，有的甚至只有六个月”。白人警官不仅对黑人的遭遇置若罔闻，还对黑人公民“恶语相向”，结果导致了恶性循环。一方面，黑人公民常常不配合警察，妨碍其办案；另一方面，由于警察从一开始就没有尽责，导致黑人群体更易受到侵害。不幸的是，上述问题在许多领域都存在，正是当下警察局与黑人群体关系失调的表现，有鉴于此，该组织呼吁雇用黑人警官。[24]

种族合作委员会除了表达黑人精英阶层的关切，还点明黑人警官有能力区分不同阶层和类型的黑人——这正是白人警官明显缺乏的能力。尽管亚特兰大汇聚了大量正直的黑人公民，但白人警官无法正视或者不愿理解个中区别。“一些白人警官丝毫不考虑有色人种社会地位的差异，”种族合作委员会控诉道，“前者对待后者（即地位较高的有色人种），和对待赌徒、娼妓没什么两样，都是恶语相
84 向。”如果有色人种做警察，他们则会意识到阶层差异，同时他们“会更加尊重本族女性”。如此带来的互惠效应会使得黑人警官“更容易赢得本族裔的尊重”。[25]

随着亚特兰大运动获得支持，黑人警官问题进一步扩大。1937年11月，美国有色人种促进会驻亚特兰大办公室散发名为“急聘：

亚特兰大黑人社区急需黑人警官”的宣传册，其中黑人聚居区被描述成罪恶横行之地，公共住宅与康健设施匮乏，居民对警方不满。宣传册列明雇用黑人警官的三个理由：他们“理解黑人的难题，对他们的疾苦感同身受”；他们的执法更有效，且不必使用暴力；他们将有利于改善社区对警方的看法。[26]

到1947年，《亚特兰大每日世界》将黑人警官缺失问题列为民权运动的头等要务。[27] 老马丁·路德·金牧师曾是该项运动的领导者之一。1947年9月20日，他在莫尔豪斯学院的赛尔·霍尔教堂向集会人群疾呼，要继续抗争。他的儿子也就是马丁·路德·金，当时在莫尔豪斯读大四，那天也在场。老马丁表示，黑人群体有十万之众，却没有一个黑人警官代表他们，这种司法不公唯有持续施压才有望得到补救。他特意不提“等待”二字，15年后，他的儿子也效法父亲，在《伯明翰狱中来信》中表达同一立场。正如《亚特兰大每日世界》所指出的，金“忠告年轻人组织起来，为达此目的而奋斗不息。一味等待是没有结果的”。[28]

老马丁·路德·金发表演讲两个月后，舆论不断升温，亚特兰大市议会被迫应对该问题，于1947年11月召开会议。据《亚特兰大每日世界》称，会议“一片喧嚣，讨论激烈，持续了三个小时”。金在会议上发言，称让黑人加入警察队伍“时机已成熟，就在此刻”。他重申在莫尔豪斯学院集会时的观点，这个城市的黑人在警察队伍中也应享有一席之地：“纳税却没有代表权是错误的。”其余发言者，包括《亚特兰大每日世界》编辑C.A.斯科特在内，重申种族合作委员会自1936年以来的主张，即黑人警官将会降低犯罪率。[29]

种族隔离派进行了顽强抵制。臭名昭著的种族主义分子、佐治 86
亚州前州长赫尔曼·塔尔梅奇的支持者跳出来坚决反对雇用黑人警

佐治亚州亚特兰大市，1946年，抗议者在佐治亚州议会大厦外集会，
要求实现警察队伍的种族融合。

来源：《亚特兰大宪法报》图片档案，佐治亚州立大学图书馆特别藏品与档案库

官。三K党徒也负隅顽抗。[30]佐治亚州农业署署长汤姆·林德，效仿60年前国会议员巴克斯代尔的说法宣称："一个种族必须主宰另一个种族。"[31]亚特兰大市前市长沃尔特·A.西姆斯辩称，既然白人绝不会听从黑人的号令，那么雇用黑人做警官毫无意义："假如一个白人看到交通信号灯变红，而附近有个黑鬼警察，他一定会闯红灯。"[32]

两周后，1947年12月1日，市议会再次开会，这次有了结果。议会要求亚特兰大警察局雇用八名黑人警官。而议会门外却聚集着千余名白人，反对该举措。[33]不过，无论他们如何激烈反对，斯科特和金领导的这项抗争运动终于赢得了胜利：市议会以10：7的投票结果通过了该决议。[34]《亚特兰大每日世界》发表《期待已久的梦想终于成真》一文，盛赞这项决议的通过。[35]

然而，这些新晋黑人警官远远没有获得平等待遇。决议规定，在试用的基础上聘用的黑人警官，在单列的辖区（位于当地基督教青年会的一个地下室）工作，仅能在黑人社区巡逻，并且不许对白人执法。[36]假如一名黑人警官看到一名白人正在实施犯罪，他有权控制这个白人，但必须向上级报告，并在一名白人警官到场的情况下才能实施逮捕。[37]

上述限制并非特例。放眼全美，黑人警官遭受羞辱不仅是家常便饭，而且是体制性的，就是为了让他们不要忘记自己的从属地位，同时让白人放心，种族秩序基本上没有改变。以萨凡纳为例，该市规定黑人警官上下班途中不得穿制服。而在亚拉巴马州的蒙哥马利，黑人警官每天都得绕到警察局后门领取或上交装备。迈阿密的隔离最为彻底，在1962年以前一直运行着两套截然不同的刑事司法制度，一套适用于白人，一套适用于黑人。在适用于黑人的刑事司法系统 87
中，有黑人警官、一个仅处理黑人案件的警察局、一名黑人法官和法警。[38]

尽管有种种限制，但亚特兰大的黑人社区还是欢欣鼓舞。新晋黑人警官被冠以“亚特兰大八人”的称号，一时名声大噪。甚至他们还未入职，就有大批黑人前往观摩他们的训练。包括金在内的数百名黑人拥入大各各他山浸信会教堂，祝贺他们入职。人群拥入教堂的地下室、辅楼和阳台，最终拥向街头。发言者的名单很长，“在点缀着鲜花的讲台上，人们一个接一个发言，既有黑人也有白人，他们的发言激动人心，纷纷赞颂亚特兰大让黑人加入警察队伍的举措”。[39] 威廉·哈茨菲尔德市长告诉警官，他们重任在肩。“你们不仅是警察，”他表示，“你们更是你们所属的种族在亚特兰大的第一批代表。你们的成功就是我的胜利，是市议会和局长的胜利，也是你们所代表的种族，以及这个城市的胜利。”哈茨菲尔德引述在佐治
88 亚州出生的棒球运动员杰基·罗宾逊的事迹，激励“亚特兰大八人”

佐治亚州亚特兰大市，1948年4月30日，
为亚特兰大首批八名黑人警官举行的欢迎仪式。

来源：《亚特兰大宪法报》图片档案，佐治亚州立大学图书馆特别藏品与档案库

学习“杰基在布鲁克林的作为”。[40] 杰基在上一赛季打破了棒球比赛中的种族界限。

而这些警官呢？当时**他们**是怎么想的？他们打算怎样当警察？无人知晓。其中一人代表大家做简短回应，其他人都没有发声。（据《亚特兰大每日世界》报道，八人中的代表“对上级的合作态度表示赞扬”。）[41]

正当美国黑人新闻机构大力宣传“亚特兰大八人”的出现时，布特尔·杰弗逊正在抉择自己的职业。他从阿姆斯特朗技术高中毕业后参了军，二战期间在菲律宾和新几内亚服役。光荣退役后，他得以返回哥伦比亚特区并进入霍华德大学工程学院学习。尽管他从《退伍军人权利法案》中获得了些许福利，但十分有限，他仍深感入不敷出，不出两年便退了学。[42]

特区黑人前景堪忧，杰弗逊已经意识到了这点。在此前一年，即1948年，杜鲁门总统设立了一个委员会，调查首都的种族关系现状，形成了一份谴责性的报告：

> 假如［一个黑人］在华盛顿市逗留……除少数例外，市区的餐厅将拒绝为他服务，他可能也无法在市区观看电影或戏剧。要是他打算住宿，就得去较贫困的区域。如果他决定在特区定居，也只能在拥挤不堪、条件不达标的地方安家。他必须经常从事屈才的工作。他的孩子们只能去为黑人子弟设立的次等公立学校就读，生病的家人只能去次等医疗机构就医。此外，他每天都得承受种族隔离制度强加给占华盛顿三分之一人口的黑人的无数羞辱。[43]

非裔美国人生活的方方面面都受制于种族主义。在这座城市里，
89 甚至分种族举行过儿童弹珠比赛，分别产生一名白人冠军和一名“有色人种”冠军。根据吉姆·克劳法的规则，隔离制度从来就是不平等的：这座城市在挑选代表参加全国比赛时，仅考虑白人孩子中的冠军。[44]

种族隔离给社会造成的影响是毁灭性的，而其中最为持久的影响在于经济层面，因为数代黑人公民都被困在职业阶梯的底部。[45]牵涉其中的并不仅有奉行种族主义的雇主，每个经济部门都要为此负责。以那些控制着最好就业资源的工会为例，无论是制砖工人工会还是电工工会，要么从不招聘黑人，要么按照隔离制度分配，黑人分到的都是低级、末端的职位。[46]技术工种一律将黑人排除在外，这堵横亘在黑人面前的墙几乎坚不可摧，以至于墙上出现最微乎其微的裂缝也值得庆贺一番。现举一例，20世纪50年代中期，三名黑人高中毕业生——**仅有三名黑人毕业生**——被纳入学徒训练计划。当这一消息在毕业典礼上被宣布时，六百名家长为之欢呼雀跃。[47]1958年10月，《美国黑人报》对另一项“突破”不吝溢美之词：特区政府上马一项建筑工程，在雇用的数十个承包商中，有唯一的一名黑人电工。[48]

联邦政府也在不折不扣地执行隔离政策，而其中最恶劣的是国务院。它一边在国外推广美式民主，一边却在自己的首都把黑人限制在专职司机、送信员或门卫等工种。[49]即使黑人在初级职位上获得一席之地，种族意识仍然占据上风。一名白人官员回忆道，国务院的打字小组如何难以摆脱种族隔离：

> 经过数次努力，打字小组终于同意雇用几名［黑人打字员］。过了两三天，我向打字小组负责人询问情况，她回答说问题已经得到彻底解决，一切顺利进行。我问她是怎么做到的，她

> 向我指了指偌大房间的一角，只见隔板后坐着两个黑人女孩。[50]

因此，当杰弗逊打算进入特区种族隔离的就业市场时，他并没 90
有多少可选项。他解释说："可以确保我有份稳定收入的职业只有教师、联邦邮政员、消防员以及警察。"他加入警队，并不是为响应斯科特和金在亚特兰大领导的那场激情澎湃的运动而做出的政治声明。照他自己的说法，他更关心的是能否过上体面的生活。在可以选择的职业中，他认为警察是"最具挑战性的"。[51]

> 我们将在他们设定规则的游戏中打败他们。
>
> ——大都会警察局警官布特尔·杰弗逊

二战后，要求终结法律强行规定的校园种族隔离的运动正如火如荼地进行，同时美国在冷战初期寻求树立积极的民主国家形象，因此在首都公然拒绝黑人加入警察队伍（或者在警察局晋升）已经行不通了。但这并不意味着这个体制一夜之间实现了平等。虽然大都会警察局的公文中已正式剔除了歧视性政策，取而代之的却是一种不成文的台面之下的新型歧视。这种隐秘的新型歧视混淆视听，其后果几乎与之前并无二致。

所以说，杰弗逊可以当警察并不意味着他轻而易举就能当上警察。对黑人申请者的审查从他们到大都会警察局参加笔试、体能测试和口试起，就是严苛的。"黑人想上岗，简直比登天还难。"欧文·戴维斯回忆说，他也是那个时代的黑人警官中的一个。"许多黑人就因为趾甲内生之类的原因被拒之门外。我们能做什么呢？无计可施。"谈起自己加入警队的原因，和杰弗逊一样，戴维斯表示可选择的工作很有限。尽管他从未想过要当警官，但这份差事的薪水差不多是他在邮局包邮包的两倍，并且退休后的福利也更好。[52]

91 杰弗逊通过了所有考试，并在警察学院完成了为期16周的培训后，被分配至特区第九分局工作。这个结果倒不奇怪，第九分局辖区内几乎都是黑人。特区有一条不成文却被严格执行的规定：黑人警官仅在黑人区执法。[53]而针对他们的禁令也并非仅此一条。例如，与全国通行的做法一致，在大都会警察局，黑人警官的巡逻仅限步行，不准他们驾驶巡逻车。杰弗逊回忆说："他们宁愿把车搞坏，也不让黑人开。"[54]

在大都会警察局的警队中，90%以上都是白人，即使在黑人占多数的辖区也是如此，包括第九分局。[55]杰弗逊很快便发现，在黑人占多数的辖区分局也实行隔离，特区的任何地方皆是如此。白人警官几乎从不与黑人警官一起巡逻。有些警察局的指挥官毫不讳言地维护隔离制度——某个反对与黑人联合出警的警长就曾搬出如下一套说辞："黑人警官和黑人警官一起干活更有效率，也更开心。同理，白人警官也更愿意和白人一起干活。"[56]其他长官则使用"自由选择"这种更为微妙的说辞。例如，警察局的探长称，他不会阻止黑人警官与白人警官一同工作，但同时也不强迫彼此："强迫一个人非得和不喜欢的人一起工作，会影响士气。"[57]这种做法甚至得到哥伦比亚特区警察局局长罗伯特·默里的背书，他承认"种族融合是国家的法律"，却也丝毫不肯让步地表示："我要遵守法律，但我不会强迫黑人与白人乘坐同一辆巡逻车一起执勤。"[58]

当然，"自由选择"不过是对种族隔离事实的一种委婉表述罢了，因为任何白人警官都有权拒绝同黑人警官一起执行任务。[59]而该权利被多数白人警官行使也不足为奇，这种情况也不仅限于特区。宾夕法尼亚大学的威廉·M.克法特于1957年发表了一项关于费城警察种族立场的研究报告，[60]结果不容乐观。绝大多数白人警官都支持当前实 92
际存在的隔离制度，其中四分之三的受访者坚持认为要指定黑人警官仅在黑人社区巡逻。[61]他们认为白人将抑制黑人警官出现在白人社区。60%的受访者称他们本人也会拒绝同黑人同事共乘一辆警车出警。原因何在？克法特总结出一个常被提及的原因，即“黑人身上的所谓异味”。一名警官说：“黑人身上的汗腺散发出一股令人窒息的气味。”“一次我被分配与一个黑人警官一起出警，”另一名警官回忆说，“我马上向队长报告说我要请病假，要他把我从出警名单上剔除。”还有一位警察告诉研究人员：“在我看来，他们就是野蛮人，身上那种刺鼻的味道即使一天洗40次澡也除不掉。我坚信白人至上主义。”[62]

上述种族歧视带有普遍性，受到影响的不仅是出警的工作分配。在波士顿、芝加哥以及特区开展的类似研究也证实了这点。[63]无论是在特区还是其他地方，升迁都由排名决定，排名则由考试成绩和“晋升适合度”的评级决定。[64]（这两项指标的权重在各地有所不同。在特区，考试成绩占40%，评级占60%。[65]）一个警官的适合度评级由其上级决定，这即意味着上级随时都可能怀有偏见，有意识也好，无意识也罢。[66]结果就是，黑人警官发现他们陷入了瓶颈期：无论笔试成绩如何出色，适合度评级都会让他们失去升职的资格。这些警察也不傻，谁都看得出症结何在。正如《美国黑人报》所言：“大家私下怀疑这种升职规则不是魔鬼制定的，就是出自密西西比州参议员吉姆·伊斯特兰[1]。”[67]然而，黑人警官对此无能为力。

---

[1] 吉姆·奥利弗·伊斯特兰（1904—1986），于1941年、1943—1978年两度担任参议员，曾任参议院临时议长、参议院司法委员会主席等职。他在政治上属于民主党南方保守派，推崇种族隔离。

人们回应压迫的方式各异，其中之一就是任其摆布。自打欧文·戴维斯从邮局离职进入特区警察局，他不可能没有意识到其中
93 存在的不平等。“这种公开歧视严重制约了大家的积极性，”他回忆说，“黑人警官可能不再花大量时间应对［升职］考查。管它呢。下功夫又怎样，结果还是不讲道理。”[68] 不下功夫的警官毫无疑问在考试中也拿不了高分，而这些分数反过来被有些人作为脚注，宣称黑人警官得不到晋升主要是因为自身有欠缺，并非由白人上司歧视所致。默里警察局长就曾说过：“［黑人］不愿意学习，所以他们无法通过笔试。”[69]

布特尔·杰弗逊本人就差点成为大都会警察局升职政策的牺牲品。20世纪50年代末，他参加了笔试并提交了升职申请，随后便焦急地等待公布结果。他曾和好友蒂尔蒙·奥布莱恩一起备考。二人除刻苦学习外，也积累了相当不错的工作表现。他们谨慎地抱着希望。然而，升职名单最终公布时，二人都榜上无名。杰弗逊很沮丧，奥布莱恩很气愤。“不仅名单上没有我们，”奥布莱恩回忆说，“而且那些表现很差的白人警官先我们一步得到提升，他们甚至连考试都没有参加。”

喝咖啡时，二人讨论该如何抉择。他们也曾考虑过放弃，但最终还是决定反抗。在他们看来，举白旗投降正中种族主义者的下怀。因此，尽管退让也在情理之中，但二人还是选择了与此相反的路。用奥布莱恩的话说，他们决心“粉碎黑人就算努力也白搭的谬误”。他们认为自己唯一能做的就是在客观评价，亦即笔试中以足够大的优势胜出，以此抵消适合性评估的劣势。“我们针对每一道可能的题目都找出了答案，”杰弗逊说，“我们将在他们设定规则的游戏中打败他们。”[70]

杰弗逊和奥布莱恩于1958年秘密开办辅导班，辅导对象为大都会警察局里想要晋升的黑人警官。除他们二人外，有13名警官报名。小组成员每周抽两个晚上到杰弗逊家集中。杰弗逊在第一次碰面时便立下规矩，每次必须到堂，缺课超过两次即除名，并禁止学 94
员饮酒。经过6个月的学习，杰弗逊以足以保证升职的高分通过笔试。奥布莱恩及13名学员中的10名也通过了笔试，并获得升职。[71]

种族隔离分子可不愿就此作罢。他们无法阻止黑人升职，便在得知黑人警官的这种自助方式后设法破坏。新近获得升职的杰弗逊和奥布莱恩打算继续办辅导班时，一些白人上司不是调整调休日就是调换值班顺序，千方百计阻挠黑人警官去上课。还有些白人警官制定了自己的学习手册，不给黑人同事看。[72] 不过，他们坚持了下来。到了1966年，《华盛顿邮报》的威廉·拉斯伯里写道："在有警衔的黑人警官中，多数人都得益于奥布莱恩-杰弗逊'辅导班'。"[73] 对杰弗逊来说，这一成功证明他的坚持是正确的，即使身处种族不平等的制度中，只要肯下功夫，肯自我牺牲，黑人也能攻坚克难。他总结说："'也许你可以利用评级把我淘汰，但我可以凭所学的知识打败你'，黑人**必须**秉持这种态度。"[74]

我们的警察局是特区最危险的场所。

——尤金·戴维森，美国有色人种促进会哥伦比亚特区分会

在社区中，特区黑人公民面临着一种更危险的警察歧视形式：过度暴力。虽说警察过度使用暴力是个老大难问题，但发生在1956年的两起意外让这个问题变得更为急迫。在这两起意外中，有两名黑人男子分别被警察杀害。其中一名受害者哈里森·F.芬利是一名

二战老兵，有两个年幼的孩子。芬利被指控“拒捕”和“扰乱社会治安”，警察当着他双亲的面将其射杀。（前一个指控在警察枪击或殴打嫌疑人的案件中十分常见，令人生疑，而后一个指控则被《美国黑人报》形容为“万能指控，从高声喧哗到热情拥吻，无所不包”。）[75] 第二名受害者纳尔逊·马歇尔是供职于西夫韦公司的卡车司
95 机，有五个孩子。他因违反交通法规而遭警察枪杀。杀害他的警察出庭受审，却（在一个黑人人口占50%的城市）被一个全部由白人组成的陪审团当庭判定为无罪。美国有色人种促进会哥伦比亚特区分会负责人尤金·戴维森引述这两起凶杀案，并援引全市黑人公民对警察暴力的投诉激增的情况，宣称“我们的警察局是特区最危险的场所”。[76]

戴维森指控警察局长默里的所作所为有两大不公允之处：歧视黑人警官；对该市的黑人公民过度使用武力，且已常态化。[77] 上述两大不公并不能笼统地混为一谈，戴维森领导的美国有色人种促进会哥伦比亚特区分会却将二者联系起来，宣称提拔黑人警官有助于缓解警察施暴。改变警察队伍中的种族构成将改变警察的执法方式，戴维森的这种策略，亚特兰大十年前就用过，支持者主张雇用黑人警官将消解白人警官漠视黑人诉求的不利影响，从而有助于打击犯罪。

戴维森认定，芬利和马歇尔被枪杀正是警察的不当行为模式使然。他于1957年向哥伦比亚特区管理委员会及警察局局长提交了一份措辞严厉的报告（他称之为检举报告），描述了种种令人发指的警察滥用职权行为。报告还包括由义愤填膺的黑人公民及警察提交的书面陈述，以及美国有色人种促进会寄给默里局长和管理委员会的未获回复的投诉。在一份书面陈述中，名为布兰奇·普赖斯的黑人女子称她于某晚去特区西北区的一处俱乐部，却被店主拒之门外，原因是某警官说普赖斯有案底。尽管普赖斯最终进入了俱乐部，但

那名警官企图将其拖离，并用警棍击打她的头部。普赖斯倒在人行道后，该警官仍不断殴打她，踢她。[78] 后来她试图投诉，却遭到这名警官的威胁，让她闭嘴。[79] 还有一份书面陈述出自一名黑人退休警官，他因交通违章被拦下。执法警官打开驾驶室门，打他的脸，并将他拖出至人行道，随后用拳头继续打，最后才逮捕。[80] 黑人男 96
子小艾萨克·威廉斯提交的文件表明，他曾在自家门外被几名警官戴上手铐，头部遭重创。报告摘录了他的部分证言，此外还附上一张照片。[81]

除了向黑人公民施以武力，这些本该服务人民的公职人员还常常口出恶言侮辱。（这与暴力执法的新闻性没法比，却是对警察最为常见的投诉。）20世纪30年代，亚特兰大的黑人控诉白人警官“无视黑人男性或女性的社会地位”，而特区的黑人中产阶层不能接 97
受轻微的恶语。[82] 有些人认为白人警官仍抱有“种植园主心态”，无法接受黑人过得比他们好。[83] 一名黑人律师回忆说：“有一天，我和几个朋友开着车在西北区的16街和K街附近等红灯，一个白人警官对其同伴说：‘瞧瞧那些坐在凯迪拉克里的黑鬼，我都买不起。’”[84] 黑人中产阶层抱怨白人警官怀有敌意，专找他们的茬，此外他们还受到反黑人情绪的牵连。正如《美国黑人报》指称：“只要肤色还是影响执法的因素，无论**身处哪个阶层**，有色人种都无法避免警察暴力执法。”[85]

特区管理委员会为此开过一次听证会，却宣布对默里的指控不成立，既不承认其领导下的警察局对黑人公民的暴行，也不承认工作场所存在对黑人警官的歧视。[86] 戴维森的行动失败了。美国有色人种促进会认为该结果也是意料之中，[87] 因为特区管理委员会并不为该市黑人所信赖，不会主持公道。该委员会属于国会，很多委员认同密西西比州参议员西奥多·比尔博的看法。后者曾于1948年口出狂言，说自己之所以担任监督特区的国会委员会的主席，是因为这一职位“使得华盛顿的种族隔离维持下去”。[88] 比尔博的这一言论被群起而攻之，如“城市联盟”主席，即后来的特区市议会主席斯特林·塔克指称：“美国唯一一个以黑人人口为主的城市，却被黑人的敌人统治着，太不正常了。这就好比联合国派南非人管理刚果一样。”[89]

形势对黑人如此不利，即使行动失败了也并不丢人。《美国黑人报》对此事发表如下看法：“美国有色人种促进会不必为此道歉。他们为保护向其寻求指导和救济的无助者的利益付出了真诚努力。当你输得光明磊落时，唯一可以自问的便是：‘何时再战？’”[90]

答案是：马上。

98 *做好警察的本职工作，把种族关系事务留给专家去解决。*

——《美国黑人报》

1963年夏天，成千上万名民权活动家计划加入华盛顿争取就业和自由大游行。许多人预测，这将是特区历史上规模最大的抗议游行。争取自由的运动席卷全美，全方位揭露了美国生活中存在的种族歧视，全美的警察局也随之受到越来越多的监督。1959年的一项研究显示，南方的警察局中有83%规定黑人警官只能在隔离区域执法，而且多数城市的黑人警官无权抓捕白人。[91] 1961年，美国民权委员会的一份报告显示：全美的警察局中有31%限制黑人警官抓捕犯有重罪的白人；多数要求黑人警官控制嫌疑人，直至白人警官到场才能实施抓捕；个别情况下，甚至不允许黑人参与抓捕。综观全国，黑人警官处置轻罪逮捕的权限甚至更加有限。[92]

与此同时，黑人公民不断遭受滥用职权的警察的侵害。警察暴力在南方尤为突出，叼着雪茄的警长用高压水枪和狗对付民权示威者，这些镜头经常出现在夜间新闻里。20世纪60年代初，民权组织控诉全美的警方充斥着腐败，滥用职权成风，嫌疑人常常在并无逮捕令的情况下被捕，毫无理由即遭到关押。许多受访黑人承认对此无力反抗。1966年的一项全国调查证实，他们无力的原因在于，被控滥用职权的警官事后几乎都被判定无罪，也从未受到惩罚。[93]

在上述背景下，华盛顿争取就业和自由大游行对民权活动者来说是一个良机，他们施加压力争取让更多黑人成为警察。《美国黑人报》自1963年春季起就不断进行相关报道，持续到当年夏天。头条 99
报道包括《劳森表示：特区警察高层需要更多黑人以对抗犯罪》《特区警察局危机：犯罪率上升的一个原因》。[94]《美国黑人报》编辑、民权运动记者查克·斯通坚称，带有歧视性的用人制度导致黑人对执法部门失去信心，从而致使犯罪率攀升。“特区警察局的真实现状是，”他写道，“满怀种族厌恶感的白人警官当道，这种状况甚至比南方腹地的城市还严重。”白人警官中的绝大多数人“无论在理性、情感，抑或传统上都无法对黑人警官平等相待，或者尊重他们”。斯通写道：警察与公民彼此尊重、相互合作，才能有效打击犯罪，而特区警方现有的人员构成决定了它无法赢得黑人公民的尊重，因为警方不愿也不能尊重黑人公民。[95]

临近游行日，连特区向来以保守著称的黑人商业组织特区商会都响应号召，一起为黑人警官争取晋升警长而奔忙。[96]商会主席小杰西·戴德蒙与警察局长默里会面，建议提拔一名黑人做警监，这将“有助于大都会警察局在全国及全世界树立一个民主世界首都警察局的良好形象”。戴德蒙补充道：“重要的是，要让我们的年轻人知道，黑人也有可能在警察局得到较高的职位。”

蒂尔蒙·奥布莱恩却对此持异议，让人颇感意外。这位曾经秘密组织黑人警官补课的黑人警官、现任警督，在一份致媒体的声明中对民权运动者的关注与支持表示感谢，并承认，如果通过游行，他们的诉求能达成，自己也将受益。然而，他反对这种方式，认为民权运动者公然呼吁给黑人警官升职是种族主义诉求。奥布莱恩仍坚信警察内部不能出现分裂，他曾批评平权运动，警告说任何维护警察内部统一的努力都必须“摒弃偏袒行为”。《美国黑人报》对此
100 回击道：“如果奥布莱恩警督在这个问题上闭嘴的话，对各方都更好。”该报得出结论：“我们建议奥布莱恩警督做好警察的本职工作，把种族关系事务留给专家去解决。”[97]

《美国黑人报》与奥布莱恩之争于事无补，因为默里局长绝不会迫于压力把黑人警官提拔成警长。他为人固执，持种族主义观点，用比较委婉的说法即抵制变革。1963年，当他得知某个分局的警长让其辖区巡逻车实现融合，让黑人白人混合执勤时，即约谈这位警长。[98]

《美国黑人报》与奥布莱恩的分歧却反映出某种危机正浮出水面。民权活动家与黑人警官数十年来基于互利建立了稳固的联盟。这些活动家为美国警察实现种族融合而抗争，他们大多坚信警务工作是“种族关系”的核心。他们尽力支持黑人加入警队，并将此视为种族平等斗争的一部分。而《美国黑人报》现在却暗示“警务工作”与“种族关系”分属不同范畴。

此事暴露出的问题比认识上的不一致更深刻。该报对奥布莱恩，甚至对整个黑人警官队伍都显示出高高在上的姿态。此前黑人警官在黑人群体中是无可非议的英雄，民权活动家将他们视为开创者，视为榜样。（遥想当年人们为“亚特兰大八人”庆祝的场面。）事实

上，50年来，警察局与民权运动家内外完美配合。内部有布特尔·杰弗逊和蒂尔蒙·奥布莱恩，而民权运动家（包括老马丁·路德·金、美国有色人种促进会的尤金·戴维森和《美国黑人报》的查克·斯通等）从外部施压，助力黑人警官。然而，突然间双方出现了策略上的分歧。《美国黑人报》视奥布莱恩为不服管的下属，而非持异议的同盟。尽管该报的政治目标与白人至上主义者的截然不同，但口气与之出奇地相似：奥布莱恩得闭嘴，管好自己。

报纸的据傲源自阶层。为黑人入职警察局而抗争的人属于黑人 101
群体中的一个阶层，而真正成为警官的黑人却分属另一个阶层。以尤金·戴维森为例，他先后毕业于哈佛大学和霍华德大学法学院。查克·斯通有卫斯理大学的学位。[99] 相比之下，布特尔·杰弗逊的最高学历证书不过是阿姆斯特朗技术高中的毕业证，而蒂尔蒙·奥布莱恩在九年级时即从这所高中退学了。[100] 尽管教育程度并不是社会阶层的唯一标识，但对美国黑人来说是特别重要的一个，在特区尤为如此。数量可观的黑人中产阶层（以及少数步入中上阶层的黑人），尽管为白人所漠视，在黑人中却鹤立鸡群。“在本城中，黑人也分三六九等。”卡尔文·罗拉克曾说过。他创办了《华盛顿通告》，该报未来将成为特区订阅量第二大的黑人报纸。“较浅肤色的黑人不会与深肤色的黑人交往。而霍华德大学的黑人，他们与任何人都不来往。”[101] 因此，《美国黑人报》才告诉奥布莱恩注意自己的地位，把种族关系留给“专家”处理。黑人读者不会看不出其中端倪。

黑人警官不会对乱穿马路的黑人开枪。

——《美国黑人报》专栏作家约翰·刘易斯

1968年10月8日，以利亚·班纳特走在第十四大街和U街附近的十字路口——这里是特区黑人社区的腹地，遭到大都会警察局戴维·罗伯茨警官的枪击。除了以下情况，我们对那个十字路口究竟发生了什么一无所知：班纳特是个黑人，罗伯茨是个白人；班纳特乱穿马路，罗伯茨冲他喊，让他离开马路，于是双方发生纠纷。罗伯茨开枪，班纳特被枪杀。[102]

班纳特之死（如同哈里森·芬利、纳尔逊·马歇尔之死，以及约半个世纪后的迈克尔·布朗和埃里克·加纳之死一样）引燃众怒，同时引发了关于大都会警察和理论上他们应该保护的黑人公民之间
102 关系的大讨论。对《美国黑人报》专栏作家约翰·刘易斯（他与一位民权运动领袖同名）来说，他的愤怒来自班纳特仅仅是乱穿马路，再也没有比这更轻微的违法行为了。在他看来，由此事引发的争议恰好反映出体制本身出现了严重问题。要搞明白为何一个未带任何枪械的黑人被枪击致死，他主张得先明确黑人社区在白人警官眼里和“狂野西部”一样无序。那个白人警官正是基于如此思维才确信自己“必须‘先制服违法者，不论死活一律带回警察局’，不必考虑嫌疑人罪行的轻重”。此外，刘易斯写道，白人警官的大男子主义思维让他们觉得呼叫后援很丢人，即使后援可以缓解自己与嫌疑人的冲突，不必引发致命后果。刘易斯提出了解决方案，即改变警队现有的种族构成。“这样的杀戮本不该发生，”他写道，“症结在于，华盛顿警察局默许警察在所谓贫民区街道上巡逻时表现得好似外国占领军一样，随后出城区，返回郊区的家、白人的天下享安逸。”刘易斯的结论是黑人警官能够改变现状，因为“黑人警官不会对乱穿马路的黑人开枪”。[103]

刘易斯的文章于1968年发表，其时正值民权运动如火如荼，而

民权运动的一个诉求正是允许黑人进入警队。此类运动曾经由黑人精英领导，多数都历经了漫长的斗争。而现在的民权运动出现了新模式。全美的黑人民众正积极参与其中，抗议警察对他们的不公对待。抗议行动常常升级为暴力冲突，待动荡结束，要求吸纳更多黑人进入警队又成了黑人社区改革的第一要务。以1964年纽约哈莱姆区的事件为例。纽约警察局的一名白人警督开枪射杀了15岁黑人男孩詹姆斯·鲍威尔，由此引爆本已相当恶化的黑人社区和白人警官之间的矛盾。黑人社区爆发抗议，连续六晚冲突不断。哈莱姆区的国会议员小亚当·克莱顿·鲍威尔向时任纽约市市长的小罗伯 103
特·F. 瓦格纳提交了一份请愿书，请愿中包括立即任命一名黑人警监到任哈莱姆。[104]这个要求并无新意，却已迫在眉睫。1964年8月14日，劳埃德·希利成为哈莱姆分局首任黑人警监。[105]

1965年，洛杉矶的黑人社区瓦茨爆发了骚乱。起因是一名黑人男子因鲁莽驾驶被加州公路白人巡警拦下，嫌疑人在执法过程中幸免于难，指控白人警官在抓捕时过度使用武力。该事件传遍黑人社区，瓦茨迅速陷入火海，导致可怕的死伤及财产损失：34人死亡，1 000余人受伤，近4 000人被捕，财产损失达4 000万美元。[106]

和纽约哈莱姆区一样，其结果是长期被搁置的问题浮出水面，警察内部的种族主义问题凸显出来。瓦茨的居民中有三分之二是黑人，而其警队的205名警官中仅有七名是黑人。[107]这七名黑人警官和全美各地的同僚一样，遭遇了肆无忌惮的职场歧视。[108]洛杉矶的黑人报纸《洛杉矶哨兵报》，与特区的《美国黑人报》和哈莱姆的《阿姆斯特丹新闻报》一道为变革吹响号角。该报描述了黑人公民对警察的“怨恨”，称正是这种恨引发了近期的暴力事件。《洛杉矶哨兵报》指出，已经到1965年了，洛杉矶警察局仍然连一个黑人警监都没有。[109]

这些骚乱发生之后，要求更多黑人警官的诉求的数量和声势都有所增加。美国有色人种促进会的执行秘书罗伊·威尔金斯引述“警察问题”，称其为瓦茨事件的一个主要诱因。他“敦促当局接纳更多黑人入职警队，加强对警民关系的维护，提高黑人警官的升职机会”。[110]洛杉矶警察委员会会议于1966年召开，与会者众多。而针对亟待改革的问题，似乎人人都有一套想法。瓦茨牧师委员会提议增
104 加黑人和白人警官联合巡逻车辆的数量，在瓦茨警察局任命一名黑人警监；“82街改造促进会”建议取消针对黑人申请者的带有歧视性的口试；“人际关系委员会”呼吁洛杉矶警察局高层实现种族融合。[111]

截至20世纪60年代末，要求增加黑人警官数量的已不仅是黑人市民，政府中的白人高官也加入斗争。其中林登·约翰逊总统的执法与司法管理委员会呼声最高，该委员会由司法部部长尼古拉斯·卡岑巴赫执掌。[112]在一份题为“自由社会中的犯罪挑战”报告中，委员会总结说：“警方与黑人社区的关系是如此个人化，各个阶层都有权期待自己的愿望与问题、希望与忧虑在他们与警方的关系中得到充分反映。”[113]象征性地雇用一两名黑人警官是不够的，该报告称：“如果无法保有黑人社区中黑人警官的比例，许多居民将认定警方并不是来维护法律和秩序的，仅仅是为了维持黑人聚居区的现状。”[114]

1968年，肯纳调查委员会也得出类似结论。该委员会的正式名称为“国内动乱全国顾问委员会”，它召集会议，讨论困扰全美各地的骚乱和暴力冲突。警察局中的种族差距严峻，已成为不争的事实：在接受调查的28个警察局中，黑人警官仅占6%，而这些警察局所属城市的黑人人口平均占总人口的24%。[115]委员会引述新近委

任的特区公共安全负责人帕特里克·V.墨菲在听证会上的证言，对这位有志改革的警界领袖予以肯定。“当前全国警界面临的一个严峻问题是，”墨菲表示，“黑人在其中的代表性严重不足。我认为过去招募的黑人警官数量不够，现在也不够。”[116]

黑人民族主义者向来对约翰逊政府颇有微词，这次也紧随卡岑巴赫及肯纳委员会之后，呼吁增加黑人警官。特区“黑人联合阵线” 105
提出警界改革计划，要求“即刻停止仅由白人警官巡逻黑人社区的做法”。[117]斯托克利·卡迈克尔担任过该组织的领袖，特区未来的市议员道格·摩尔和斯特林·塔克都曾在组织中担任过领导职务。改革计划还包括呼吁特区“暂停警察局所有升迁，提拔现职黑人警官”，同时“即刻解职现任警察局局长约翰·莱顿，提拔一名黑人警官做局长”。[118]“黑人联合阵线”认为黑人社区的治安只能由黑人警官维护，而白人警官，他们写道：“应该被派到市中心指挥交通，或

加利福尼亚州奥克兰市，1967年，移动警察招募车。

来源：总统执法与司法管理委员会报告，《自由社会中的犯罪挑战》，1967年

者扶助上了年纪的女士过马路。”[119]

特区未来的市长马里恩·巴里也加入了声援黑人的队伍。众所周知，他向来不齿大都会警察局的做法，曾于1966年在一次新闻发布会上发表过如下看法："本市人民已经烦透那些盖世太保般的警察，他们非法闯入民居，仅凭站不住脚的指控就把人带走。”[120] 巴里时任学生非暴力协调委员会特区协调人。他认定，黑人只有掌控警队，才能
106 改变警察局对待特区黑人市民的方式。1969年经历的一件事让他更加坚定了上述看法，他因违法停车吃了一张罚单，与警察发生了肢体冲突，他受伤住院。他在医院只停留了半个晚上，随后便被关了起来。被释放时他才发现300名市民聚集抗议，要求释放他。巴里头上缠着绷带，衬衫上留有干涸的血渍，他对众人表示："这个事件告诉我，首都的警察局得由黑人说了算。那帮警察简直和疯狗一样。”[121]

特区开始通过黑人电台展开大规模警察招募行动，巴里毫无悬念地成为代言人。他通过电波宣布，凡向警察局举荐一位申请者（必须通过大都会警察局的招聘考试）即得50美元。[122] 这次行动见了成效，据1976年针对特区黑人警官的问卷显示，其中30%都是通过电台获知这一招聘信息的。[123]

巴里通过电台发起诉求，顺应了当时的全国趋势。在密歇根，比尔·科斯比为电台录制广告，为招募黑人警官的事，他数次到访该州。（当时，底特律的黑人人口占总人口的45%，而警队中的黑人比例仅为12%。[124]）在费城，有力劝市民“做警察，勇于担当”，“加入里索［即时任警察局局长弗兰克·里索］领导的团队”的广告牌。[125] 招募广告甚至做到了越南，出现在驻越美国海军的内部报纸上，身着比基尼的“邦克兔女郎”向读者招手示意："嘿，大个子，打赌你肯定不知道像我这样的女孩子最喜欢的居然是警察，想不到

吧？是真的哟。我们女孩子最中意那些在华盛顿哥伦比亚特区这种大城市，身穿蓝色制服，佩戴银色徽章，招摇过市的帅气猛男。”[126]

> 我可不是他们的兄弟挚友，我是一名警察。
>
> ——马里兰州乔治王子县某警官

其实这早有征兆，却没能引起人们的注意。随着招募行动的深入，有证据表明，黑人警官所起的作用也许并没有许多人所希望的那么大。其中最重要的一个原因是那些加入警察队伍的黑人所持的 107
态度，以及背后的动机和动因远比那些推动黑人担任警察的人设想

警长蒂尔蒙·奥布莱恩张贴招募启事，公布入职考试将在黑人社区进行。

来源：哥伦比亚特区公共图书馆

的复杂。黑人做警察，常常基于一个公认的假设之上，即黑人市民和黑人警官因共同归属的种族而团结一心。无论是金牧师宣称的黑人警官应该“代表”黑人族群，还是《美国黑人报》专栏作家约翰·刘易斯断言的“黑人警官不会对乱穿马路的黑人开枪”，他们的支持者都假定黑人警官至少应该**认同**他们维护治安的对象。

然而，如果金和刘易斯都错了呢？

遗憾的是，我们有理由认定他们二位也许都错了。拿圣地亚哥
108 和费城来说，那里的黑人市民就很敌视黑人警官，他们坚持认为黑人警官和白人一样严酷，甚至有过之而无不及。[127] 这一说法得到研究黑人和白人警官的学者证实，他们的结论是，黑人警官与其白人同僚一样，都会对人拳脚相向。[128] 就连卡岑巴赫委员会撰写的《自由社会中的犯罪挑战》也在倡导招募更多黑人警官的同时附带了一份报告，详细描述“由于黑人警官的恶行，某些地区的低收入黑人宁愿由白人警官来维护治安”。[129]

事实证明，极多的黑人警官并不喜欢黑人，至少并不待见辖区内的贫苦黑人，持这种态度的人还不在少数。1966年，密歇根大学的唐纳德·布莱克和阿尔博特·赖斯带领团队，以波士顿、芝加哥和哥伦比亚特区的黑人和白人警官为研究对象，连续数周或骑行或步行对他们进行观察。他们发现尽管黑人警官并不**像**他们的白人同事那样持有种族偏见，但仍有为数不少的黑人警官表达了反黑人的态度，这个结果让人深感不安。学者们将研究对象归类，在黑人辖区工作的黑人警官中有28%属于“高度歧视”或“歧视”类别。[130] 许多人的观点听起来像是三K党徒。其中一人告诉研究者：“我以一名黑人的身份同你们对话，我告诉你们，那些人是野蛮人，他们很肮脏。我家并不富有，却有母亲操持，我的家很整洁干净。”另有一

人表示："黑人能干的工作总还是有的。但那些（该死的）人愚昧无知，他们只想走捷径。"[131]

当然，大多数黑人警官并不认同上述观点，但遇到威胁法律或秩序的行为时，就连自认为支持黑人（或者至少不反对黑人）的人也会采取过激手段对待黑人市民。他们的行为部分反映出黑人群体内部的阶层分化。如果一些黑人（以中产阶层为主）要求对另一些黑人（以贫苦阶层为主）采取措施，许多"支持黑人"的警察则会以超乎寻常的激情进行回应。詹姆斯·D.班农和G.玛丽·威尔特1973年针对底特律黑人警官所做的研究体现出上述情况。班农和威尔特想弄清楚黑人警官如何比较自己与其白人同事在执法时的表现。 109
黑人警官无一例外地认为，与白人同事相比，他们与黑人市民的关系更好，在黑人社区中的执法表现也更好。他们更关心黑人社区，更希望保护街区不受犯罪、暴力、毒品和骚乱的侵扰。因此，他们不太可能过度使用武力（至少他们在向研究人员提交的报告中是这样写的），但同时他们也毫不掩饰地承认会严厉处置类似醉酒或街头滞留等轻度违法行为。[132]

另有研究表明，攻击性执法的核心所在是黑人的自尊。据克法特1957年对费城警察所做的研究，黑人警官表示，黑人违法者让他们难堪。当被问到"黑人犯罪率如此之高，你有没有因此灰心丧气"时，一名黑人警官的回答如下：

> 我个人有这种感觉。一天我穿着便服乘有轨电车回家，看到过道对面，一个黑人和一个白人坐在一起。那个黑人喝多了，不停地推搡那个白人，把人家的包从腿上撞下来。最后，我再也忍受不了了。周围的人都在看，我觉得自己仿佛在照镜

> 子——你明白我的意思吧？[133]

纽约警察局的一名黑人警官在对研究人员尼古拉斯·亚历克斯描述自己如何对待一名年轻黑人嫌疑人时，表达出与上述类似的情感：

> 我想给这孩子一个教训，教他怎样才能享有公民权。我把他带进警察局，摘掉自己的配枪，告诉他我要揍他个半死。他哭了起来，对我说他并没有反抗自己的种族。我反问他，难道他不知道正是他的所作所为扼杀了黑人权利？[134]

一些黑人警官彻底反对将自己在执法中的表现与种族挂钩。哥伦比亚特区市郊、马里兰州乔治王子县的一名警察表示："有时，我
110 们巡逻至某条街时，一群黑人青少年冲我们喊：'嘿，兄弟！'我便下车向他们解释，我不是他们的兄弟或挚友，我是一名警察。"[135]

黑人警官应该代表本种族，或者应该区别对待黑人市民的想法还遇到一个阻力。对许多黑人警官而言，支持黑人还是反对黑人早在20世纪60年代就变得不那么重要了。他们加入警队并不是梦想去做为种族而战（抑或反抗种族）的战士，他们报名从警是因为他们需要一份工作。[136]

尼古拉斯·亚历克斯于1964—1965年间采访过纽约警察局的数百名黑人警官，对自己因何加入警队，他们再清楚不过了。警察是份不错的职业，稳定，有保障，福利也不错，多数黑人因而选择当警察。一名黑人警官告诉亚历克斯："我当时一文不名，除了成为穿着蓝色警服的大个子，我没有比这更现实的职业梦想了。"另一位说

道："我四处寻找工资最高，又不需要专业技能的公务员工作，参加了警察、消防、环卫及惩教中心的入职考试，都通过了。第一个招我入职的就是警察局。"[137]

对于布特尔·杰弗逊、蒂尔蒙·奥布莱恩和欧文·戴维斯等警官来说，这些理由并不陌生，当年他们身处的职场，处处受制于吉姆·克劳法。尽管20世纪60年代末和70年代对黑人找工作设的门槛有所减少，但门槛从未消失。对于那些在私营企业里朝不保夕、疲于应付歧视的黑人来说，警察工作的稳定性具有强烈的吸引力。正如一名警察对亚历克斯所言："我承担不起失业的后果，我有老婆，还有一个小婴儿要养。"这名警官还指出加入警队的另一个好处，就是可以升职。"就薪酬而言，我认为警察是最理想的工作，"他表示，"升职的机会也相对较多。"还有警官表示："由于收入稳定，你可以做些规划。在入职警队前……我干过九到十份零工。他们可以解雇你，你得换来换去。那些工作都不稳定。"[138]

与其他工作相比，警察工作不仅看似不错，而且对多数人来说，入职警队让他们超越了自己的父辈。尤金·比尔德曾在20世纪70 111
年代初对特区黑人警官的出身做过一番调查，他发现与父辈相比，大多数警官的受教育程度和薪资水平都有所提高。据这些警官提供的信息，其父辈大都是没有技术的普通劳动者。[139]

因为薪资稳定而从警，把从警当作向上流动的途径，这并没有错。然而，大量黑人出于上述原因而选择当警察的现实会颠覆以下设想，即黑人从警有利于警队的种族融合，从而有利于改变执法现状。毕竟多数新入职的黑人仅把警察当成一份职业，而非民权运动的另一道前线。指望他们改变警察的执法现状，好比要黑人消防员改变消防队的灭火程序一样希望渺茫。同时，这些黑人能够入职警队的机会原本就有限，要他们像改革者所期望的那样与强大的警队传统对抗则几乎不可能。少数以卵击石者都付出了高昂的代价。[140] 最后，尽管警察的薪资不错，但他们也不会因此大富大贵，维持现有薪资和待遇更是一项长期的斗争。上述事实对黑人警官及其同盟在20世纪80年代之后的斗争方向产生了影响。那些倾向于运用政治资本抵抗暴力执法的黑人警官经常发现自己倒成了少数派。他们的大多数同事，不论肤色黑白，更愿意为薪酬、待遇及升职机会均等而战。

布特尔·杰弗逊于1978年1月13日宣誓就任特区警察局局长。就职仪式仅有五分钟，符合其为人一向低调的形象，却也没提供什么机会来展示这一天的伟大意义：特区首任黑人市长将本市执法管理权交给首任黑人警局局长。在就职仪式上，沃尔特·华盛顿市长甚至只字未提种族。[141] 也许他认为事件本身的象征意味远远胜过语言，不言自明。[142]

杰弗逊为黑人争取平等入职和升职的机会，整整抗争了30年。
112 而当年他以年轻警官身份开设学习班的行为最令人称道，此举也为他本人的晋升铺平了道路。杰弗逊永远不会忘记这段奋斗史，甚至成为警察局局长也无法让他释怀。他决心竭尽全力整治数十年来的种族歧视顽疾。他曾表示："我期待为非裔美国人和其他少数族裔提供先前没有的成长机会，以便他们能够在未来取代我成为本局或其他警察局的负责人。"[143]

1978年杰弗逊就职局长时，黑人警官已占新入职警察的多数，因此他要做的就是为黑人警官的发展清除最后一道障碍，即晋升障碍。1974年的一项调查显示，特区警察局多数黑人警官最关心的是职业发展问题。[144]杰弗逊的立场获得黑人警官的大力拥护。调查还显示，几乎每一位受访者都认为黑人领导人数不足是最大的问题。尽管特区警察局已经招收了更多的黑人警官，但在1974年的调查中，仍然有三分之二的受访者对其白人同事持不信任的态度，更多受访者称他们在任务分配或晋升时受到过歧视。[145]

幸运的是，杰弗逊当年所处的政治环境大有改善。此前，警方的许多黑人领导在雇用或提拔黑人警官时遇到重重阻力，杰弗逊却能够与黑人市长，以及黑人议员占多数的市议会合作，一致为平权运动背书。[146]学生非暴力协调委员会前成员、控枪派约翰·威尔逊尤其对此孜孜以求，他借助议会监督听证会要求特区警察局尽快停止种族歧视，提拔黑人警官进入管理层。[147]

杰弗逊最终取得了成功。艾萨克·富尔伍德于1989年成为特区警察局局长，后来又担任联邦假释委员会主席，在他看来，杰弗逊“终其一生为平权奋斗”。富尔伍德将自己职业生涯的成就归功于杰弗逊：“是他打破了隔离。我站在杰弗逊的肩头，是他给了我那些曾经将我们拒之门外的机会。”富尔伍德并不是仅有的硕果，20余名 113
黑人警官领导者在职业方面的晋升都可以归功于布特尔·杰弗逊，他们分别任职于亚特兰大、哥伦比亚特区、新奥尔良、夏洛特和马里兰州乔治王子县的警察局。[148]

但一切也就此止步。

纵观20世纪，美国的城市警队完全被两种截然不同的平权运动当成了靶子。一种寻求在警队**内部**终结种族不平等，另一种则期望消除警方针对黑人群体的暴力与歧视。而现实结果是，平权运动希冀达到的两个目标都被束之高阁。杰弗逊不无自豪地接过前两代民权活动家手中的接力棒，在1978年的那一天完成了他们的夙愿，在大都会警察局内部晋升方面实现了种族平等，与此同时，针对城市贫困区域的犯罪问题，他继承了前任严惩不贷的立场。杰弗逊在这个问题上的立场不幸给黑人社区造成了很大伤害。

在宣誓就职典礼上，杰弗逊接受采访时讲述了一个黑色寓言般的故事。他小时候常和一群黑人孩子混在一起，一次他们都被一个白人警官抓了起来。当时，那群孩子在掷骰子赌博，而杰弗逊不过是在踢球而已。结果那名警察还是把他扭送回家，交给了他的父母。

50年后杰弗逊旧事重提，目的何在？他可能想知道警察为何一上来就抓了一个无辜的孩子，也可能想问警察在白人社区是否也如此执法。而这些问题其实并无新意，早在一个多世纪前，它们便已浮出水面。1887年，《华盛顿蜂报》就曾批评抱有偏见的白人警官，抗议他们“抓捕他们看到的每一个有色人种孩子，这些孩子也许并未触犯法律。白人警官们以此为乐，同时任由白人孩子恣意妄为”。[149]

杰弗逊的用意却并非如此。他从那段亲身经历中领会到的**并不**
114 **是**白人警官抓他是不对的，而是他这个玩足球的黑人小孩是咎由自取。“我一直被教导，”他说，“即使你本人并没有参与什么违法的事，但当你是和一群人混在一起，你也一样有罪。”[150]

就杰弗逊对刑罚所采取的立场而言，任何这方面的疑虑都在不久之后，当他直面是否支持对毒品和枪支犯罪施以强制最低量刑的决定时，打消了。这场争论，也就是本书第四章的主题，将使首都分裂为两个阵营，直到1981年通过全市选民投票才尘埃落定。杰弗逊在这个问题上并没有丝毫犹豫，他坚定不移地支持严惩罪犯。在一封写给市议会的信中，他曾表示，强制最低量刑是对贩卖毒品行为的“威慑，是对付毒品贩子、为首都扫除毒品祸患的武器”。[151]

为显示支持强制最低量刑的立场，杰弗逊按照多数黑人警官的意愿行事。1970年，全国设立时间最长、规模最大的黑人警官联盟全国警察协会理事会，敦促其成员“行动起来对付毒贩，以及其他任何贩卖毒品的人”。[152] 特区的普通警察大多支持严惩犯罪，1976年的一份调查显示，他们最担心的正是法官量刑过轻。[153]

距离杰弗逊那次史无前例的升职还有两年时，在一次黑人执法者大会上，与会者突然停止讨论所有议题，集中精力特许成立一个全新组织：美国黑人警官行政管理者组织（NOBLE）。[154] 该组织的成立说明全国黑人警官担任行政管理者的人数已达到可以正式成立组织的程度，这也正是大会的成功之处。

为打击犯罪，美国黑人警官行政管理者组织其成员建言献策形成文件，并以此作为组织的创始文件。许多加入该组织的行政管理者同时也支持美国黑人运动领袖，同他们一起呼吁从根上解决犯罪痼疾，比如进行社会经济改革、实行全面医改等。而另一面，他们要求“全国一致打击毒品犯罪”，没错，指的就是“强制最低量刑”。[155]

从某种意义上说，这场延续了一个世纪的争取警队内部种族平 115
权的斗争取得了胜利。这个胜利给美国刑事司法政策带来了一系列不可忽视的声音：全国数十位黑人警局局长。然而，他们中许多人不仅没有阻止已经出现的严惩犯罪运动，反而致力于推动。

第二部分

后果

第四章 “把恶棍关起来并不是报复性措施”

量刑 1981—1982 年

“你当律师多久了？”塔莎·威利斯在第一次见面时向我抛出这 119
个问题。这不算刻薄，但我不是特别想回答。1996年，威利斯女士的案子分到我的手上，前一天我才升职进入“二级重罪轻等级”待审组，其中多数案子都涉及贩毒和持枪。这次晋升并没有什么特别，哥伦比亚特区公设辩护人服务处的律师都是依据固定的时间表自动升迁。第一年在少年法庭，第二年在成人轻罪法庭，随后转入情节较轻的重罪组，威利斯女士的案子即属于这一类。因此，我这样回答她提出的问题——“我做律师有两年了”，她的脸当时就沉了下来。我看得出她嫌我经验不足，并因此略感不安。[1]

她对我心存疑虑，却也无计可施。与我们代理的其他当事人一样，她请不起“付费律师”（paid lawyer），这是他们对私人律师的一贯称呼。他们在说这个具有指向性的名称时，常常将“付费”的音拖长，也许是受到南方口音影响无意为之，但同时也有故意的成
分，表明任何可以向当事人收费的律师都很了不起。相反，我们公 120
设辩护人可没有那份口碑。影视剧给我们塑造的形象是超负荷工作，效率低下，最糟糕的是，政府将我们免费指派给当事人，我们却对

案件起不了什么作用。但是哥伦比亚特区公设辩护人服务处早在20世纪60年代设立之初即成为替贫困人群辩护的全国典范，我和同事们也拒绝迎合媒体的刻板印象——我们最为在意的就是刑事司法体系中的不公。为了当事人，我们甘愿日夜加班，也愿意搭上周末，甚至把自己的处境当成工作的动力。“花钱也请不来的好律师。”我们在办公室里用开玩笑的口气说。

威利斯女士并不知道这些，她对我不抱希望，这恰好给了我让她惊喜的机会。“我们的当事人得到的总是最差的，”两年前，我与十名新律师一起培训时，曾听一位资深律师如是说，“学校老师不合格，社工轻看他们。居住环境脏乱差。要么没工作，要么做没人干的工作。”那天的培训在服务处的一间会议室进行，会议室位于一个年久失修、几乎弃用的法庭内部。（一次母亲来我办公室，看着剥落的墙皮、磨破的地毯，以及满墙歪歪扭扭的宣传画，她对我说：“我喜欢这里，仿佛回到了学生非暴力协调委员会。”）“现在轮到你们了，”我们的培训师继续讲，“他们当然认为你们是最差劲的律师！”教室里满是表示赞同的低语声。“但他们值得拥有更好的一切，这个社会欠他们太多，**从来**没有给过他们什么，一次也没有。你们的职责就是给予他们，要像自己挚爱之人即将受审一样替他们考虑——你们的职责就是给他们**最好的服务**。”对，没错，就是这样，我心里想着，和同学们一起用力敲打桌面，深表赞同。

培训师的那番话起了作用，培训结束后，我做好了为当事人披荆斩棘的准备。然而，接手威利斯女士的案子数月后，当我去她位于地下室的公寓与她见面时，感到只有我的努力似乎是不够的。她的被捕经过如下：在第七街与T街路口，一名卧底警官用一张有特殊标记的钞票向她购买了价值10美元的海洛因。卧底警官离开后即向身着制服的同事指认威利斯女士，这位同事将她逮捕并关了起来。检方证据确凿，因为警方在搜身时发现了那张标记过的钞票。她明 121
白自己得找个好律师，看到我还是新手，她起初很失望，这让我也不禁有些泄气。但真正让我沮丧至极，让我担心即使拼尽全力也未必奏效的是威利斯女士面临的刑期。

1994年秋，当我刚担任公设辩护人时，偶尔会让朋友、家人，甚至在聚会上刚结识的人猜人们因某项罪行应服刑期的长短。我会这样问："兜售少量海洛因或可卡因这类硬性毒品最高可判多久？"多数人的答案介于缓刑和数月刑期之间，最严厉的也不过一年监禁，至多两年。每次听到他们的回答后，我总是竖起拇指示意对方往上加，数字不断增加，从接近、突破，直至远超对方的认知极限。针对上述罪行的初犯，哥伦比亚特区法律规定最高可判入狱30年。而对那些有前科的，比如，威利斯女士五年前曾因贩卖价值20美元的海洛因被捕，一旦被判定有罪则可能面临最高60年的刑期。[2] 我的受访者对此无不深感震惊，然而，在经过一段尴尬的沉默后，有人会找个轻松点的话题。对那些在聚会上被我追问的人来说，特区的量刑体系虽然骇人听闻，却也不过是一次思维实验，并非可感知的现实。

但对威利斯女士来说，我和她的谈话一点也不抽象。她已经45岁上下，如果因贩卖10美元海洛因最高获刑60年的话，就等于被判终身监禁了。我们当时坐在她家的厨房里，她正在炖牛肉，还给我盛了一碗，味道很不错，只是我没吃多少，这让她不太高兴。"福曼律师，你得多吃点，没有哪个女人愿意找个瘦子。"我就知道她会这么说，她不过比我大了15岁左右，却总是给我提这些妈妈才会提的建议。

122 因为我对食物的选择，我们大笑了一阵子。对我来说，米饭搭配些豆子和沙拉就是一顿晚餐，在她看来这太可怕了。可没过多久，我们的谈话就变得严肃起来。我这次来是为了向威利斯女士解释政府的提议：假如她承认自己贩卖海洛因未遂，检察官将把刑期控制在五年之内（也就是说，检察官将向法官提请刑期不超过五年，附带假释的可能）。虽然法官并不会受制于这些提议，但本案的法官据说倒是愿意同政府保持一致。

威利斯女士问我觉得这项提议好不好。我回答说不错，因为上庭有风险，一旦败诉，后果很严重。当然，特区最严酷的法官也未必会在这种案子上判处整整60年的刑期，但是难免个别法官偶尔会失控，那被告就惨了。这类涉案量不大的毒品累犯，虽鲜有被判10到15年的，但也不是没有先例。

在我讲完这套说辞之后，威利斯女士静静坐着，目光越过我，定格在我身后的白墙上。她的沉默逐渐让我不安起来，我正要问她是否理解或者有何问题时，她身子向前靠了靠，直视我的眼睛开口道："我不接受**那份**认罪协议，有没有更好的。"我刚想开口说这已经是我能争取到的最好协议，威利斯女士就飞快地摇了摇头，好像她在我开口之前就知道我要说什么似的。"告诉检察官，或者法官，或者不管谁，"她继续说道，"我没必要进监狱。"她听上去很坚决，不容置疑。"福曼律师，告诉他们我不能坐五年牢，妈妈离不开我。告诉他们我需要的是参加戒毒项目。"威利斯女士说毕，眼睛仍然盯着我。显然她并不是向我提出**请求**，仅是告知而已。在她说话的时候，我不禁设想，假如换一种时势，她自己也许能成为一名优秀的律师。

然而，她这番陈词在自家厨房里能镇住我，在检察官那里恐怕就没这么容易了。我同意她的说法，但根据她的案底和供述，她绝对是个瘾君子。可问题是，我已经将上述情况告知检察官柏妮 123
丝·莱斯特，她是个好检察官，非裔美国女性，为人友善，工作年限仅比我略长。9个月前，柏妮丝在另一个案子中曾利用自由裁量权让我的一个当事人进入审前转化程序，从而避免了牢狱之灾。

这一次，她在距离公设辩护人服务处仅几个街区的办公室里听我讲述威利斯女士是如何染上毒瘾的。威利斯女士曾在邮局工作，一次她试图扛起要两人才能抬动的包裹时严重伤到了后背。此后，她服用再多止痛药都无法缓解疼痛，经年累月，她便对药物产生了依赖，最终吸食海洛因成瘾。她丢掉了工作，在毒瘾中越陷越深。

当我快要说完的时候，柏妮丝的目光在桌子上的一摞卷宗里梭巡，找到印有“美国诉塔莎·威利斯”的那一份，她立即摇了摇头。“不行，”她边说边飞快扫视卷宗的第一页，“我做不到，检察官办公室也不会同意。她有过前科，而且已经给过她两次参加戒毒项目的机会了，戒毒项目对她不起作用。”

戒毒项目对某被告“不起作用”，这类答复是检察官常用的说辞，但总能激怒我。任何人如果染过毒瘾，或者有亲近的人吸毒，或者研究毒品成瘾，都会知道，不少瘾君子在持续戒断毒品之前都会多次复吸。[3]“那又怎样？”我向她探身过去，用愠怒的口吻质问道，我本来没打算这样。柏妮丝看了看我，脸上迅速没了笑意。这个时候我本该结束谈话，然而我步步紧逼，甚至义愤填膺：“我们凭什么认定一两次没戒成功的话，戒毒项目就没用了？怎么不说进过一两次监狱也不起作用？”

不管怎样，我指出威利斯女士曾被强制服刑一次，其间没有得到过戒毒治疗。她出狱后复吸，并贩卖小剂量毒品。我还指出，我们的现行体制只会一味延长刑期，却从不承认入狱服刑不起作用。

124 柏妮丝不为所动。“我们提供的戒毒项目数量不多，供不应求，”她回应道，“要留给以前没有参加过的人。”谈话到此为止。塔莎·威利斯失去了戒毒的机会，五年刑期是柏妮丝能够，或者说愿意做到的事情。她最后那句话说得再清楚不过：“告诉你的当事人，要么接受，要么法庭见。”

塔莎·威利斯面临重判要归因于特区政府15年前做出的决定，当时政客与选民大幅推动了刑事量刑的强度。其中有两位四处奔走，为这项政策转变起了突出作用，一是近来当选市议会议员的律师约翰·雷，一是新近卸任的前警察局局长布特尔·杰弗逊。他们的目标是对贩毒提高最高刑期，对特定涉毒涉枪罪强制实行最低刑期。最终他们开创了美国历史之先河，促成了惩罚性量刑。这同时也说明了国家针对毒品肆虐仅追求严惩，别无他法。

当时所有人都认为哥伦比亚特区的涉毒法律需要修订，雷和杰弗逊正是利用这个时机主导了上述政策改变。1938年以来，特区涉毒案当事人面临最高1年的刑期，再犯者最高将获判10年。[4]并且，法律不区分毒品交易的种类，海洛因、可卡因和大麻的量刑标准相同，对持有和贩售也不加以区分。

到了20世纪70年代末80年代初，要求严惩毒品犯罪的呼声越来越高。市议会于1975年宣告大麻非法，并禁止持有枪支，而毒品与犯罪却仍然在破坏这座城市，穷苦工人聚居的黑人社区尤其遭殃。民怨迭起，尤以肖街、U街和哥伦比亚高地为甚。这些街区原本生
125 机勃勃，自1968年马丁·路德·金遇刺后便陷入骚乱，遭受破坏。大多数企业关门大吉，而70年代在公共区域泛滥的毒品市场更是

"明目张胆，臭名远扬"（语出第十四街某社区联盟），[5]遭到不少居民的控诉。五年前曾领导过控枪运动的市议员约翰·威尔逊抱怨道，在第十大街和O街街角，聚集着"大批毒贩，有时竟有五十至百人之多，他们常常拦截过往车辆或行人"。[6]由此向北约一英里即是狭窄的查宾街，单行道上成群的年轻毒贩拦截车辆，勒索行人，却逍遥法外。据其中一位居民称，那个区域已然成为"大麻行业里的麦当劳"。[7]

当时形势之严峻、民愤之大，再怎么形容都不为过。人们总担心孩子会成为毒品交易的受害者。"我尽量不让我的孩子待在房子后面，"查宾街的一名居民抱怨说，"这样他们就看不见大门外有孩子在兜售毒品了。"[8]来自特区东南区的歌莉娅·科尔活跃于反毒品运动，她担心这些毒贩会诱使孩子们入行。"我无数次告诫孩子们别上那儿去。"她所指即是人尽皆知的某社区毒品交易地，然而，"他们不听劝，因为那地方好似在搞通宵游行，他们没有见过"。[9]特区教育委员会委员弗兰克·史密斯曾到访位于肖街区腹地的克利夫兰小学，然而校园外充斥着毒品买家与毒贩，要想进入得先涉险。"学校附近的街区遍布年轻人，他们介于18岁至32岁之间，说实话，我连学校大楼都不敢进。"他这样描述。[10]

特区居民被迫自己采取措施。名为"国会大厦景观"的黑人社区位于特区最东部，居民们采取了一系列保护措施，从常规到罕见，不一而足。其中，有人养了一只狐狸当宠物，吓唬入侵者，还有人自称"从国外带回一只会攻击人的野鸟"。[11]

现在回过头去看，无论这些一时兴起的措施如何怪异，都反映 126
出当时人们的焦虑与无助。还有一些民众出离愤怒，揭竿而起。亚当斯·摩根社区咨询委员会主席托尼·希拉里白天在图书馆做管理员，晚上组织起一支"市民护卫巡逻队"。[12]希拉里与巡逻队员走上街头，决心与海洛因贩子，以及因毒品催生的入室盗劫、伤人和强奸等犯罪背水一战。[13] 他在巡逻时拿着一把上了膛的手枪，公然无视特区的禁枪令。他认为自己的这支队伍正是为保护城市安全而生，同时也反映出特区警察的失职。“警察说：‘闭上眼睛，生活环境自然会改变。’”希拉里对外表示，“让我把眼睛闭起来，我可做不到，是时候反击了。”[14] 在被问及打算怎样做时，他发出警告说：“我们会开枪，杀人。”[15]

虽然希拉里对执法不力的不满表现得较为极端，但他对刑事司法体系的负面看法远非个例。人们的不满大致可分为两种：一种是痛斥警察对街面治安维护不力，这种看法常常牵涉种族问题。来自肖街区的积极分子易卜拉欣·姆明就指出，警察的蓄意不作为“在乔治城等（以白人为主的）社区是万万不可容忍的”。[16] 肖街区的一名居民在写给市议会的信中表示，毒品在第十四街继续存在本身就是“源于种族偏见，令人不齿”，是警察造成的。该居民在信中反映，毒
127 品交易“居然在警察的眼皮子底下进行”。《美国黑人报》编辑委员会公开附和道：“白人社区里可没有类似的乌合之众。”[17]“也许有些执法者参与了毒品分赃，”他们写道，“或者执法者怕引火烧身，故意睁一只眼闭一只眼。”作为特区最有号召力的黑人报纸，《美国黑人报》担心“在我们社区持续泛滥的毒品，会导致来之不易的民权运动成果付诸东流”。该报将失控的毒品交易称为“新奴隶制”。[18]

人们的第二种不满针对的正是法院系统。首先，人们反对宽大处理，这些人关注的是嫌疑人在被捕后和开庭前被释放的问题。比如，1979年2月，布特尔·杰弗逊曾在特区公民协会联合会发表演说。该组织是传统黑人聚居区的社区组织，当时正发起运动，敦促法官和检察官将更多等待审判的案犯投入监狱。[19]《美国黑人报》报

道称："违法对嫌疑人来说并不算什么，因为他们认为自己在被捕几小时后就能'重返街头'。"[20] 其次，遭人诟病的还有定罪后刑期过短的问题，甚至罪犯能获得缓刑，完全不需要服刑。此外，还有人关注到假释制度让有罪之人过早获释，轻易免除牢狱之灾。上述三种意见虽然不尽相同，但它们表达了共同的主题：司法旋转门。

如今的刑事司法体系以其严酷而得到广泛关注，很难想象当年想把案犯投入监狱竟然无门。而在20世纪70年代中后期，"司法旋

来源：《美国新闻与世界报道》1976年5月10日

转门”竟然成了普遍现象，保守派政客和刊物尤其爱用这个词。《美
国新闻与世界报道》1976年的一期封面文章题为“司法旋转门：罪
犯何以逍遥法外”，文章特别聚焦于特区的法院，但“旋转门”一词
由此跨越政治光谱流行开来。[21] 例如，1975年，马萨诸塞州自由派参
议员特德·肯尼迪在为《纽约时报》撰写的一篇专栏文章中称：“司法
128 ‘旋转门’让罪犯们相信，他们被捕、接受审判、被判刑并入狱服刑
的概率很小，根本不必当真。”肯尼迪继续写道，后果便是：“我们现
行的刑事司法体系对社会中的暴力犯罪根本不具任何威慑力。”[22]

在许多非裔美国观察者看来，“旋转门”具有双重标准：对那
些加害黑人的罪犯，门转得最快。“他们常常对穷人和缺乏相关知识
的人下手，而法庭却从不顾及受害者。”全美最知名的非裔专栏作家
之一卡尔·罗文在《把恶棍关起来并不是报复性措施》一文中这样
129 写道。法庭无视黑人受害者的困境，“纵容暴力一次次地在少数族裔
社区横行，肆无忌惮”。[23]

哥伦比亚特区市议会司法委员会主席戴维·克拉克于1981年春提交议案，呼吁强化特区毒品犯罪量刑指导。他的解决方案与联邦政府及许多州政府的做法有相似之处：将毒品分类，按照持有和贩售区别对待，总的来说，降低对前者的处罚而增加对后者的惩处。克拉克曾于几年前为争取大麻除罪化而开展过艰苦卓绝的斗争，但他并不是一个反毒品斗士，他是一个政客，能把握特区民意和全国政治风向，知道人们都希望延长刑期。因此，针对自1938年以来执行的最高1年刑期的法律规定，他提出贩售海洛因最高可获10年刑期，贩售可卡因最高可获5年刑期。（而针对大麻贩售者，他仍然坚持1年为限。）

对警察局局长布特尔·杰弗逊来说，这还远远不够。他主张不

仅应延长毒品案犯的服刑期（比克拉克提议的还长），更应提高服刑的最低年限。如果从警察的视角观察司法体系，就不难理解杰弗逊何以提出强制最低量刑的诉求了。律师和法官看重的是正当法律程序，而这样的选择在许多警察看来却前后矛盾，是在姑息纵容罪犯，破坏了他们在第一时间完成艰难、危险的工作后逮捕嫌疑人的努力。检察官也许会因为法律上的某项技术性细则而撤销一个案子；法官也许会同意某个被告保释，而这个被告也许转头就在他被捕的街角重拾毒品交易的勾当；即使在证据确凿的情况下，陪审团也可能会发现合理疑点；即便被告在少数情况下被认定罪名成立，法官也可能选择适用假释。如此一来，不管案件判得多重，在抓捕嫌疑人归案的警员看来，都像是从轻处理。“刑事司法体系让我们束手束脚，”
大都会警察局警督肯尼斯·布朗抱怨称，“假如今天我们逮了一个讨 130
厌的家伙，结果明天就看到他出现在街头，你觉得我们会怎么想？”[24] 虽然强制最低量刑并不是什么灵丹妙药，但警察认定这能有效地应对犯罪率上升。

无论杰弗逊多么坚信强制最低量刑的作用，他也无权在议会投票。所幸，他认识的人有投票权，此人即约翰·雷。这位37岁的议员雄心勃勃，曾竞选过市长，当时正准备再次向市长之位发力。二人很谈得来，他们都性格内敛，不喜好高调，信奉实干，从不夸夸其谈。

雷成长于佐治亚州的农村，由祖母养大。一家15口挤在仅有两间卧室的住房内。雷每天六点起床，随后去棉花地和烟草园干活，还要取松节油。他从来没有见过父亲，母亲为了找工作不得不迁往佛罗里达。不过，雷健康成长。1961年，他从赫托玛高中毕业，当
年与他一起入校的同班同学共有35名，他是唯一一个按时毕业的。 131

毕业时他是班长，还作为学生代表发言。而在此前的时代里，甚至一二十年以前，想在佐治亚州的乡村克服重度种族歧视，仅靠聪慧和守纪远远不够。但雷出生之时，吉姆·克劳法体制正趋于崩坏。雷毕业后加入了空军，以此为起点逐步向首都进发。他在乔治·华盛顿大学完成本科学业，随后在法学院继续攻读。（在法学院就读期间，他利用一个暑假在前最高法院大法官阿贝·福塔斯身边做事。这位大法官后来成为雷的主婚人，甚至还在婚礼上演奏了小提琴。）不久之后，雷开始在律政圈子里一步步走向成功：他做过联邦上诉法院法官斯波茨伍德·W.罗宾逊三世的助理；为参议员特德·肯尼迪做过一段时间的法律顾问；担任过司法部法律顾问办公室的律师顾问。1978年，他投身选举政治，在市议会中谋得一个一般性职位。（在此期间，他逐渐压制道格·摩尔，并最终取而代之。[25] 道格·摩尔崇尚黑人民族主义，坚定不移地反对大麻除罪化，同时支持公民持枪权。）

1981年之前，雷从未开展过任何反对犯罪的活动。但那年他审阅了克拉克的改革议案，发现这些提议太弱，无法解决特区的犯罪顽疾。雷想提高法定最高刑期——克拉克建议贩售海洛因最高可判10年，贩售可卡因最高可判5年，贩售大麻最高可判1年，而雷建议贩售海洛因最高可判15年，贩售可卡因最高可判10年，贩售大麻最高可判3年。[26]

然而，雷坚信仅提高最高刑期并不够，因为法官仍然有判缓刑的权力。雷和杰弗逊一样希望旋转门停止不动，1981年春，他先后提出系列补充提案。雷所有计划的核心是针对枪支和毒品犯罪提高最高刑期，**并且**规定强制最低量刑，即枪支犯罪强制量刑为5年，贩售海洛因为4年，贩售可卡因为2年。道格·摩尔反对大麻除罪化，因为他意识到其中对黑人群体的种族歧视。约翰·雷的出发点与他类似，将强制最低量刑置于种族和阶层公平的语境下。“黑人针 132
对黑人犯罪，判不了几年，”雷援引美国有色人种促进会和“城市联盟”的研究数据对现行体制提出批评，“黑人冒犯白人却能把牢底坐穿，这种情况在不同阶层的白人中同样存在。”雷表示，上述区别对待也存在于针对毒品犯罪的量刑。有钱的毒品案被告能够轻松逃脱指控，“而没多少钱的街头小子却被投入（特区的）洛顿监狱”。[27]

雷在向公民和教会团体陈情时，人们或点头或轻声附和。然而，除了杰弗逊，所有市级领导者都对强制最低量刑持怀疑态度。3月12—13日，市议会针对克拉克和雷的提案召开听证会，持严惩犯罪立场的议员遭到大批证人的反对。美国有色人种促进会本地分会主席爱德华·黑尔斯表示，近期分会一名成员惨遭杀害引发众怒，从而掀起“向犯罪开战”运动。尽管如此，他强调美国有色人种促进会仍然认为强制最低量刑是一种过于生硬的应对措施。黑尔斯认为雷方案好似“大棒”，而他向议会提议“使用‘手术刀’，一把能够将犯罪从社区切除的‘手术刀’”。[28] 本地“城市联盟”主席杰罗姆·佩奇对议员们表示，加大惩罪力度并不能解决哥伦比亚特区的犯罪顽疾。他敦促市议会关注犯罪产生的根源。佩奇批评那些建议“采用更严厉惩罚、延长刑期，以及将更多人投入监狱”的提案，他认为上述方案“都忽视了基于社区的预防犯罪措施的重要性，对贫困是造成犯罪的主因之一这一点也视而不见”。[29] 就连那些涉及公共安全任务的部门，例如特区法律顾问、惩教署，以及假释委员会等，也以特区惩教资源业已负担过重为由敦促市议会抵制强制最低量刑。

在所有反对雷提案的听证会证人中，最不可能质疑，却对结果有重大影响的人物是查尔斯·拉夫。拉夫时任哥伦比亚特区检察官，

133 [30]后来在比尔·克林顿总统任内担任白宫法律顾问。他认为强制最低量刑会让监狱人满为患，令那些本该法外施恩的被告承受不公正的刑期。“试想站在被告席上的是你们的母亲或者姊妹，”拉夫向市议会陈情道，“难道你们不希望检方拥有自由裁量权，认为你们的姊妹情况特殊，而且对法律的违反是一次性的吗？”[31]如此反问激怒了雷，他回应拉夫所说是“一派胡言”。雷认为检方的自由裁量权无助于问题的解决，反而会引发司法不公。他表示，往往是那些有关系疏通关节的人可以逃避法律的制裁，而“那些穷人或者黑人就得面临严惩”。拉夫针锋相对反驳说：“并没有证据证实——完全没有证据证实——法官量刑时存在歧视黑人、偏袒白人的情况。”[32]

这场有名的论战与我们对刑罚政治的标准叙事不尽相同。论战发生在1981年，距离联邦政府通过国家版本的强制最低量刑**还有**三年。黑人政治家约翰·雷生于吉姆·克劳法时期，他之所以强烈提议最低量刑，是因为他相信如此对黑人更公平，也因此遭到一位白人联邦检察官的坚决反对。我们认为当年雷和杰弗逊站在了美国刑事司法斗争的风口浪尖，[33]拉夫的反对也好，司法部允许拉夫参与听证会并在会上与雷针锋相对也罢，都是对此最好的佐证。

雷和杰弗逊料到倡导强制最低量刑并非易事，事实也的确如此。5月19日，市议会在通过新毒品犯罪立法的同时，高票否决了强制最低量刑提案。[34]

然而，二人也有所收获。尽管他们的强制最低量刑提案遭到强烈反对，但他们也默默赢得了一些进展。雷和杰弗逊呼吁要提高量刑**上限**，市议会对此予以肯定，并没有采用克拉克提出的量刑上限。
134 例如，初次贩卖海洛因，不论数量多少，最高刑期为15年。此外，尽管二人关于强制最低量刑的提案在市议会遭拒，但他们认定提案可能会得到哥伦比亚特区市民的拥护。通过创议程序，即选民直接投票表决，也许他们可以再决高下。这场斗争还远未结束。

雷和杰弗逊的战友遍布全美各大城市，要求从严惩治毒品犯罪的先驱斗士中多数都是非裔美国人。我们已知的有纽约市一个哈莱姆活动家联盟，他们的诉求是加强警力配置，并要求法庭从严惩治犯罪。[35] 在纽约引发社区民愤的是海洛因，在洛杉矶则是苯环利定，它更通俗的名称是天使尘或普斯普剂。该类型的毒品于20世纪60年代中期登陆洛杉矶，在接下来的几十年里迅速流行起来。1979年，洛杉矶警方涉普斯普剂案的逮捕达3 905起，是四年前的16倍。[36] 该市黑人主流媒体《洛杉矶哨兵报》对这次危机做了大量报道。

加利福尼亚州议会的玛克辛·沃特斯是一名黑人女议员，代表第四十八区，她领导了反普斯普剂的运动。[37] 沃特斯于1976年当选加州议会议员，此前她曾是一家公关公司的合伙人。[38] 洛杉矶中南部的部分区域隶属于她代表的第四十八区，该地是普斯普剂重灾区之一。她经常出席各种反普斯普剂集会。1978年3月的一份《洛杉矶哨兵报》以“沃特斯向普斯普剂开战”为头条。文章引述了她的发言：“对于那些被控贩售和生产这种致命化学品的人，我们必须采取强硬手段。”当年春天，她提出一项议案，提高对生产或贩售普斯普剂的最高量刑，由原来的2～4年提升至3～5年。这里的“生产”还包括持有特定的前体化学品。[39] 这项提案获得了压倒性支持，并于1978年4月正式立法。[40]

然而，沃特斯提案丝毫无助于危机的缓解，因为普斯普剂交易利润巨大——初期投入1 000美元，可以为当地毒贩带去最高达2.5 135
万美元的利润。普斯普剂似乎无法得到遏止，特别是在洛杉矶中南部，依然泛滥成灾。1979年秋，《洛杉矶哨兵报》沉痛宣告："洛杉矶成为世界普斯普剂之都。"[41]

毒品问题日益尖锐，《洛杉矶哨兵报》的回应也日趋激进，逐渐
136 从客观报道演变为激进主义宣言。1980年9月，编辑部在头版刊发了《致普斯普剂贩子及其走狗的一封公开信》，摒弃了毒品交易是非暴力犯罪的想法，公开宣称：

> 你们中了普斯普剂的蛊，犯下谋杀、强奸、偷盗、抢劫之罪，还弑母、杀父，残害手足，滔天大罪，罄竹难书……为此你们必须站在被告席上，而等待你们的并非法庭的被告席。没有检察官，没有辩护律师，没有庭审量刑，也不要妄想缓刑。你已经被黑人群体定了罪，唯有认罪伏法一条路。

再怎么惩处都不为过。《洛杉矶哨兵报》的编辑们认定，得给那些普斯普剂贩子"涂满焦油，插上羽毛，绑在火刑柱上烧死，或者阉割了他们，或者对他们施以任何可以想到的酷刑"。[42] 公开信署名为"《洛杉矶哨兵报》及众黑人同胞"。

阉割当然不可行，不过强制最低量刑在法律上却是可行的，因此得到报社全体供稿人的强烈支持。例如，专栏作家埃德·戴维斯认为，女议员沃特斯的提案还不够强硬。1980年，戴维斯曾撰写过一篇题为"推手：普斯普剂犯罪的始作俑者"的专栏文章，提出要对贩售毒品者处以25年强制刑期。"毒品贩售罪大恶极，由此才引发黑人社群无以计数的暴力犯罪，"他写道，"丈夫虐妻，母亲残杀骨肉，儿子攻击父亲，还有自卫枪击案件，嗑了普斯普剂开车撞入大楼等攻击型犯罪。"[43] 戴维斯认为上述连带伤害的始作俑者正是毒

品贩子。他的论调并不陌生，与全美黑人群体中的呐喊遥相呼应。要解释为何如此多的黑人主张严惩毒品犯罪，说来话长。

为配合其强硬主张，《洛杉矶哨兵报》敦促黑人群体行动起来。137
在题为"《洛杉矶哨兵报》向普斯普剂打响第三次世界大战"的社论中[44]，执行编辑詹姆斯·H.克利弗写道，普斯普剂肆虐"是自希特勒入侵波兰以来最恶劣的入侵"。他认为仅记录普斯普剂的罪恶并口诛笔伐还不够，他主张黑人去露天毒品市场集会，这些市场遍布全城却能逍遥法外，真乃怪事。"要真正关停那些不断出售普斯普剂的场所。"克利弗写道。他向洛城黑人传递了一个非常明确的信息："如果你不积极参与解决普斯普剂之痛，你就是同流合污者。"

1980年至1982年间，常有数百名洛杉矶黑人响应号召集会，有时规模可达数千人，他们聆听牧师、音乐家和政治家声讨普斯普剂。其中全美首位黑人地区助理检察官约翰尼·科克伦是这些集会的常客，后来他以O.J.辛普森辩护人的身份而为人熟知。他指责普斯普剂"改变大脑，摧毁大脑"。他宣称，针对那些从事普斯普剂勾当的打击"应该快速，准确，如果铁证如山，则应严惩不贷"。[45]

《乌木》杂志特刊

科克伦认为，普斯普剂泛滥成灾是黑人社群危机的一个缩影，更大的危机在于犯罪，以及黑人群体中出现的为犯罪开脱的倾向。而黑人对黑人实施犯罪只能让事态愈发不可收拾。休斯敦、布鲁克林及其他城市的黑人报纸在报道不断上升的凶杀案发生率时，将问题简单归结为“黑人侵害黑人”。对这一说法的突出使用莫过于全国刊物《乌木》。其1979年的特刊就这一话题展开讨论，约翰·H.约翰逊在《编者按》中写道，尽管“我们并不希望出这期特刊”，但是杂志别无选择，因为“黑人侵害黑人已经严重威胁到我们作为一个族群的存在”。[46]

139 全美顶尖黑人律师组织美国律师协会于1980年召开年会，讨论黑人侵害黑人问题。约翰尼·科克伦在会上竭力呼吁黑人“不要为社区的罪行开脱”。[47]他坚信立场要强硬就得做两点改变：法官必须提高量刑，不排除以最高标准量刑；议员必须加强现有的惩罚力度。[48]

1982年1月，约翰·雷竞选市长，挑战时任市长的马里恩·巴里。尽管这次竞选并不成功，但此后不久他发起针对强制量刑的选票提案获得确认。雷关于强制量刑的提案将于9月进行投票，他的诉求与他最初的提案大同小异。对持枪暴力案犯，初犯强制最低刑期为5年，累犯10年起刑。对贩售毒品的，依据毒品品类执行最低刑期：贩售海洛因为4年、贩售可卡因为2年、贩售大麻为1年。（对于兜售大麻数量特别巨大的，考虑执行强制最低1年刑期。）[49]这项公民选票提案（9号提案）包含一项对吸毒者的豁免。只要嫌疑人为首次贩售毒品，以贩养吸，法官可为其免除强制最低刑期。哥伦比亚特区法律规定，提案必须获得1.4万人签名才能成为选票提案。雷及其支持者共争取到2.4万余人的签名。[50]他们声称这些签名人中的大多数来自第五、六、七选区，这些选区居住着大量黑人中产或工薪阶层。[51]

布特尔·杰弗逊仍然是雷的盟友。这位警察局局长于1981年退体，第二年便出任“市民维护治安”组织领袖，支持雷的提案。然而，除杰弗逊外，雷的提案遭到广泛质疑。从民选官员，如马里恩·巴里、特区驻国会代表沃尔特·方特罗伊，到包括美国有色人种促进会、“城市联盟”、美国黑人律师协会在内的民权组织，再到 140
进步主义团体，如美国律师公会、美国政府雇员联合会特区分会，以及男同性恋行动者联盟、“全国延缓监狱在建行动”、女性选民联盟和美国公民自由联盟等，公民和律政精英联合起来反对雷提案。[52]其中包括查尔斯·拉夫，虽然他自1981年10月起不再担任联邦检察官，但他还是继续发出反对声音，在《特区律师》杂志上发文质疑雷提案。[53]斯坦利·哈里斯被里根总统任命继任联邦检察官，他表示联邦检察官办公室只有在“适当的特定情形下”才支持强制最低量刑，指摘9号提案的“设计并不符合我们的关切”。[54]如果9号提案仅是雷最初的提案的翻版，反对派也不过是在重复早先的言论。他们声称强制最低量刑将导致法庭产生大量积案，致使司法自由裁量权失效，监狱人满为患，而最关键的是，犯罪率无法因此而降低。

论战一直从当年春季延续至夏季，双方通过印发宣传册、发表演讲、上电台节目、参访社区论坛等各自发声。[55]雷和杰弗逊要传达的信息很简单，即犯罪已失控，我们必须采取铁腕措施。为制止“旋转门”效应，雷认定采取强制最低量刑，以此表明毒品与枪支犯罪已为社会所不容，能够震慑犯罪。[56]“大多数市民都认为确能以刑止刑。”距投票还有两周时，雷曾这样说，并认为认同此逻辑的市民是出于本能。他们“认为这办法可行，因此做出回应”。[57]

9号提案的反对派努力使他们的理由同样令人信服。尽管其中不乏名人，但反对者面临的挑战着实不小。与无时间限制的立法会议相比，公民投票要求即刻直接表决，这就意味着9号提案的反对者无法提出替代提案，他们只能针锋相对地点明9号提案的不当之处。然而，他们打出的口号——“反对9号提案，它无法阻止罪案”——缺乏感染力，押韵对陷入罪恶重围的社区毫无裨益。[58]

事实上，在哥伦比亚特区1981年反毒品提案（没有附带雷提议的最低量刑标准）通过后数月，犯罪形势依然严峻。1981年8月，提案通过3个月后，时任《华盛顿邮报》撰稿人的胡安·威廉斯写了一篇题为“我家附近的海洛因”的专栏文章，揭露第七街和S街上的露天毒品市场。15年后，我的委托人塔莎·威利斯即因为在此不远处贩售海洛因被捕。“傍晚6点，约300人浩浩荡荡向这里拥来。全身浮肿、伤痕累累的毒虫翘首以盼毒贩的到来；小打小闹的贩子期冀从上家‘糖果人’那里讨得一口食；偶尔吸着玩的瘾君子开车找寻认识的毒贩，以求早点过个逍遥的周末。”威廉斯家就在那附近，也见证了政府为肃清那片区域的毒孽而采取越来越激进的措施。汽车轮胎下面常被上下家用来藏匿毒品，警察则打开消防栓冲刷排水沟，把毒品和注射器冲走。不过，警察很快摒弃了这种做法，因为这会让人回想起民权运动时期南方警察用高压水枪冲击抗议人群。而针对大都会警察局停止这种做法的决定，威廉斯颇有微词。“你生活的地方有那么一帮非法之徒，他们在你的妻子和孩子附近作恶，你还有心思顾及面子吗？”他写道。他认为维护社区长治久安才是头等大事：“如果大水冲街可以阻止毒品交易，冲走鸡鸣狗盗、流氓阿飞和毒虫瘾君子，那么警长，请打开消防栓。”[59]

雷聪明地利用了以威廉斯为代表的市民的众怒，深入到已知的毒品交易腹地开展宣传。1982年春，借自己的提案引发热议之机，
142 他来到第十四街和W街出席记者会，发布一份犯罪调查报告。而那里正是特区公然进行毒品交易最为猖獗的区域之一。[60]一个毒贩在众

目睽睽之下居然完成了一次交易。[61]雷正是通过冒险进入这些区域，使得同毒贩争夺那些业已沦陷的公共空间的斗争变得更加戏剧化。

那场记者会临时出了一个状况，雷和9号提案的一支主要反对势力的矛盾却得以缓解。记者会进行过半，一个戴墨镜的男人开始诘问雷。“卖毒品也好，卖袜子、卖狗也罢，人总得养家啊！”他吼道，“为什么你们不给他们工作的机会？”针对这类本源问题，雷早有准备，他反驳说，正是毒贩在毒害他的“黑人兄弟姐妹”。视毒贩为背叛种族的败类，这种认识早在20世纪70年代即被黑人民族独立主义者哈桑·杰鲁–艾哈迈德固化下来。穷人和工人阶层天天目睹毒品造成的危害，他们对毒贩更有切肤之恨。那个唱反调的男人认为雷的回应“文不对题”，暗示雷属于特权阶层，根本不了解贫苦黑人的处境。雷抓住机会向众人讲述自己的经历。“我的祖父母终其一生过着苦日子。”他提醒那个男人以及在场的众人，自己在佐治亚州的边远地区长大，靠从松树上“取松节油”为生。“我们经历了经济萧条，但我的父辈从未向自己的兄弟姐妹卖过毒品，从未向下一代卖过毒品，”雷说，“不管是谁，都没有任何理由贩毒。”[62]

投票之前的数周里，双方的争夺趋于白热化。雷和杰弗逊频频出现在大众视野中，转战于凶杀案现场之间，游说人们接受自己的提案，不仅显示他们为解决特区犯罪问题所做的努力，更表明他们斗争的决心。随着投票日临近，强制最低量刑逐渐占了上风。投票之前的两周所做的一份民调显示，71%已登记选民赞同强制最低量刑。更令雷和杰弗逊振奋的是，全国步枪协会在最后关头“倒戈” 143
支持他们。全国步枪协会委派其成员在全城散发五万份传单，鼓励市民“投票支持强制最低量刑，从而遏制暴力犯罪”。[63]

1982年9月14日，夏末的一天，特区市民前去投票表决。这是一场空前的胜利。9号提案赢得了全市八个选区的支持，其中，富裕的第三选区（白人占多数）的支持率为67%；第五选区（以黑人为主，包含若干收入阶层）为75%；第八选区（阿那卡斯提亚河以东，以黑人低收入阶层为主）为75%。最终该提案以73%的支持率高票获得通过。[64]

强制最低量刑获得各个阶层的青睐。全市八个选区进一步细分为投票区，每个投票区包含几千张选票。在全市137个投票区中，9号提案赢得其中136个投票区的支持，在赤贫人群、毒品买卖受害者中几乎全票通过。而唯一未能获得多数赞同票的区域为帕利塞德，毗邻乔治城和波托马克河，人口以富有的白人为主。[65]

媒体在报道投票结果时，杰弗逊心怀希望地表示9号提案的获胜“向那些作恶者宣示，他们一定会在不久之后受到惩罚”。[66]然而，此后数年，特区的犯罪不断升级，与人们的期待背道而驰。受投票结果直接影响，凶杀案发生率略有下降，却在接下来的十年内暴增。毒品价格并没有出现波动，吸毒过量致死事件却不断攀升，从1979年的41起增至1985年的155起。[67]

9号提案并未对特区毒品交易产生任何实质性影响，却彻底改变了刑事司法实践。9号提案获得通过后的两年内，刑事司法体系受该法案驱使，涉毒诉讼呈井喷之势，从1982年的838起猛增至1984年的2 277起，增长了近300%，[68]进而引发了一系列深刻的变
144 化。例如，1980年涉毒抓捕中仅有3%与贩售有关，其余97%皆因持有毒品。而随后的四年多的时间里，因贩售被捕的比例涨了15倍，升至45%，因持有毒品被捕的比例降至55%。[69]

这些数据初看或许表明警察将目标从吸毒者转移到毒贩身上。

而其实被捕的都是同一人群，只是检方以更大的罪名起诉他们。在9号提案之前，持有毒品获得的最高刑罚等同于贩售或以分销为目的持有毒品（PWID）。因此针对介于持有和以分销为目的持有毒品之间的案犯，检方并无动力立案并以分销为目的的持有毒品罪起诉。而依据新律，被控以分销为目的持有毒品者将面临最高15年、最低2～4年的刑期，刑期因不同毒品种类而异。结果导致检方对涉毒案犯不加甄别，即使案犯仅持有价值50～100美元毒品（仅够重度瘾君子一两天的量），也一律按以分销为目的持有毒品罪论处。新律实施，15年刑期对一般被告而言犹如泰山压顶，因此在接受控方认罪条件的问题上不得不慎之又慎。连警察也做出策略性改变，开始频繁使用诱捕侦查手段，15年后，塔莎·威利斯正因此被捕。

从今人的视角去观察，当年黑人群体以压倒性多数支持9号提案也许不可思议。美国刑事司法体系暴露的种种弊端，40年坚持“严打”导致的不良后果，通过强制最低量刑集中反映了出来。而其中牵涉的种族问题直到1991年才得到美国量刑委员会首度承认，现在得以完整记录下来。[70] 美国司法部部长埃里克·霍尔德在其2013年的声明中针对强制最低量刑明确表态：“因执法依据不完善，有太多美国人被投入监狱，监狱人满为患，刑期过长。”[71]

而从历史角度审视9号提案的通过，并不难理解。如今耳熟能详 145
的“非暴力毒品犯罪”在1981年却闻所未闻。在9号提案提出前几年，毒品与暴力利害相通，人们相信二者联系紧密，并普遍认为毒贩应对毒品给吸毒者造成的伤害负直接责任，进而对吸毒者给他人造成的危害负责。《洛杉矶哨兵报》的编辑们对上述想法起到推波助澜的作用。雷在引述特区吸毒者引发的案件时不自觉地受到上述想法的影响——据他估计，那些案件每年造成三亿美元财产损失，因而要严惩毒品贩子。[72] 1980年，杰弗逊曾指出，帮派间不断攀升的械斗就是为了控制本城的毒品交易，他的逻辑出发点和雷的一样。[73] 还有评论员，例如,《华盛顿邮报》撰稿人胡安·威廉斯认为占据公共空间进行毒品交易本身就是一种暴力。不管人们将毒品与暴力做关联的逻辑为何，许多评论员还是把毒品分销刻画成暴力犯罪。“允许处于缓刑内的人到处乱跑，简直愚蠢至极，”卡尔·罗文在1976年写道，“他有可能再度被控谋杀、强奸、抢劫、行凶殴打,（抑或）贩毒。”[74] 当初雷和杰弗逊决定将强制最低量刑同时用于贩毒和持枪，并通过一次投票决定成败，他们的出发点即毒品等同于暴力，反之亦然。但时至今日，人们认为毒品和暴力即使互相关联，也是两个不同的问题。

雷和诘问者之间的较量，同时折射出他和杰弗逊为9号提案奔忙而采取的一个重要策略。在对峙的最后，雷斩钉截铁地说 :“没有任何理由贩毒。”当然9号提案并非要和投票人讨论贩毒是否值得开脱，而是要他们支持强制服刑期。雷和杰弗逊不仅成功消除了找借口贩卖毒品和强制量刑之间的逻辑沟壑，更让投票人信服二者存在关联性。雷针对诘问者的回应，有效地设置了一个政治选择 :
146 如果人们认为占据人行道向黑人出售毒品不可饶恕，强制最低量刑则是他们明智的选择。基于如此界定，出台惩罚性举措也就在所难免了。

9号提案的反对派却没有意识到犯罪亟待解决的紧迫性。“城市联盟”的杰罗姆·佩奇在做证时表示 :“在我们的赤贫区域，犯罪始终是个现实问题。”他认为，除非犯罪的源头问题“贫穷、歧视、机会不均”得以解决，否则犯罪就仍是无从逃避的生活现实。[75] 多数黑人投票人赞同佩奇，认为源头问题要解决，然而消弭贫穷和歧视并非一日之功。[76]现实是，教育委员会的一名成员公开表示他害怕进入某小学；一位图书管理员全副武装，组织社区巡逻队对抗毒贩；市民们因为无法在社区安全出行而纷纷向市议员请求援助。

雷和杰弗逊明白，即使再穷困，多数美国黑人也不会贩卖毒品或实施暴力犯罪。雷对诘问者的那句回应“没有任何理由贩毒”似乎是黑人中产阶层谴责穷困黑人道德滑坡的常用说辞，对工薪阶层的黑人或经济地位更低下的黑人来说也很有说服力。[77]即便在那些被媒体称为“毒品泛滥”的社区，事实也有另一面：无数母亲送孩子上学时极力避开毒品交易；小商户们尽可能让自己的生意远离毒品，保证开门迎客；祖父母们对自己生活了一辈子的社区的现状百思不得其解；牧师为了会众的安全而操劳奔忙。[78]这些人和别人一样痛恨犯罪，痛恨公开毒品交易，甚至更加愤恨难当。他们本人及其家人时刻受到威胁。雷和杰弗逊提出了解决方案，危机来临之际，一个糟糕的解决方案也比没有方案要好。

因此，一个问题呼之欲出：最佳解决方案会是什么？特区的毒 147
品交易，特别是那些公开的交易场所曾经让事态一发不可收拾，吸毒成瘾必然会引发犯罪。然而，这并不意味着可以把吸毒成瘾归入刑事司法范畴。如果特区的领导者将其定义为公共卫生灾难，将会怎样？

1977年，特区毒品依赖治疗中心有床位1 250张，而全市预计有1.2万名毒瘾患者，仅可供其中的十分之一进行治疗。[79]并且，随着毒品问题的恶化，治疗资源不足的问题只能被搁置起来。在推动9号提案立法期间，治疗床位相对于更紧迫的需求而言仍然不算什么，因此床位数量依旧没有改变。戒毒项目屈指可数，即使有也缺乏资金，质量堪忧。如果雷和杰弗逊提议大幅增加床位而非牢房数量，事态会怎样发展？假如他们建议取消所有戒毒诊所或机构的候补等待治疗机制，事态会怎样发展？假如强制最低量刑的豁免不仅限于初犯，人们认识到成瘾者在彻底戒除毒瘾前会反复多次，情况会如何？假如雷和杰弗逊推动尽快出台针对案犯审前和审后的不同处置机制，法官得以借助入狱服刑的威慑力迫使那些屡教不改的案犯接受戒毒治疗，情况会怎样？假如警察接受的培训不是抓捕吸毒者，而是直接将他们交给戒毒治疗机构，情况又会怎样？上述假设并非不可想象，其中一些已经在别的城市实施，还有一些进行了试点，也取得了成效。

而事实是，上述假设提案一个都没有被提出过，这恰好反映出我们这个社会对于吸毒问题的看法。雷和杰弗逊在与反对者就强制量刑展开辩论时，将华盛顿的毒品泛滥问题归因为执法不严，反对者则认为毒品是贫穷的一个病症。然而，没有人将其看作公共卫生问题。例如，《美国黑人报》的出版人阿瑟·卡特曾于1978年写信给戴维·克拉克，向他抱怨报社所在大楼后面的小巷里丢弃着用过的注射器，报社大门附近、第十二街和U街上“总是聚着一帮人”。
148 克拉克把信转给了杰弗逊，要求巡警特别注意一下那里。[80] 杰弗逊向克拉克保证大都会警察局一定解决该问题，他写道：“缉毒部门将继续展开集中调查与执法行动，第三区警员将增加巡逻频次以震慑违法行为。”[81] 虽然卡特可能算是比较重要的人物，但他的信件以及克拉克的回应都没什么特别之处。20世纪70年代末、80年代初，市议员及工作人员收到过数百封这种来信，即使如克拉克这样的人再反对强制量刑，也无可避免地要向警方求助。（杰弗逊常常就此事回复市议员，并做出保证，有时还通报警方抓捕的人数和缉获毒品的数量。）与此相反，我并未找到市议员将信件转交毒品依赖治疗中心的事例。出现问题去找哪个部门也许并不太重要，但其中所反映的政策共识关乎宏旨。当问题紧迫、亟待解决时，加强执法似乎成了唯一对策。

在我们扪心自问美国是如何成为世界上拥有监狱数量最多的国家时，常常聚焦那些宏大的研究对象，包括全国范围的运动、联邦立法、白宫的行政命令等。其实我们更应关注地方层面，包括那些看似普通的决定和官方指令等。针对市民投诉后巷有使用过的注射器，议员询问过哪个部门负责人的意见？这些决定看似不起眼，却无时无刻不在美国的各个角落进行，经年累月为我们这个监狱国家的高墙添砖加瓦。

威利斯女士拒绝了认罪协议。我尝试寻求更好的解决方案却没有成功，只得做好出庭准备。在看起来毫无胜算的情况下，我拿着自己
准备的材料向资深律师挨个请教，希望他们能为我指点迷津。然而，149
无论我拖住的是谁，首席诉讼律师也好，培训主管也罢，最终都向我抛出大同小异的一句话："还是再给我说说认罪协议的内容吧。"

开庭当天上午，威利斯女士和我坐在法庭外。她看上去状态不佳。我并不确定，不知道别人是否注意到她昏昏欲睡。也许她只是累了；也许是开庭日期日益临近让她夜不能寐。然而，昏昏欲睡也是吸食海洛因的一个表现，我当然不希望她这样出现在法官面前。我再次拿出了认罪协议，她即便无精打采也坚持不接受。她仍然坚持己见。

我们最终进入了法庭，里面满是辩方律师和检察官，他们不停地进进出出，就认罪协议做最后的努力。书记员则依序开庭，她的

声音冷淡，毫无起伏。我们等了两个小时，11点刚过，我听到她叫威利斯女士的名字。我们进入辩护席，法官即开始按规定的标准流程审案。第一步，确认各方均已到庭。法官打开案卷，转头问检察官柏妮丝·莱斯特："政府一方准备好进行庭审了吗？"

除非某个重要证人无法出庭，或者检察官突然发现某个重大事项，针对上述问题的回答通常是肯定的。有时检察官也会回答："呼叫准备就绪"，用法庭的行话来说就是"我们理论上已经准备好了，证人就站在电话旁，我们只需要打电话让他们过来即可"。辩方律师很讨厌"呼叫准备就绪"，因为我们深信那不过是检方的托词。他们还没有准备好开庭，这样做就是为了拖延时间寻找证人。检察官的这个把戏或者说手腕，对于被告来说就是最后一点压力，许多人都招架不住。

可是，这一次我却听到柏妮丝回答说："还没有，法官大人。"她没再多说什么，检察官竟然还没准备好。

150 我深深舒了一口气，条件反射似的说道："法官大人，由于检察官未起诉，我方申请驳回本案。"法官批准了我的请求。检察官在未做好出庭准备且没有合适的理由时，法官通常会如此应对。于是，我马上抓住威利斯女士的手肘，想在运气用尽前将她护送出法庭。威利斯女士却行动迟缓，在我看来也太迟缓了，我一路扶着她，心急如焚，还不能表现出来我有多么想逃跑。事实证明，是我想多了，因为书记员、法官和检察官都已离开。我们还没有走出法庭的门，另一名被告已由律师陪着走向辩护席。没人再想着威利斯女士的案子了。

她急着回家，而我还有个案子等着开庭。不过还有时间，我们拥抱着说再见，威利斯女士还提醒我，她坚持不接受认罪协议是正确的。她声称自己预感到警方不会出庭。“我一直都知道。”她说。我笑了笑却也没把真相告诉她，其实我们无从知道驳回本案的真正原因。也许那天有什么事情来不及完成，也许有个文件夹被弄丢了，也许某个警官睡过头了，总之，威利斯女士中了彩票。

她在离开时又最后看了我一眼。“福曼先生，别为我担心，”她像是看穿了我一般对我说道，“我会去戒毒的。”我真的相信她当时认为自己说的能行得通，而我却认为行不通。即使强制戒毒，要找到一个床位也极为困难，更何况威利斯女士的案子被驳回了，她想在刑事司法系统之外找一个负担得起的戒毒方案，可能性微乎其微。穷人只能在候补名单上苦苦等待治疗，遥遥无期。

不，威利斯女士无法得到她所希望的救治。望着她沿走廊走出大楼，我知道，在那个法庭，特区没有给她提供什么，美国也没有。那里只有警察和监狱，没有帮助。

第五章 “自奴隶制以来我们面临的最致命的打击”

“快克”与“武装治安管理” 1988—1992年

151 在法院走廊上与塔莎·威利斯道别时，我知道她将回到西北区第七街和T街附近的肖街区。当时我没想到自己有一天也会在那里扎根，而且就在几年之后。2000年春，我在玛雅·安吉洛公立特许学校二楼办公，学校位于第九街和T街拐角，距离威利斯女士被捕时所在的街角仅两个街区。

玛雅·安吉洛公立特许学校的设立源自戴维·多梅尼西的设想，他毕业于斯坦福大学法学院，为人低调，工作起来有股子韧劲。1995年，我们经共同的朋友介绍认识，那是我在公设辩护人服务处工作的第二年，戴维则是特区知名的威尔默、卡特勒与皮克林律所（如今的威尔默黑尔律所）的一名律师。他在大律所从未有过真正的归属感，教育才是他的激情所系。1995年秋，我们在法院附近的一家咖啡馆见面，他向我讲述了他的梦想：面向有案底的少年启动一
152 个项目，提供高质量的教育、现场心理咨询以及有薪酬的工作。戴维得知我有不少当事人是青少年，而他想了解这样一个项目能否吸引他们。

我马上就被戴维的想法所吸引了，他描述的事情正是我的当事

人所需要的（他们一直跟我这样说）：一所好学校和一个可以自立的机会。我不禁开始想象，戴维的这个设想一旦实现，将对年轻人产生何种影响，这些年轻人要么已受到刑事司法体系的处置，要么正面临刑事司法体系的处置。在我代理的案件中，多数当事人被捕前在学校的日子并不好过，或者彻底辍学。假如戴维的设想那时已经实现，他们也许当初就不会成为我的当事人。在公设辩护人服务处，我和同事有时会开玩笑，如果哪天犯罪率大幅下降，我们不得不另谋出路，那该多好。我们都知道那不可能实现。而这个设想可以尽早关注“问题孩子”，让老师和辅导员帮到他们，开展专业心理咨询，并给他们介绍工作，如此似乎是朝正确的方向迈出了一步。

戴维于1997年春辞职，着手启动这个项目，我得到公设辩护人服务处批准，离岗一年去协助他。到了那年秋天，我们招到了几名老师，并从基金会和富有的律师那里筹得一笔款项，够支付一两个月的薪酬。我们还成功劝说了在法庭挂了号的20名学生，来我们这个未经实践检验的项目中碰碰运气。我们以诗人玛雅·安吉洛的名字命名了这个项目。

我们经历了所有能想到的挑战。学生们几乎全部来自低收入家庭，虽然多数学生已十六七岁，学业却仅达到五六年级的水平。第一批申请书中包含以下数学题：你有10美元。购买3片比萨饼，每片1.75美元。请问付完3片比萨饼的账后，找零多少钱？第一批将要入学的20名学生中，约一半没答对。其中不少孩子的成绩单惨不忍睹。不过戴维并不气馁，他在审核申请书时常常说：“大家都得了F，只有一个得了D——这就是我们的好学生。”他是笑着说这话的，153
却不是在开玩笑，他是在提醒我们，我们来这里正是为这些学生服务的。

学业压力还仅是第一步，许多学生都曾遭受过心理创伤。暴力、毒瘾和牢狱之灾夺走了他们的父母、朋友或兄弟姐妹。有些孩子遭受过身心摧残。许多人罹患抑郁症，却从未接受过治疗。学校从开门第一天起即有一名在编的全职心理咨询师，尽管全校学生不过20名，但咨询师的办公室里从不乏来求助的孩子。

至少我们预见到了自己将面临的问题，虽说要解决这些问题并不易。然而，有一种阻力的出现却完全出乎我们的意料——警察。孩子们不断诉苦，告诉我们警察如何对待他们，说自己常常被警察以搜查毒品或枪械为由拦下，遭到言语污辱，有时甚至拳脚相加，被掐或被推搡。只要有警察走来，大多数孩子就会感到害怕。

2000年春，玛雅·安吉洛公立特许学校的教职工目睹了警察作恶。我们搬入位于第九街和T街的办公室后不久，办公楼所处的街角就不断遭到警察突袭。整个春季，几乎每周都有一队警察突然出现，把学生逼到墙边搜身，找毒品或枪械。我在法学院时了解过“拦路盘查”和“搜查扣押”，做律师后曾数百次提请动议，指称警察采取此类行动缺乏法律依据，即“合理怀疑”或“正当理由”。学校街角的盘查正是对上述法律依据的藐视，我无法理解警察为何针对这些青少年出手，更想不到警察在行动中动用武力甚至暴力，尽管在贫困的黑人社区，警察向来为所欲为。警察来袭，我们的学生
154 被迫“保持某种姿势不许动”，即双腿分开，脸冲墙或巡逻车，双手抱头。随后搜身，孩子们身上每一寸都被警察触摸，背包和衣服口袋都被翻个底朝天，人行道上，笔记本、断铅笔、口红和梳子丢得到处都是。约十次搜查，一无所获，并没有发现任何非法物品。

通常，搜查结束后，除了留下战战兢兢的学生和一片狼藉的街道，事情便到此为止。但事态偶尔会升级，尤其是如果个别学生抵

抗甚至夺路而逃。我在那里工作期间，最可怕的一个事件莫过于一名17岁的学生被警察追着逃进学校后又被扭摔在地，随后警察当着几十名惊魂未定的师生的面拔出配枪。还有一次，一个十年级学生课间休息时站在办公室前的街角，并未有任何违法行为。这时一名警察要求他离开，这名学生拒绝后，警察抓住他，给他戴上手铐。校方介入时，该学生已被押上警车。所幸，经校方协调，警察未将其逮捕。

一位同事半开玩笑地提醒说，我们的所有学生都是黑人，多数警察也是黑人。像上述这样毫无法理依据、无缘无故的侵扰也算是“黑人针对黑人的犯罪”。对我们的学生来说，共同的种族身份并未减少他们面对警察时遭受的羞辱。学校教职工在警察离去后竭尽全力安抚学生，温言软语，告诉学生他们并没有做错什么，帮助他们从街上捡回散落的物品。然而，学生的尊严和隐私无法轻易找回。

遗憾的是，学生们遭到的不公正对待仅是当时社会的冰山一角。华盛顿特区乃至全国与毒品的战争已绵延数十年，这场战争的前线正是全美最为贫困的黑人社区中的人行道和街角。警察因而受训进行武装治安管理。正如警察出身的法学教授赛斯·斯托顿所言：“受武装治安思维影响，警察时不时身陷无法预知的冲突，遭遇极其致命的未知敌人。”[1]

学生们没有卖毒品说明不了什么，他们像普通少年那样于代数 155
与美国史的课间站在路边无所事事也说明不了什么。但是，他们身处犯罪高发的街区，自然被当作潜在的敌人。这一事实直指当代治安管理模式最具破坏力的一面。虽然警察也承认黑人街区的确存在守法公民，比如店主、牧师、老祖母等，但大部分居民，特别是年轻人，在他们看来都摆脱不了犯罪嫌疑。究竟是课间休息的学生，还是街角跑业务的毒贩，警方在无法甄别的情况下为公共安全考虑，只能把他们都当作潜在的威胁看待。[2]

如此，“武装”模式颠覆了无罪推定。身在贫民区，除非经过证实，否则你没有清白身，相反会被推定有罪，或者至少有嫌疑。你只能花费大量精力证实自己的清白，小心着装不出错，做事不出格，说话不惹事。然而，即使做出这些努力，也未必有用。禁毒战对无罪推定造成了类似的损害。那年春季，一次随机盘查结束后，我们的一名有主见的学生自信地冲着警察喊道：搜查再一次无果而终。一个警察正待离开，回敬了一句：“只是**这一次**罢了。”警察的回应说明：失去了无罪推定，后果将是毁灭性的，无论品行多么良好都无法弥补。当前体制假定你有罪，且你无力质疑这种假定时，即使你能自证清白，也会被无视。

警察对我们的学生公然抱有敌意——时常把他们当作嫌疑人，粗暴对待，限制他们的人身自由，这有着深刻的历史原因。卡利尔·纪伯伦·穆罕默德在其著作《给非裔定罪：种族、犯罪和现代美国城市的形成》中明确表示，“黑人有罪论”已被固化了数百年，对黑人的种种歧视也就有了所谓正当性。[3]武装治安管理也许在詹姆
156 斯·鲍德温看来并不稀奇，他在1960年写过一篇随笔，名为“上城区第五大道：哈莱姆来信”，被视为控诉警察在贫民区武装执法的经典之作。城市警队的职能，鲍德温写道，“是把黑人限制在他们应该待的地方，”为达此目的，“对贫民区的治安管理唯有采取压制措施”。[4]

我们的学生遭受粗暴与不公，还有着更为直接的原因。据我们了解，武装治安管理始于20世纪80年代末，当时全美的贫民区受到一种可怕的新型毒品——“快克”可卡因的侵害。

“快克”席卷全美黑人社区，其破坏程度甚至超过20世纪60年代的海洛因。该毒品不仅迅速致使大量人口上瘾，而且瘾君子的孩子、家人、朋友甚至邻居都难逃魔掌，因此破坏力巨大。由它引发的市场争夺，其惨烈程度在全美任何城市都前所未有。为夺地盘，帮派全副武装，将社区变成杀戮场。毒品引发暴力并不是什么新鲜事。特区备受海洛因困扰时，哈桑·杰鲁–艾哈迈德就曾提出过这个问题。约翰·雷和布特尔·杰弗逊在推动9号提案时也提过。但在“快克”作孽的几年间，史无前例的大屠杀已表明，毒品战关乎的不仅仅是毒品。人们也许得明白，其实必须得明白，毒品战也是一场针对暴力犯罪的斗争。

“快克”威胁所引发的一系列回应导致了我们今天严酷而臃肿的刑事司法体系。至关重要的是，打击“快克”让人们将下述理念奉为圭臬：警察必须像战士一样，积极进攻，全副武装，去贫民区巡逻要像部队深入敌占区一般，准备好应战。武装治安管理与强制最低量刑、延长刑期、没收毒贩和吸毒者的财产一样，都体现了法律和政策因毒品战而发生的变化。此外，违法者不断受到民选官员、警察局局长、记者和普通市民的鄙视与谴责。对违法者满怀敌意、决不姑息的舆论并非形成于“快克”泛滥时期，只是从那个时候起 157
逐渐固化，直到今天仍然影响着我们对毒品、暴力和惩罚的看法。

> 我无法忍受拿着绞索的“三K党”；我无法忍受嗑药的邻里老乡。
>
> ——杰西·杰克逊牧师[5]

20世纪80年代中期，大部分非裔美国人生活在失业大潮之下，举步维艰：美国企业把工厂迁往海外；中产阶层逃往市郊；贪婪成性的放贷人利用掠夺性贷款，让借款人的家庭散尽了好不容易攒下的那点资产。

而政府出台的政策却收效甚微。20世纪70年代，众多黑人领袖采取各种举措与犯罪做斗争。在支持严惩犯罪的同时，他们也呼吁联邦政府着眼长远，解决犯罪根源问题，比如，增加社会福利、教育及就业培训的投入等。以众议员约翰·康耶斯为代表，有些人提出复兴方案，即内城“马歇尔计划”，呼吁联邦政府效仿乔治·马歇尔在二战后帮助欧洲重建，改造贫民区。然而，直到70年代末，上述努力都毫无起色。遏制毒品、暴力和治理乱象的努力也付诸东流，降临在美国黑人身上的仅剩下：惩罚性措施。

1980年，罗纳德·里根成功当选美国总统，贫困社区的前景更加惨淡。里根当年担任加利福尼亚州州长时，他的一项重要政绩是将“作弊者”从社会福利名单上剔除。当选总统后，他决定削减政府的社会项目开支。[6]他当政的第一年，国会即按照他的想法通过立法修改了一些方案，调整了某些受收入情况评估影响的津贴的评判
158 资格和支出款项，[7]导致贫困率增加了约2%，受此影响最大的莫过于非裔美国人。[8]联邦政府在社会性开支上的削减，加之里根政府对平权运动及其他民权保障措施的打压，致使80年代中期黑人领袖中弥漫着消极与颓丧态度。“过去十年间，公开报道显示，黑人的生活条件总的来说有显著改善，”1985年，“城市联盟”主席约翰·雅各布曾表示，“然而，事实并非如此。就非裔美国人生活的各个层面而言，60年代获得重大改善，70年代达到顶峰，随后便一直下滑。”[9]

之后，“快克”接踵而至，正如记者哈里·杰夫和汤姆·舍伍德后来形容的那样，这种毒品侵入美国最贫困的社区，“仿佛一根火柴

落入了汽油桶”。[10] 将水、小苏打与可卡因混合加热，即可制成“快克”。因此，后者其实是掺了杂质的可卡因粉。但与可卡因粉主要靠鼻吸的用法不同，块状的“快克”便于加入烟草中点燃，吸入后会迅速进入血液，让吸毒者感受到更强烈的快感。[11] 这个特点让“快克”更受欢迎，也更易上瘾。[12] 1984年，特区抓捕的涉毒案犯中，可卡因检测结果呈阳性者占15%；到了1987年，这个数字涨了4倍，达到60%，几乎每个吸毒者都吸过“快克”。[13]

关于“快克”在非裔美国人中引发的恐慌，可以通过黑人政客和民权领袖所做的类比看出来，他们曾在这种毒品泛滥最严重的时候将其比作对非裔美国人的最严重的残害。1988年3月，马里兰州乔治王子县美国有色人种促进会主席称它是“自奴隶制以来我们面临的最致命的打击”。[14] 两个月后，杰西·杰克逊牧师把毒贩与“三K”党徒并称。“没有人有权杀害我们的孩子，”他宣称，“我无法忍受拿着绞索的‘三K党’；我无法忍受嗑药的邻里老乡。”[15]“这也许是自奴隶制终结以来我们遇到的最大威胁，”洛杉矶的主流黑人报纸《洛杉矶哨兵报》在一篇社论中如此警示，“除非我们直面威胁，行动起来，否则黑人群体将遭遇厄运。”[16]

> 黑人族群到底怎么了？ 159
>
> ——助理警察局局长艾萨克·“艾克”·富尔伍德

迈克尔·桑德斯被人发现的时候头部中弹，但还有呼吸。他横躺在第一街和N街的街角，外衣里有六十袋可卡因，牛仔裤里有一把手枪。子弹从下巴打穿了头骨，人们匆忙把他送至医院，但已经来不及了。他于两小时之后，即1988年1月1日凌晨4点死亡，年仅19岁。[17] 1988年底，时任华盛顿大都会警察局助理局长的艾萨克·富尔伍德在回顾全年工作时称这一年是“华盛顿的耻辱之年”。桑德斯是那年的第一个受害者，当然还会有更多人步他后尘。[18]

桑德斯去世两天后，27岁的奥萨洪·桑迪·埃莫文被人发现死在一辆停在华盛顿东南区的车里，头部多处中弹。[19] 当天下午，距案发现场半英里开外，几名男子闯入30岁的格温多林·斯科特的公寓，随后开枪将斯科特射杀，一名同伴受重伤。[20] 1月6日午夜前，华盛顿西南区，一名男子被枪杀，两名站在草丛里的人受伤。[21] 第二天，华盛顿西南区，一名持机枪男子从车上跳下向其友人扫射，造成四十岁的托马斯·阿诺德死亡。[22] 1月10日，柯蒂斯·布里斯科与三名男子发生激烈争吵，数小时后，他的尸体在西北区的一处院落中被发现，死于枪杀。同一天，19岁的里卡多·华盛顿在东南区的公寓楼外被人从背后开枪打死。[23]

第二天，即1月11日，约翰·克莱姆在西北区的一场打斗中被刺身亡。1月15日，克利福德·杰克逊在一处住宅楼前的台阶上死于枪击。一天后，39岁的伯纳德·史密斯和21岁的约瑟夫·威廉斯死亡，前者胸部中枪后被人扔在路边直至死亡。1月19日，在东北区一处失火的废弃公寓里，人们发现了25岁的贝弗利·安妮塔·汤
160 普森的遗体。她生前曾遭到性侵、殴打，最终被勒死，留下仅18个月大的男孩史蒂文。[24] 1月20日凌晨2点，东岸夜总会遭到一名持枪男子袭击，致使24岁的詹姆斯·沃德重伤，20岁的乔治·普林格尔身亡，后者是3个孩子的父亲。[25] 同一天晚些时候，在西北区一处地下室，35岁的理查德·科尔被刺身亡。而在城市的另一边，34岁的贺拉斯·皮诺克在其位于三楼的公寓里被枪杀。[26] 1月26日，有路人报警说东北方向一处溪水中停着一辆被遗弃的车辆。警察打开后

备厢后发现了小拉尔夫·贝利的遗体，他年仅23岁，生前遭到刺伤、枪击，尸体遭到焚毁。[27] 1月27日，一名蒙面男子持枪走进西北区的格雷格理发店，当着惊恐万状的顾客的面，冲着威廉·李·戈因斯连开数枪，随后坦然离开。[28] 1月31日，43岁的小学科学老师弗里德·帕里斯回家上楼时，两名男子从其身后靠近，冲他索要钱财，其中一名男子朝帕里斯后背开枪将其杀害，二人空手而逃。[29] 就在同一天，弗雷德里克·道格拉斯初级中学八年级学生、15岁的雷吉诺德·斯莫尔在东南区的家附近被枪杀。[30] 此案是当月第37宗凶杀案，至此创下哥伦比亚特区史上之最的死亡之月才告一段落。[31]

7年间，特区凶杀案发生率呈3倍增长，最终令这个城市戴上"全美谋杀之都"的帽子。而当时的特区，正处于这七年的中间。时任助理警察局局长的艾克·富尔伍德对暴力深感切肤之痛。"我曾去过这些案发现场，"他写道，"地上躺着的是个17岁的孩子，头颅被打破，脑浆流到街边。我问自己：'黑人族群到底怎么了？'"[32] 这个问题道出许多黑人市民的心声。

特区不断飙升的凶杀案发生率警醒人们："快克"致人上瘾危害极大，却远非其最大恶果。上述案件并不一定与"快克"交易有关，但其中确有不少与其相关。直接相关的有毒贩争地盘，或者交易谈崩了；间接相关的包括吸毒后兴奋而实施暴力，毒瘾发作情绪低落，或者仅仅是为了下一顿能吸上而拼命。"我宁愿去买卖毒品，也不愿面对枪口，或者被泼上沸腾的油。"犯罪学家戴维·肯尼迪这样写道。他深入全美毒品猖獗的几个社区工作。"再也没有什么比上述这些更糟糕的了。"[33] 161

"快克"交易导致特区枪支泛滥。尽管1975年特区已立法规定持枪违法，9号提案的强制最低量刑也将持枪械犯罪纳入其中，但政府无力阻止武器从弗吉尼亚或马里兰涌入。“枪支问题已常态化。”迈克·蒂德韦尔写道。“快克”肆虐期间，他在特区的一个“中途之家”做过咨询和辅导工作。“枪别在裤子上，放在沙发上、车内座椅下。枪是生活的一部分，是默认的必备品。”[34] 人们开始用枪解决毒品争端以外的事情，哪怕因为再小的事起了争执，比如女孩子、衣服，甚至因为眼神不善地看了不该看的人，都会让人拔枪以对。

枪支危害影响深远。甚至在30年后的今天，许多市民仍然清楚记得当初社区出现的新型武器。比如后来担任联邦助理检察官的阿尔伯特·赫林，20世纪80年代中期他住在西南区，早已听惯了枪声，某天从他住所窗外传来的枪声却有些蹊跷。“当时我并不知道那是什么声音，”他告诉我，“听起来不像炮仗声，类似炒豆子发出的‘啪啪啪啪啪啪’的声音。”[35] 这声音不似赫林所熟悉的左轮手枪的声音。直到他得知警方在附近一座公园里发现乌兹冲锋枪的弹壳时，才明白自己听到了什么。

特区死亡率不断上升，受害者仍集中于贫困的黑人社区。1989年白人占全市人口的30%，而凶杀案受害者中90%都是黑人。司法部后来评估，20世纪90年代中期一个美国黑人男子在其一生中被谋杀的概
162 率为1/35，而一个白人男子的概率仅为1/251，前者为后者的8倍。[36]

全市居住状况“黑白分明”，意味着某些区域的居民犹如生活在战区，而绝大多数社区安然无恙。据1991年数据，第三选区当年仅发生三起凶杀案。那里绿树成荫，草坪修剪得当，全城的上中产阶层都选择在那里安家，也吸引了不少游客。[37] 相形之下，第八选区的凶杀案发生率高出30倍之多，那里经济凋敝，居民以黑人为主。[38] 黑皮肤、贫困都是危险因素，连年龄也未能幸免。1990年全市发生的483起凶杀案中，半数受害者都是年龄不满25岁的非裔美国人。[39]

尽管新闻报道大都聚焦于凶杀案，但致残致伤案也在增加。每当一个人被枪杀，往往至少还有三个人幸存，有些数据显示是四个以上。[40] 20世纪80年代末，大城市的医院效仿军队开设创伤病房，一名曾在两处都待过的越战老兵将特区总医院的急诊室比作海军战时救护站。1990年美国发动第一次海湾战争，军方将其外科医生送至大城市的医院培训，让他们面对血淋淋的救护场面，身心做好准备，去应对前线伤情。[41]

并非所有创伤都如此显而易见。整整一代黑人孩子目睹朋友因种种问题被枪杀，严重如由毒品引起的债务纠纷，轻微如看了不该看的人。由此引发的创伤和身体遭受的伤害一样真切。目睹暴力的孩子不太愿意去上学，即使去上学，其行为也较具破坏性。他们更有可能携带武器，一言不合就用武力解决。隐藏在这些行为背后的往往是一种深刻的无助感：为何要为永远不会到来的明天付出代价？[42]

在深陷暴力重围的街区长大的年轻人必须有强大的心理承受力
才能继续日常生活。我从玛雅·安吉洛公立特许学校的学生们身上 163
看到了这点。有一次，一个名叫鲍比的学生向我申请迟交刑事司法课的书面作业。他提出自己白天在校时间太长，晚上没有足够时间完成作业。我替他把在校时间拆解，试图表明他至少有时间思考这个作业课题。我告诉他，我经常在步行或开车上班的路上构思观点或论文，并建议鲍比也可效法。鲍比似笑非笑（我猜他也许是在忍着不嘲笑我）：“听着，詹姆斯，我是想要在**这里**上学。但是抱歉，我可不愿意走在路上的时候脑子里还想着你留的作业，像个白痴似的被吓得跳起来。”作为老师，我向来会督促鲍比和其他学生按时交作业，但我也充分理解，生活在暴力中不仅限制了孩子们的人身自由，更束缚了他们的头脑。[43]

暴力对孩子的影响最为深远，而要为之付出代价的却是整个黑人族群。暴露于暴力环境中会导致长期焦虑、紧张和过度警觉。[44]暴力的街区也常常是贫困的，原因多种多样，但其中必然包括对暴力的恐惧。由此在心理上和经济上都产生了微妙影响：办公室助理不愿加班，即使加班能够赚到急需的钱，因为她不愿意独自走夜路回家；学生放弃晚课学习，永远不可能拿到普通教育发展证书；本地便利店出售的商品价格更高，因为店主花在报警系统、窗户防盗栏和泛光灯上的成本也转嫁到上面了。

如果正确衡量“快克”对非裔美国人的影响，我们就会明白为何许多人将其比作奴隶制，或美国历史上另一不光彩的章节。戴维·肯尼迪在回顾那些年时使用了一个恰当的比喻，“‘快克’席卷全美黑人社区”，仿佛“天启四骑士胯下的骏马换成了机械增压的推
164 土机”。[45]除了“快克”带来的超强破坏力，刑事司法体系对此不断升级的惩罚力度催生出另外一种破坏力。

我们将坚持与毒品和犯罪做斗争，直到让那些毒贩心寒胆战。

——亚特兰大市市长梅纳德·杰克逊[46]

“快克”作乱时期，联邦政府在毒品战中的作用不断增强。[47]国会分别于1984年、1986年和1988年延长刑期，并确立了日渐严格的强制最低量刑标准。[48]国会决策的过程往往相当仓促，造成的后果也很严重。在没有公开听证会，也没有听取专家证言的情况下，两党议员为盖过对方不断加码，致使惩罚越来越严酷。[49]“决定刑期就像在开拍卖会一样，”时任众议院犯罪问题司法小组委员会助理法

律顾问的埃里克·斯特林如此阐述，“在疯狂焦躁的气氛中，你说五年，我即提出再加五年，真是史上最疯狂的政治纸牌游戏。”[50]

这场游戏最臭名昭著的“成果”，即“可卡因对‘快克’等于100对1”的说法。即使出售少量“快克”，也会招致与出售百倍于此的可卡因相同的强制最低刑期。之所以有如此差别，完全源自基于种族的恐惧，而不是科学。正如法律学者戴维·斯克兰斯基20多年前记录的那样，国会针对“快克”的刑期之争完全是因为担心这种“黑人毒品正由黑人毒贩”销往贫民区外，流入白人社区。[51]由于“100对1”的说法毫无根据，并且卷入“快克”买卖的往往是非裔美国人，对他们的严惩措施因此成为刑事司法体系中最荒诞的种族歧视例证。[52]

尽管联邦政府在毒品战中的作用举足轻重，但在打击毒品的行动上，就不得不提地方的作为。全美各城市行使自己的权力打击毒 165
品犯罪，特别是在治安管理方面，各有一套。非裔美国人虽然在联邦或州政府层面没有什么发言权，在市级政府里却不容小觑。截至1990年，全国有130名黑人警察局局长，在特区、纽约、费城、巴尔的摩、底特律、芝加哥和休斯敦等城市，黑人已进入警察系统高层任职。[53]全美各大城市中，非裔市长也已超过300位，包括特区、纽约、洛杉矶、费城、底特律、巴尔的摩、亚特兰大和奥克兰。[54]这些非裔执法官员和政治人物的一言一行，对于阐明毒品战在美国城市里的发生和发展至关重要，相关信息却往往被湮没于历史中，为人们所忽视。

如前所述，“快克”交易和由此引发的暴力让生活在内城的居民又恐惧又愤怒。政府官员附和并增强了这种情绪和观点。特区市长马里恩·巴里曾称毒贩为“地球之害”，九年之后，他本人却因藏毒而被捕。[55] 他还经常使用“枪霸和毒霸”一词，说明警察需要配备重型武器的原因——“保护自己免受枪霸和毒霸的伤害”，同时让人打消监狱里人满为患的顾虑——“只要那帮枪霸和毒霸因持枪或贩毒获刑，我们总会找到关他们的地方”。[56] 在一次枪击事件后，巴里对记者说，他希望警察紧追凶手不放，“像围捕疯狗那样将他们一网打尽”。[57]

亚特兰大市市长梅纳德·杰克逊对罪犯的愤怒与巴里如出一辙，他发誓要让“那些毒贩心寒胆战”。[58] 杰克逊认为，如果因贩毒或贩枪引发了命案，把作恶者“煎烤烹炸”都不足惜。他于1989年提出没收毒贩财产的方案，并将其命名为“罚得他们屁滚尿流”。[59] 他的想法得到亚特兰大多数黑人领袖的支持。1990年，黑人占主导的市议会开始物色新的警察局局长。议长马文·阿林顿对外宣称要找一
166 位“强硬派”。很快阿林顿及其同僚便锁定了阿尔德林·贝尔，《亚特兰大宪法报》称他“填满监狱的速度比惩教官员起草新的监狱规划还快”。贝尔甫一上任即宣布对毒贩开战：“除非我们把他们抓起来，关起来，唾弃他们，让他们除身上的内衣外一无所有，”他宣称，“否则他们就会践踏司法制度。”[60]

有些非裔美国政治家在描述打击毒品与犯罪的斗争时好拿“战争”打比方。杰西·杰克逊牧师在1988年的总统选战中，曾对竞争对手这样表示不屑：“我欢迎布什先生、杜卡基斯先生加入这场打击毒品的战争，不过他们也就能当个副官，我才是指挥作战的将军。”[61] 说出如此豪言的非裔美国政治家可不止杰克逊一个。1989年，纽约哈莱姆区的资深国会代表查尔斯·兰格尔借《乌木》杂志上一篇题为“查尔斯·兰格尔：禁毒战的前线大将”的报道，[62] 吹嘘自己参与禁毒战的资历。

假如战争需要将军，那么将军麾下也得有军队。“快克”泛滥的那几年，一些非裔美国人不再限于借用战争的比喻对毒品口诛笔伐，而要求向贫民区派出真枪实弹的部队。1988年，市议员纳丁·温特要求里根总统宣布哥伦比亚特区进入紧急状态，并部署国民警卫队，以应对该市激增的凶杀案发生率。[63]温特的提议得到大家的附议，其中包括市议员H.R.克劳福德。“对于那些成天提心吊胆的人，我们要立即施以援手，”他表示，“我们不再需要峰会、会议，也不再需要讨论。如果这真是一场战争，那我们就宣战吧。”[64]

也许这就是说说而已。毕竟雷声大雨点小的例子大家见多了，比如全球气候变暖、收入不均、贫困等各种各样的许多问题。这一次，人们针对“快克”的好战言论却付诸实践。

内城毒贩增强了火力，警察则还以颜色。20世纪80年代末，全国警察都佩左轮手枪上岗。有些城市甚至直到90年代初都如此行事。而在20世纪早些时候，一些观察家曾希望有一天警察无须配枪。1975年，哥伦比亚特区驻国会代表沃尔特·方特罗伊参与倡导加强 167
枪支控制。他曾预言：“随着手枪在全国范围内消失，这个国家和这座城市也许能迎来平安与宁静。我们可以仿效许多欧洲国家，推行如下制度：除非在紧急状态下，警察不必配枪。”[65]然而，我们并没有等来片刻安宁，警察甚至发现他们被十几岁孩子的火力压制住了。为此，警察从九毫米半自动手枪开始武装自己。1988年2月，市长巴里和警察局局长小莫里斯·T.特纳在一次新闻发布会上展示了这些新式武器。巴里亲自对着一个靶子射击，对枪械开火的速度惊叹不已。[66]先前的那种情况是，警察未及给左轮手枪上膛，配备了大容量弹匣的毒贩却操起半自动武器冲着巡逻警车车门扫射，警察受到压制，这一去不返了。[67]

新式武器并非仅是摆摆样子。在许多城市，警方在打击毒品和暴力时仿效军队以“行动”方式展开，并以某某行动命名，例如洛杉矶的“重锤行动”、纽约的“TNT行动”、孟菲斯的“无敌行动”，以及芝加哥的“清扫行动”等。[68]特区的扫毒也称为“清扫行动”，赋予数以百计的警官多种权力，包括清除街角毒患、设置路障、卧底买卖毒品、扣押车辆、征用房屋等。

“清扫行动”由助理局长富尔伍德策划并主导，他于1964年加入大都会警察局。他身材魁梧，作风硬朗，敢闯敢干，还是年轻警员时便在坊间留下激进热血的名声。同时，他善于与社区居民发展友好关系，并引以为傲。正是这一点引起了布特尔·杰克逊的关注，杰克逊当时正待向华盛顿史上第一位黑人警察局局长之位迈进。这两位都秉持非裔美国人传统，通过个人奋斗克服种族歧视。富尔伍
168 德牢记杰克逊的建议，应对警察局内部的种族歧视。“我们身处的环境并非总是如此，”杰克逊对他说，“你们得学习，如果不学习就不能把种族作为失败的借口。”富尔伍德以杰克逊为榜样，通过了警察局的种种晋升考试。杰克逊升任大都会警察局局长之后，便迅速提携富尔伍德。[69]

富尔伍德主导的“清扫行动”得到特区政府高层的全力支持。1986年，行动开始前数月的一天，富尔伍德的上司莫里斯·特纳长官在谈到毒贩时说：“我们要把这些［狗娘养的］全部绳之以法。”[70] 15个月后，1987年8月，特区的天气潮湿而闷热，巴里市长在为“清扫行动”造势时表示：“假如你觉得今天很热，我们即将开展的行动会让那些毒品贩子和残害我们的年轻人的黑手像热锅上的蚂蚁。”[71]

富尔伍德还得到了警队的支持，这支力量同样关键——“清扫

行动”开始时，黑人警官已占到半数以上。凭借杰弗逊的不断努力，大都会警察局黑人警官的比例自20世纪70年代以来一直稳步上升，从而使特区成为美国第一个以黑人警官为主的大城市。这支队伍也践行了巴里的承诺。虽然“清扫行动”仅延续了几年，但因涉毒被捕的人数是前所未有的。而更重要的是，随着行动最初要打击的目标——公开的毒品市场——逐渐式微，一种此后长期主导的新型治安管理模式诞生了。

不过，富尔伍德并不像巴里那样夸夸其谈（像巴里那样的也的确少见）。富尔伍德积极打击毒品走私与枪支暴力，内心却矛盾重重。当被问及如何看待特区在抓捕涉毒案犯方面领跑全国时，他语带歉意：“这表明我们善于抓捕毒贩和吸毒者，但这些数据也表明特区目前的形势并不乐观。如果抓捕数据的减少意味着形势好转， 169
那我会更有底气。”他承认，仅靠警察去解决本市的毒品恶疾显得力不从心。“我们得在教育和戒毒治疗方面加大投入。”[72] 可惜，富尔伍德指挥的是警队，学校或戒毒中心都不归他管。[73]

富尔伍德的这种矛盾心理也许与他的个人经历有关。20世纪60年代末，他刚进入执法领域，兄弟泰迪却染上了一辈子都没甩掉的毒瘾。泰迪染上了海洛因，从70年代到80年代辗转于看守所和监狱之间，并数度试图戒毒。兄弟吸毒给艾克·富尔伍德以及全家造成毁灭性的打击，有时则是直接损失，比如，泰迪为了买毒品曾偷了父亲价值数百美元的工具。放任自由主义者宣称染上毒瘾的人“只会伤害自己，不会伤及他人”，因此放任不管就好。艾克不同意这种看法，在他看来，吸毒有明确的后果：“假如你住的社区有人吸毒，事情远没有这么简单。整个社区都会因他们的所作所为深陷困境。”[74]

富尔伍德很清楚，毒瘾会引发犯罪，导致家不成家，同时对人狱服刑带来的切肤之痛也深有体会。1989年，他成为特区有史以来连续第三任非裔警察局局长，全家人都出席了他的就职典礼。唯有泰迪除外，彼时拜自家兄弟领导的警队所赐，他正在看守所里等待涉毒起诉。

不管富尔伍德本人持何看法，“清扫行动”都是真枪实弹。特战队有“突击”小分队，警员分组编队后，乘坐无明显标志的车辆前往交易频繁的街角，之后突击车辆开始行动。站在街角的所有人，看到警察从车子里冲出来都想一跑了事。然而，这场警匪游戏很公平。据做过特区检察官的莱内斯·赫伯特描述，看到蜂拥而至的警察，“跑得最快的人逃之夭夭，最慢的人至少会遭到口头询问或搜身”。[75]

170 “清扫行动”还牢牢确立了特战队（分为扫毒、控枪、打黑等）的地位，20世纪90年代，特战队任务激增，直到今天行动仍在继续。在富尔伍德的领导下，快速部署战队（简称RDU）的组建尤为突出，其主要打击毒品和枪支。队员主要由青年警官组成，指挥官对他们的评价是“超级进取”。正如一名快速部署战队新队员所言，他加入警队是为了寻求刺激。“我是来当警察的，不是来养膘的，”他说，“我不是那种擅长搞公关的人。”[76]

偏好行动的队员并非个例，他们也不在乎特战队在市民中的形象。据《华盛顿邮报》记者迈克尔·约克和皮埃尔·托马斯对快速部署战队队员的观察：“他们似乎能从容拿下嫌疑人，对捣乱者，他们也有办法让对方感到羞辱难当。”[77]社会学者威廉·钱布利斯曾在20世纪90年代初和快速部署战队队员共同进出过一段时间，他的结论与前述类似：

> 快速部署战队不间断地在贫民区巡逻，找寻载着年轻黑人

的车辆。尤其是那些新款车……他们认定这些车受到毒贩的青睐。不过，在我们跟队考察期间，快速部署战队队员得出新的结论：为避免停车受检，毒贩把他们的爱车停在家里，因此警员们通常截停一切载着年轻黑人的车辆。[78]

针对特战队技战法，一名快速部署战队队员直言不讳说出了自己的看法。“我们执行任务时遵循丛林法则，”他表示，“每一天都在这里改写《宪法》。”[79]他同时认为，频繁拦截车辆检查无异于提醒毒贩把货留在家里。[80]“如果我们拦截每一辆车，他们终会明白我们不是在闹着玩的，”他说，“我们要把那些‘垃圾’清理出街道，我们是动真格的。”[81]

快速部署战队和武装治安管理模式得到政府官员和众多市民的 171
支持与拥护。第七选区议员H.R.克劳福德称赞快速部署战队迫使罪犯“抱头鼠窜”。有人对警察粗暴执法提出意见，克劳福德回应说：“这是一场战争……为了夺回我们的街区，我们必须让渡某些权利。”[82]弗雷德里克·道格拉斯社区改善委员会成员曾写信给戴维·克拉克要求增派警力，特别提出要增派“突击”小分队。[83]

然而，激进做法最终付出了巨大的人权和财政上的代价。一名73岁退休邮政工人被警察误判为嫌疑人而遭到殴打，一条胳膊被打断。一名56岁的妇女因其两个孩子与警察发生争执，在与警察争辩时被警棍打伤。另一名女子在其工作的餐厅外遭到警察咒骂和击打，警察还对她使用了催泪瓦斯。31岁的失聪者弗兰基·墨菲因被大都会警察局的一名警员锁喉而停止呼吸，在拘留期间死亡。此案与史坦顿岛上的埃里克·加纳一案何其相似。28岁的美国前海军陆战队队员詹姆斯·考克斯被警察塞进危险驾驶的巡逻车（这与巴尔的摩的弗雷迪·格雷的遭遇并无二致），随后，考克斯起诉警方，赢得了两起独立诉讼。20世纪90年代初，特区政府因上述警察失当行为每年向受害者支付的赔款总额在一百万美元左右。[84]尽管如此，暴力执法事件仍在继续发生。

与此同时，为逃避追责，警察们逐渐形成一种默契，采取程度较轻、较为常见的暴力手段，即那些不会引发诉讼，或者不会引起媒体关注的方式，包括咒骂、吼叫、做出诋毁性评论、发出非法指令、随机搜查或无理搜查、要求嫌疑人“靠墙站立”等，侵扰黑人市民的日常生活。然而，对于身处特区最贫困社区的居民来说，这种侵扰似乎成为社会契约的一部分，又仿佛是施加在他们身上的隐形赋税，以换取在公众场合自如行动的权利。贫困社区的年轻人对此感受尤为强烈，他们的成长过程伴随着警察的不公平对待。

172 除非提起诉讼，否则市民几乎不可能就警察的失当行为获得赔偿。所谓负责监督大都会警察局行为的机构，即特区市民投诉审查委员会资源不足，工作超负荷，力不从心，完全无法承担职能。1993年，联邦地区法院法官乔伊斯·H.格林曾对此总结道：“委员会收到了大量市民对警方暴行的愤怒呐喊，然而哥伦比亚特区有意选择视而不见，充耳不闻。”[85]

> 我支持没收车、房子、珠宝、电视机。
>
> ——特区市长马里恩·巴里

警方采取的强硬手段还包括没收财产。这一执法工具赋予警方没收案犯财产的权力，在这里，财产包括用于毒品交易或用毒资购置的汽车和房产等。没收财产在美国法律史上已有几百年的历史，但国会和许多州在20世纪70年代末和80年代扩大了没收财产的范围。哥伦比亚特区的城市管理者拥护上述变化，并据此于80年代末和90年代初通过了全美力度最大的没收财产方案。[86]

富尔伍德长期以来一直支持没收财产，他曾于1986年宣称："我们要让那些流窜到这里购买毒品的人付出高昂代价。"在富尔伍德看来，交易哪种毒品并不重要，交易金额多少，买还是卖也不重要。"如果你到特区买了五分钱的大麻，被我们看到并拦下车，而你又是车主，"他警告道，"那我们就要没收那辆车。"[87] 巴里市长在1975年当市议员时曾投票支持大麻除罪化，而如今他在这个问题上也持更为强硬的立场。"即使你因为半克海洛因被逮住，我们也要没收你的车，"他说，"即使你因为一根大麻烟被逮住，我们也要没收你的车。"[88] 不过，巴里的罚没清单可不仅限于车辆。"我们要没收全部涉毒所得。"1989年3月，他曾在全国记者俱乐部的一次活动中发表上述理念。在另一次活动中，他还说过如下想法："我支持没收
车、房子、珠宝、电视机。也许这听起来过于严酷了。不过，如果 173
哪个毒贩为其母亲购买了一套卧室家具或者行李箱，我一样支持全部没收。"[89]

这些威胁并不只是嘴上说说而已。"清扫行动"开始之初的某个晚上，一名男子在臭名昭著的毒品交易地点，即西北区的查平街上买了价值20美元的迷幻药，随后驾驶他的红色奥兹莫比尔"超级短箭"准备离开，遭到多辆巡逻车拦截。警官迫使他趴在汽车引擎盖上，并搜查车辆，发现了两罐毒品。卖给这名男子迷幻药的"毒贩"其实是个卧底警察。这名男子即刻被捕，而警方根据新出台的没收财产规定没收了他的"超级短箭"。警察使用的策略——伪装成街头毒贩，然后抓捕买家并没收其车辆——在20世纪80年代末已然成

为特区警察的惯常手法。当那名开着“超级短箭”的男子被押进巡逻车后，一位参与行动的警官狠狠摔上了车门，说道：“你们这些人真是死不悔改。”[90]

逮捕，定罪，可能进看守所甚至监狱服刑，没收财产，以及可能伴随一生的连带后果，这些施加在非法购买迷幻药案犯身上的一系列处罚，今天在许多人看来都属于轻罪重刑。考虑到寻求帮助的瘾君子鲜有获得救治的机会，上述处罚显得更加不公正，甚至称得上残酷。不过，在当时，黑人市民因“快克”流行而惶惶不可终日，他们的想法与今天的我们完全不同。“感谢‘清扫行动’让我们重新夺回了街道与社区。”大都会警察局市民咨询委员会主席加尔文·罗拉克表示。[91]《华盛顿美国黑人报》也支持“清扫行动”，称毒品产业“是对整个黑人族群的威胁”。[92]而当律师们对警方的行为感到忧心忡忡时，该报却刊文称“清扫行动”为“身处毒品交易旋涡的特区市民解忧”。[93]就连女童子军都宣称拥护“清扫行动”。第1589号部队写道：“向‘清扫工作队’的女士们和先生们致敬……为使我们的社区不再受毒品之害，他们不懈斗争。”[94]这里提到的社区即第八选区，其凶杀案发生率居全市第一。

174 在哥伦比亚特区，没有一次毒品交易不沾着某位母亲的孩子身上的血。

——华盛顿哥伦比亚特区前助理检察官阿尔伯特·赫林[95]

我给学生们讲毒品战时，最令他们困惑的除了大麻被禁，就是针对吸毒者和街头小毒贩的处罚过于严酷。毕竟，理论上要考虑被告在交易体系中的实际地位。公认的老大必定是首恶；其次是在街角兜售小剂量毒品的孩子；而个体吸毒者则是罪责最轻的。然而，理论并不一定能付诸实践。现实中，往往是小打小闹的吸毒者、贩毒者被判入狱服刑。许多人被送往看守所候审，他们也许要等上几天、几周，甚至连续几个月被关在“号子”里，远离家人，直到缴纳保释金为止。即使最终没有被判入狱，他们也将仍然承受极为严重的后果：长达数月的诉讼程序，数度开庭，久拖不决，这可能使被告无法正常工作。对于低收入人群而言，这即意味着失业。而一旦被判有罪，即使是因为兜售小剂量大麻这样的轻微罪行，也会令涉案者在投票、就业、找住房、上大学等方面面临困难，甚至完全丧失权利。

回顾“快克”泛滥时期的历史，有助于理解我们缘何严厉处置吸毒者和低级毒贩。毒品贩卖令暴力横生，恰好证明对整个利益链条加强处罚的必要性。正如阿尔伯特·赫林所言：

> 当我回想起担任哥伦比亚特区检察官的日子，那时平均每年凶杀案都超过400起；当我回想起那些日子……母亲埋葬孩
> 子的需求，多到让墓园来不及安排，我越来越相信，在哥伦比 175
> 亚特区，没有一次毒品交易不沾着某位母亲的孩子身上的血。对此我深信不疑，正如我对自己是个成年的自由黑人一样深信不疑。[96]

如今，吸毒者和贩售者已成为全国刑事司法改革话题中典型的“非暴力犯罪者”。而赫林的上述看法印证了“非暴力犯罪”这一定性在“快克”泛滥时期对许多人来说十分陌生。我在20世纪90年代接触到的多数检察官都同赫林一样，认为毒品销售链上的任何人“都要对毒品网络的形成及其病态繁荣吞噬的每一条生命负有道义上的

责任”。[97]

赫林仅指摘贩售者，还有些人则剑指吸毒者。里根政府的官员认识到，如果没有需求，也就不会催生毒品交易，因此吸毒者更应为交易带来的暴力负责。1985年，埃德·梅赛在全国记者俱乐部以美国司法部部长身份发表第一次演讲时宣称，即使吸毒者只是偶尔吸一次，此举也有效地滋长了“恐惧、暴虐与死亡”。[98]在此演讲发表一个月后，特区联邦检察官约瑟夫·迪吉诺瓦在国会听证会做证时重申了梅赛的指控：“吸毒者，无论是偶尔为之还是‘惯犯’，都是有组织犯罪的利益相关人。”[99]而里根时期最令吸毒者闻风丧胆的对手是有“扫毒沙皇”之称的威廉·贝内特，他主张吸毒者要为此失去驾照，还得入狱服刑。“偶尔吸一次?”贝内特反驳道，“这种事可没有什么偶尔不偶尔之分。”[100]

哥伦比亚特区由黑人警官组成的黑人警官核心小组支持贝内特吊销吸毒者驾照的提议。他们在一封写给巴里市长的信中表示：“一切车辆，只要发现藏毒就应注销其牌照；一切个人，只要因涉毒被捕就应剥夺其驾驶车辆的权利。”[101]富尔伍德支持对吸毒者予以严
176 惩，他认为“买家是整个毒品产业的出资方”。没有买家，“毒品网络即失去了生存之根”。[102]《美国黑人报》在一篇社论中为富尔伍德的言论喝彩：“再也没有比这更实在的论断了。”[103]

还有人认为，以吸毒者为目标让毒品战在种族和阶层上更显公平。威廉·拉斯伯里在一篇题为“吸毒者也要被追责”的专栏文章中将吸毒人群身份界定为“大学生、青年专业人士、工薪族或郊区的‘社会人’”。[104]在他看来，追责吸毒者就可以将执法和诉讼的焦点由黑人转向白人，由穷人转向中产或富人。但是，以为那些市郊的“社会人”会在警察巡逻车的后座上坐以待毙，则严重低估了特

权和权贵阶层规避毒品战最严处罚的运作能力。无论在特区，还是在任何地方，拥有财力和人脉的人总能迅速找到买“药”的其他渠道，且不必冒什么风险。那些去街角购买而落网的人，从人口统计角度看与兜售毒品被抓的人没什么差别，二者都是贫穷的黑人，方方面面为生活所困。

……没有令人信服的刑法依据，徒增痛苦……

——联邦地区法院法官朱恩·L.格林

“清扫行动”开始后，大都会警察局仅在18个月内就进行了4.6万次抓捕，即每14个特区居民中有一个被捕。特区因涉毒被捕的平均人数大大超过任何一个有可比性的美国城市的。[105] 有些人在被捕后拿着返回法院的通知即被释放，更多的人则在看守所里被关上几天或几周，还有一些最终被判入狱，前往弗吉尼亚的洛顿监狱服刑。看守所也好，监狱也罢，从来与体面或人道无关。1974年，道格·摩尔开始竞选市议员时，支持过他的服刑人员曾希望他能改善监狱的恶劣条件。然而，在“快克”泛滥时期，洛顿监狱更加拥挤，
危机四伏，苦不堪言。[106] 男囚的情况很糟糕，牢房肮脏不堪，暴力 177
伤人频现，狱警时而坐视不理时而暴力以对，医疗系统几近瘫痪。联邦地区法院法官朱恩·L.格林在某次判决中称监狱现状“没有令人信服的刑法依据”，徒增“痛苦”。[107] 女囚的处境则更为恶劣，除了上述虐待，她们还可能遭到性侵。狱警强奸或侵犯女囚，却能安然无恙。如果有人胆敢投诉，即被“保护性监禁”，这其实是更严厉的惩罚性单独关押，每天长达23小时。除了身体被侵犯，还得忍受言语冒犯。比如，狱警得知某个女囚要去洗澡，对她说，“你去洗你

的，我会在那里用我的棍子插你”。由于惩教人员不加回避地出现在女性更衣区，女囚毫无隐私可言。

格林法官审理过数起犯人提起的诉讼，一次次发现特区市政官员对该市的监狱状况，即这场人道主义危机“漠然无视”。市政府非但没有着力解决问题，反而坚决起诉更多人，关押更多人，哪怕监狱拥挤不堪正是导致条件不断恶化的主要原因。“清扫行动”启动前，有人提出监狱过度拥挤会导致执法不力。巴里市长却反驳说：“监狱空间不够这一点绝不会成为我们把人送进监狱的绊脚石。”纵然面临数起诉讼，这位市长也仍然不肯妥协：“即使我会因为触犯法庭下发的监狱不得过度拥挤的命令而被控藐视法庭，只要能将大大小小的毒贩清理出街，‘清扫行动’就要继续进行下去。”[108]

市议会同巴里市长一样憎恶服刑人员，只是表现得更为隐晦。比如，1990年，监狱过度拥挤危机爆发之际，市议会悄无声息地砍
178 掉了监狱的医疗服务预算。而早在一年前，法庭指定的某观察员即得出结论，本市监狱人手严重不足，从而导致“缺乏照料，导致不必要的痛苦”。曾在特区监狱体系的高墙内待过12年的查尔斯·菲利普斯揭露说，自己目睹过不止一名狱友原本能被救治却丢了性命。他说：“让人痛心的是，社会并不认为高墙内的人应该像常人那样得到最基本的生存条件，大家似乎认为这理应是他们接受的惩罚。”[109]

1986年，艾克·富尔伍德担任助理局长，为了打击毒品交易，降低毒品催生的暴力犯罪，他设计规划了“清扫行动”。1989年升任警察局局长后，他重申以打击毒品交易与暴力犯罪为己任，并要求以大幅降低凶杀案发生率为标准评判他的工作能力。然而，如果以这个标准衡量，他已完败。警察借助“清扫行动”进行激进的治

安管理，大肆抓捕，结果却仍然不断有人倒下。1988年，即富尔伍德升任局长的前一年，总计372人死于谋杀，此后这个数字不降反升：1989年，434人；1990年，483人；1991年，489人。

受害者人数和凶杀案的性质都让富尔伍德不堪重压。他回忆了一个案子，一名凶手枪击两位受害者的脸部，致使二人头顶受到重创。数小时后，警方找到了凶手，那是一个十来岁的孩子，正躺在家里睡觉。富尔伍德震惊不已：“什么样的孩子可以在开枪打爆两个人的头后还能睡得着觉？”[110] 富尔伍德尽己所能跑案发现场，以此小小姿态确保这些遇害的黑人没有被人遗忘。有一次，在案发现场，他注视着眼前的受害者，一个十来岁的孩子被人射杀在小巷里，他只看见男孩的运动鞋露在警方盖的裹尸布外面，男孩的“耐克”与自己孩子穿的是同一款，他们的年龄也相仿。还有一次，他在一个四重连环凶杀案现场给一个九岁的男孩做笔录。那孩子谈起死亡时竟然表现得若无其事。后来，富尔伍德记得，他曾想过未来某天也许要抓捕那个孩子。据富尔伍德观察，凶杀在“快克”肆虐时期并不算什么大事。原本是穷途末路的极端之举，在那些年却成为“没 179
有灵魂的无用之人”的惯常选择。[111]

一个处于绝望中的警察局局长无法为自己的城市尽责，所幸富尔伍德认识到了这一点。他于1992年辞职，宣称离任的部分原因在于，他并没有实现自己当初立下的目标：降低凶杀案发生率。他在自己的荣休仪式上回忆28年的职业生涯时，含糊承认了凶杀案频发曾经带给他的痛苦。“最让我难过的，”他回忆说，“是创纪录的凶杀案总量，是那些年轻黑人白白死去。”[112] 他还在退休后不久承认自己的挫败感源于种族不平等。“每五分钟就有一个黑人孩子被送进牢房，我厌烦透了，”他说，“这样做毫无意义。”[113]

富尔伍德原本希望退休能让自己在被暴力吞噬的城市中透口气。然而，事与愿违。他辞职两个月后，接到一个令全家人都深感不安的电话。他的兄弟泰迪已于一年前出狱，回到兄弟俩儿时生活的地方。那里同特区大多数地方一样变得更加糟糕。富尔伍德深知，泰迪此去十有八九会复吸，也许还会贩售海洛因。

1992年11月19日，泰迪成为特区当年第401名凶杀案受害者。他的遇害地点离兄弟二人儿时的家仅几个街区。和数起发生在那片区域的凶杀案类似，此案也成了悬案。“也许他卷进了赌债风波，”富尔伍德说，“也许牵涉毒品债务。我们不得而知。”

> 如果他们当我们什么都不是，你怎么能说我们会成才？
>
> ——哥伦比亚特区玛雅·安吉洛公立特许学校某高中学生

到了2000年，“快克”狂潮在特区乃至全国渐呈颓势。对于其
180 衰败的真正原因，专家并无定论。不过，大多数人都认定“快克”是危险毒品，那些目睹过吸毒者家人与邻居悲惨遭遇的人尤为如是。“快克”引发的暴力事件也逐渐减少，一个原因是公开交易场所相对固定，争夺地盘的人少了；毒贩因价格降低也失去截货的动力，导致一些“玩家”退出；吸食者减少，意味着人们不再会为了买“快克”铤而走险去犯罪。

尽管吸食人群减少了，但毒品余波未平。比如，武装治安管理在“清扫行动”等类似行动结束后还持续了很长一段时间。我们的学生在第九街和T街街角经常受到波及。

学生与警察的接触过程如噩梦一般。为此，教职员工于2000年春季碰面商议对策。尽管警察的突击检查既可怕又令人受辱，但我

们仍然希望学生能够从中学到些什么。我们帮他们总结经验，这样或许可以迫使警察改变行为方式。我们组织了一系列小组讨论和全校范围内的市镇会议，随后去了当地警署。尽管警方公开承诺履行社区警务，但要他们做出回应对我们来说也是一大挑战。所幸，最终警署一位高层同意派一些警官到学校，与学生及教职工开展谈话。

会议一开始进行得很顺利。老师们解释说，学校招收的这些孩子生活都不易，有些曾被抓，有些曾被学校开除，但都决心让自己的生活回到正轨。而警方的突击检查也许会破坏学校所做的努力。随后，学生们开始发言，向警方描述了毫无理由被拦截、搜身时的感受：深感无力反抗，在大庭广众下毫无尊严与隐私，很丢人。一名学生问坐在会场前排折叠椅上的警官，如果看到自家孩子被人如此对待会做何感想。师生们的发言结束后，会场一片寂静，平时喧闹的房间被难得的静谧包裹着，我们等待警方的回应。空气中充斥 181
着学生们的愤怒，但他们又是那样脆弱，强硬的外表下是一道道赤裸裸的伤口。我从房间的侧面观察会场，不禁希望沉默不语的警官们——其中大多数都是非裔美国人——能够对孩子们心生怜悯。我私下里还希望他们能感到一丝羞愧。

他们即便心里这样想，做出的回应也完全是两回事。最终仅有一名警官抓住机会发言。他是非裔，看上去有四十多岁。他站起来，以一种就事论事却也不失友好的口吻开始解释。我们学校地处犯罪高发地带，那个街角是公认的毒品交易地点。居民打来电话抱怨，警方别无选择，只能积极打击那里的毒品交易。其间，学生们喊道："可是我们又不卖毒品！别来烦扰我们！"这名警官转向教职工说："也许你们应该要求学生佩戴大号校徽，以便我们能看清，这样我们就不会打扰学生了。"

说得委婉些，这种建议并不算是什么好主意。一些学生学习过奴隶制的历史，知道在内战爆发前法律规定自由黑人必须携带能够证明自己身份的文件。还有一些学生完成了世界史南非篇的学习，知道当地法律规定非白人公民外出必须携带通行证。那些没有学过这些历史的学生也能从直觉上把握特殊校徽的问题：作为自由公民，他们有权享有无罪推定的对待。于是，会谈演变成了一场比谁嗓门大的辩论，警官们迅速离场。

这次市镇会议之后，几名学生对我们说，学校里的成年人一直在欺骗他们。我们曾说过，如果学生们遵纪守法，好好学习，社会将给他们一个机会。然而，街角警察，包括那天会场里几名警官的行为让我们的承诺显得空洞乏力。“我们可以变得完美，完美到做任
182 何事都没有过错。可是他们对待我们仍然像对待狗一样。”一名16岁的学生对我说。还有一个孩子问：“如果他们当我们什么都不是，你怎么能说我们会成才？”

对此我无法作答，对那些迫使孩子们发问的警察，我感到狂怒不已。许多学生在入读我们学校之前是那么无助，即使现在还在与命运抗争。他们认识的人，有的劝他们辍学，有的告诉他们不必努力工作，有的甚至教他们违法犯罪。我们鼓励孩子不要轻易向这些杂音低头，而我们也清楚地知道自己指的路多么崎岖不平。

教职员中半数是非裔美国人，有些人来自贫困的工薪阶层。不少人都亲身经历过被警察欺凌。我们的课程中不乏种族不平等的历史。其实我们同父辈一样行走在钢丝上，艰难维持平衡：一方面，我们教孩子们历史，让他们认清种族主义在美国是痼疾；另一方面，把接受教育和勤奋工作作为福音向学生传授。

有鉴于此，我认为警察的行为不仅失当，更是弄巧成拙。如果

他们的目标是减少犯罪，难道不该把我们当作盟友，竭尽所能鼓励孩子们成功？我想应该如此。但他们的突击检查起到的作用恰恰相反：让来自穷苦家庭的有色人种孩子相信他们无法逃出既定的社会阶层，而他们的种族和所属阶层，以及他们生长的社区都先入为主地将他们划归为有罪之人。

那名警官建议孩子们佩戴大号校徽，以避免警察烦扰，这只会让事态更加恶化。在我看来，这种想法正是对上一代种族平等倡导者的背叛。20世纪60年代的民权活动家和黑人报纸要求招收黑人做警察，让他们巡逻黑人社区，因为他们认定黑人警官有能力区分守法公民和犯罪分子。然而，参加学校会谈的警官承认他们无法区分。183
他们根本不了解自己所处的社区，当然也就谈不上了解玛雅·安吉洛公立特许学校的学生。

那名警察的建议的失当之处远不止这些。即使学生们同意佩戴校徽，以便让警察知道自己不是毒贩，也无助于问题的解决，因为即使一个人有贩毒嫌疑，也不该被推搡到墙上，也不该受到语言暴力。警察不应如此对待学生，不应如此对待任何人。

除了暴力，警察本可以选择借助另一种执法模式来降低犯罪。比如，根据社区警务原则，警察本可以招募学生作为同盟，共同营造安全社区。鉴于非裔青年和警方彼此不信任，类似同盟似乎不可能实现，但是由于这些青年同样要承担社区暴力的巨大风险，他们有强烈的意愿协助警方阻止犯罪，为受害者申冤。把学生当作助手而非敌人，可以从两个方面助力警察执法。一是鼓励学生与警方合作，举报犯罪，协助调查；二是以此勉励学生及其他非裔青年遵纪守法，不断努力在社会中确立自己的位置，为步入社会做好准备，这一点尤为重要。[114]

但是，第九街和T街街角的黑人孩子没有得到任何机会，整个特区的黑人孩子没有得到任何机会。尽管我很生气，但也知道这不能完全，或者说大部分归咎于警察。背后真正的问题既深刻，又令人唏嘘。那些殴打驱赶玛雅·安吉洛公立特许学校学生的警察的确想保护社区不再受毒品交易和暴力侵害，他们认为社区急需保护，这也没错。只是他们仅知道一种履行职责的方式——由“快克”泛滥时期的暴力和混乱所催生的武装治安管理。这些警察，无论其个
184 人想法如何，无论出于何种动机，他们都得依附于一种体制，这种体制是他们听命、受训和信仰之源。他们的工作是让嫌疑人“心寒胆战”，“把这些［狗娘养的］全部绳之以法”，并印证了艾克·富尔伍德所言，他们是“全市最大的黑帮”。他们的确做到了。

全美所有城市的警察，直到今天都是这么做的。

第六章　马丁·路德·金会怎么说?

拦截与搜查　1995年

没人喜欢在“值班日”（duty day）工作，但是正如duty（义
务）一词所表明的那样，我们别无选择。在公设辩护人服务处工作 185
时，我们几乎每月一次得放下手中的案子，做一回服务大众的律师。我们负责接待来访者或者接听电话，如果事关刑事司法体系则直接答复，否则就将访客或来电转至其他部门或服务处。设立值班日制度的初衷是：在民众遇到法律突发状况并需要公设辩护人时，应保证有律师提供帮助。在我们的想象中，典型场景应该是有人来电问：“警察现在我家门外，带着搜查证，我必须让他们进来吗?”这类来电的确时有发生。在我接手的第一批凶杀案中，一位母亲来电说她儿子在警察局，调查凶杀案的警探正同他谈话。她觉得儿子可能是嫌疑人，想知道儿子同警方谈话是不是个好主意。（我的回答：不，不是。）

其实，值班时遇到的事大都不值一提。曾有一位祖母来咨询，
她担心自己如果同意刚出狱的孙子搬进她的公租房一起住，她就会 186
失去公租房资格，因为，众所周知，住房管理部门对有犯罪记录的人抱有很深的成见。有一名男子来电称，他被告知不得探访被关押

在特区监狱中的表亲。后来我从监狱方了解到，他们之所以拒绝这名男子的探访请求，是因为几年前他曾在等候室里斗殴。我还接待过一名中年出租车司机，他来自圭亚那。警方在其后座上逮捕了一名疑似从事卖淫活动的女子，因此指控这名司机利用出租车为卖淫提供便利，扣押了他的车辆。（这个案子的结局很圆满。我在法学院结交的一些朋友在特区一家大律所工作，他们同意给司机提供法律援助。他们后来证实警方违法扣押车辆，帮司机要回了车辆并成功索赔。）

封存逮捕记录是值班时遇到的最常见的诉求。此类诉求虽常见，要想做成却很难。即使所涉案件很快被撤销，且从未被刑事定罪，封存逮捕记录也仍然缺乏法律依据。特区如此，全美大多数地方亦然。尽管胜算不高，但公民个人还是能够通过我们提出诉求。当事人需要提交一份较为简单的法律动议，我们在值班日的工作就是向他们介绍相关法律，提供一套纸质文件，并向他们演示怎么填写。完整咨询过程不过20分钟。

可是，桑德拉·多泽尔显然并不愿意这么轻易离开。她三十出头，焦糖色皮肤，留着爆炸式短发，行事果决。多泽尔女士在给我讲述那次导致她被捕的路检。我一听到“被捕”和“清除我的被捕记录”等字眼就认定她得先提交一份简单的申请。她却完全无视我向她递出的表格，继续说自己的经历。既然已看出她决定讲完才离开，我便拿出自己那本黄色便笺本开始做记录。

多泽尔女士从娘家开车回家，车上载着19岁的表亲查尔斯和自
187 己两岁的女儿塔妮莎。她开车行至位于东南区的亚拉巴马大街，靠近好望路的十字路口，这时一辆警车停在她的车后，警灯闪烁。于是她靠边停车，一名警察向她走了过来。她记不清那名警察的样子，

只记得他的肤色为深棕色，身材高大，表现得很有礼貌（她用了“南方绅士型”这个词形容）。另一名警察则冲着查尔斯坐着的一边走去。她只记得他是个“红脸膛”的白人，没有过多说话。

棕肤色的警察要她出示驾照和行驶证。她在交出去之前问：“你们为什么要拦我的车？我刚下班要回家。”她提到自己有工作，对此我没有发问，但我想我知道她的用意。在多泽尔女士居住和遭到警察拦截的区域，失业率常年居高不下。我的委托人都以自己有工作作为品格证据，以应对警察及其他官方机构。

那名警察并没有回答多泽尔女士的问题，而是拿着她的证件回到警车。几分钟后，他拿着证件又来到车前，并告知多泽尔女士：他要检查车窗玻璃贴膜，以确认是否“过暗”。包括特区在内的全美各地的交通法规都规定了车窗玻璃贴膜的明暗，因此警察惯用的手法是以检查车窗贴膜为由拦截车辆。多泽尔女士回应警察说一定是搞错了，因为她做贴膜的地方信誉良好，熟悉交通规则。

那名警察不顾多泽尔女士反对，执意要查。站在查尔斯座位一边的红脸搭档拿来一个小设备，车窗边缘刚好卡在机器凹槽里。

多泽尔女士告诉我，那名棕肤色的警察一边看着搭档干活一边对她说：“这一带枪击案件频发，存在大量涉枪问题。你有没有持枪？车里有吗？”她当时觉得那名警察一定是疯了，她要枪做什
么？她的一个兄弟几年前受到枪击，另一个因涉枪入狱，因此她发 188
誓远离是非。她对警察说：“如果你找的是枪，那你就找错人了。”

多泽尔女士说那警察当时点了点头，似乎知道了她是哪儿的人似的。随后，他说道：“既然你没有什么不该有的，那你不介意我们快速查一下你的车吧？”

我料到警察会这么说。尽管我不知道原话，但我知道在多泽尔

女士与警察的那次交涉中，警察就是想搜查她的车。

搜车才是拦车的目的。要搞清楚多泽尔女士经历的一切，关键要甄别警察实施的各种路检，并非所有路检都一视同仁。有时，警察出于安全因素要人们靠边停车，比如超速或闯红灯。而更恶劣的是，司法部等部门近期出具的报告显示，密苏里州弗格森的警察局利用交通执法开罚单为当地政府创收，[1]并且这种做法在各地都有。

多泽尔女士卷入其中的路检既不是出于安全考虑，也不求创收。这种路检旨在以交通法规之名行查案之实，试图侦破重案。20世纪90年代，为了扫毒控枪，警察经常使用上述手段，先拦截后搜查。

“你当时怎么回答的？”我问多泽尔女士。她低下了头，也是第一次显得不那么把握十足，随后回应说：“我告诉他可以搜。”在成为公设辩护人之前，这种回复曾让我倍感诧异。我在法学院读书的时候曾经研读过搜查与罚没相关法律，当时就想不通为何所有人，特别是明知道车里有非法物品的人居然同意让警察搜查。有研究表明，90%以上的人最终会同意警察的请求。[2]而以我的经验来看，几乎为百分百。

通过与当事人聊他们允许警察搜车是出于什么考虑，我才逐渐
189 明白了其中缘由。有些人觉得警察不会发现他们事先藏好的东西，而多数人的理由很简单，即他们认为无法拒绝警察。多泽尔女士就属于后者，不过她对此有自己的一套说辞：“无论我同意与否，我想他们打算查的话就一定会查。假如我说可以，他们会认为我没什么好藏的，也许会就此作罢。”

这样的解释我以前听过许多次了。要不是我见过数起同类案件，我也会以同样的理由同意警察搜查，这很符合逻辑。然而，事实远

非如此，警察搜查了多泽尔女士的车，他们想搜谁的车就一定会搜。

在同意警察搜车后，她和查尔斯站在车前，哄着哭泣的塔妮莎。“南方绅士”盯着他们仨，红脸警察分别查看了车座下、中控面板、后备厢，最后查看了前排的小储物箱。她描述说，整个过程“比较温和”。像“拆车”一样的搜查她也见过，因此对红脸警察倒心生几分感激。他效率很高，但一点不粗鲁，没有把车搞得乱七八糟。

正如她向警察保证的那样，车里并没有发现任何枪支或武器。然而，虽说搜查没有弄出很大动静，但警察还是在小储物箱里发现了两小包大麻，价值20美元。红脸警察把大麻拿了出来，多泽尔女士的情绪即刻失控。“我开始大哭，我告诉他们自己不能因此坐牢。我刚找到新工作，早晨就得去上班。要是没去会被解雇的。”

看着母亲大哭，塔妮莎也开始哭号，查尔斯则忙着劝慰她们。“我们乱作一团，在亚拉巴马大街的路边抱头痛哭。来往的司机不解地看向我们。”

两个警察商量了一番，几分钟后，“南方绅士”向他们走来，他带来的似乎是好消息。由于多泽尔女士没有案底，也没有未执行的逮捕令在身，她领一张出庭传票后即被释放。比起在看守所过夜， 190
隔天不知何时才能见到法官，并因此丢了工作，这个选择要强得多。

多泽尔女士得知她第二天可以去上班后激动不已。几周后，好消息接踵而至：她在法庭等了一天后被告知，就她持有大麻的指控“不予立案”，此为特区法院专有词汇，意指检察官办公室决定对当事人不提出指控。

多泽尔女士自由了，她迅速冲出法院。她不存在未完结的指控，也没有被定罪。从法律角度看，她是一名自由的公民。

那么，她为何要来我办公室？多泽尔女士新近成为联邦快递的员工，在试用期结束时，公司要求她出具无犯罪记录证明。这项要求原本是例行公事，但是多泽尔女士的记录偏偏显示她最近因持有大麻而被捕过。于是，联邦快递立即解雇了她。

她打开一个文件夹，拿出一些文件，放在我凌乱得无药可救的办公桌上。摆在最上面的那份来自特区高等法院书记员办公室，记载着多泽尔女士的犯罪记录，这种文件我已经见过数次。一次值班时长八小时，这期间一般有三四个诉求与此有关：沮丧的市民需要拿到无犯罪记录证明交给雇主，却发现警察或高等法院保存着自己以前的被捕记录。好比彩票抽奖一样，有人被捕数次却没有相关记录，有人却连收到传票这等小事都被悉数记录在案，类似案件屡见不鲜。

我低头看着那张打印件，不能不注意到多泽尔女士过于“清白”的记录。我曾代理被指控犯有重罪（包括谋杀、持械抢劫及性侵）的人们。像这种唯一的犯罪记录为非法持有大麻且未被立案的情况实属罕见。

“那么，你能帮帮我吗？”耳边响起多泽尔女士的声音。看来我得重新打起精神，她需要那份工作。

191 情况似乎不妙。她属于自由雇用雇员，又正处于试用期，因此几乎不受劳动法保护。法律允许雇主在决定雇用与否时，将受雇人的一切犯罪记录，包括被捕记录纳入考量。我把这一情况告诉了她，她一下瘫缩在椅子里。但凡有出路，人们就不会来公设辩护人服务处，而现在她视为最后希望的律师却告诉她这条路也走不通。于是，我决定再搏一次，对她说：“嗯，我可以给联邦快递打电话，看看能不能说服他们再给你一次机会。”

多泽尔女士觉得这是个好主意，她从随身带着的一沓文件中找出主管的电话号码，可见她做事有章法，有备而来。铃声响了许久之后，从听筒那边传来一声低沉而沙哑的“喂”，我说请米尔斯先生接电话，对方回答说：“我就是。”

“我代表桑德拉·多泽尔给您打这个电话。”我开始了陈述。没有人巴望同公设辩护人聊天，于是我们学着先发制人，在被阻止前开门见山。我直击问题要害，指出检察官决定不指控多泽尔女士，并解释说不予立案说明本案对社会基本上不构成危害。我不能说多泽尔女士对持有大麻一事毫不知情，因为她从未表示那两个小袋子不是她的。不过，我尽力而为，向对方表明被捕并不等同于被定罪，该案已被撤销，不存在未完结的指控。多泽尔女士不可能因庭审或缓刑预约误工。我告诉对方，多泽尔女士在法律上是个没有犯罪记录的自由人；她是个自由的公民，应该再给她一次保住工作的机会。

米尔斯先生对此表示同情。他说他也喜欢多泽尔女士，一直支持她，但结果显示她有过被捕记录，这让他很失望。无犯罪记录调查是雇员在被正式雇用前的最后一个程序。他甚至认同持有大麻不是什么大不了的指控，还一度表态：“你说得没错，大麻随处可见，她只是不幸被发现而已。”

他的开明让我变得乐观起来。一般来说，我的听众要么很冷漠，
要么咄咄逼人：当事人因故没有赴约，缓刑官不相信他的说辞；检 192
察官拿起刑拘记录义正词严地说某人会危害社会；法官则担心自己从轻判决会引起公众不满。

米尔斯先生表现出的同情似乎让事情有了转机。我刚要向多泽尔女士竖起拇指，却听到米尔斯先生说：“但问题是，决定不是我做的。公司有严格规定，一旦在试用期发现有被捕记录，一概不予录用。”

我准备回应，尽管不知道该说些什么，但也得在他挂掉电话之

前掐断他的自由发挥。

“好，那就这样。既然是公司规定，那就这样吧。再见。”我轻声向他道谢，随后我们都挂了电话。

对话细节已不必向多泽尔女士赘述，她已从我的表情，从我说话的口吻以及匆匆挂上电话的情形看出，结果不如她意。

我想对她说些鼓励的话，却发现无从说起。致电公司是我的最后一招，已宣告失败。多泽尔女士收拾好东西正要朝门口走去，我记起最近收到一些招聘广告。特区政府将和不少雇主主办一场招聘会。也许能帮到她？

可是，我刚把广告递给她就后悔了。她瞥了一瞬，随后看向我，眼神里交织着蔑视与绝望。“好啊，又是招聘会，我见得多了。快一年了，我跑遍了能找到的所有招聘会，一排就是几英里。终于，终于找到了这份工作。要不是因为这个，我还能继续干下去。”她指着警察局出具的那份表格说，上面清楚地记录着那次拘捕。她的眼眶湿润了，倔强的下巴松弛下来，转身沿着过道走出了服务处。

“对不起。”我冲着她的背影说道。这三个字毫无意义，不过是证明我无能为力的终极证据。

193 那一刻我想哭。在做公设辩护人的那些日子里，我曾经无数次想哭，唯一可以阻止眼泪掉下来的是新的案子或新的当事人急需我的帮助。那个值班日的情况亦是如此。我不记得在多泽尔女士之后进来的是谁，等候室里难免排起长队，更别提还有电话等着接。

值班日结束了。我开始整理办公桌，发现多泽尔女士无意间留下了一小摞文件。放在最上面的是那张法院的打印件，再下面是她读高中时所获的奖状——特区政府暑期“月度最佳实习生”。最后一份则是她的学历复印件，她毕业于巴卢高中。那是位于特区东南区的一所学校，上新闻一般是因为打架或混乱，而不是什么好事儿。

我盯着那张获奖证书和那份学历复印件，脑海中浮现出她带着这些文件向警察说明她有工作时的情景，浮现出她带着它们去招聘会，去联邦快递，去找任何有能力为她解决问题的人时的情景。它们为她充当盔甲，维护着她的形象，向外界证明她曾经很不错。

她的努力付诸东流，我痛恨这个结果。一个公平正义的社会不会无视她成长的社区失业频仍，她就读学校的学生半数辍学，她的家人有的入狱服刑，有的死于暴力犯罪，然而，她仍抵抗堕落，克服逆境。一个公平正义的社会会肯定她取得的成就，视她为有勇气的奋斗者。然而，无论是她不服输的性格，还是她的学历，她曾作为政府“月度最佳实习生”的证明，现在都变得无足轻重。主宰她命运的不过是高等法院的那份打印件上的那行字：“桑德拉·多泽尔，出生日期：1977年7月3日，被捕事由：持有受控物（大麻），2000年2月15日。”

多泽尔女士的车被警察拦截后，她曾问：“你们为什么要拦我的车？”却没有得到答复。尽管警察使用了车窗贴膜检测仪，但她对自己是出于贴膜的原因被挑出来拦截深表怀疑。她的怀疑没错。 194

这是警方最近找借口拦截车辆的策略，多泽尔女士不幸“中招”。警方的新策略旨在彻查街头枪械，这就要求撒下一张巨网，结果将大量轻刑犯捕入网中，携带两小袋大麻的多泽尔女士即是其中之一。这仅是问题的一部分而已。上述治安管理策略针对的就是这个城市的黑人社区，即最贫困的社区。因此，以多泽尔女士为代表的居民承受了这一切，而他们却无法承担由被捕引发的一切后果。

> 1995年的华盛顿哥伦比亚特区市民在某些方面并不比1955年的亚拉巴马州塞尔玛人更自由。
>
> ——哥伦比亚特区检察官小埃里克·H.霍尔德，1995年

1995年1月13日是马丁·路德·金博士的诞辰纪念日，一千余名不同种族的人在弗吉尼亚州阿灵顿的喜来登酒店主宴会厅集会纪念。第一位非裔哥伦比亚特区联邦检察官埃里克·霍尔德是纪念大会的特邀演讲嘉宾。一年多前，霍尔德的任命曾引发轰动，尽管黑人已经坐上地方领导人的位子，有警察局局长、市长、市议会议长等，但此前从未有黑人担任过特区联邦检察官。这个事实曾长期让许多黑人难以释怀。

霍尔德担任该职时，特区刚从“快克”之祸的低谷中勉强走出来。尽管凶杀案与暴力犯罪发生率已经从昔年的历史最高点落了下来，但仍然居高不下。当时凶杀案发生率几乎是“快克”肆虐前1985年的三倍。[3]特区的黑人市民和全国黑人族群一样，生命与生活都面临重重危险。司法部1997年针对刑事案件受害者的一项调查
195 显示，黑人在暴力犯罪中的受害概率比白人高50%。[4]黑人对于自身生存的危险也有一定的认识，1994年的一项全国性调查显示，58%的黑人表示不敢深夜在自己住宅一英里范围之内的区域独自行走，而有同样担心的白人的比例为45%。[5]

金博士诞辰纪念日集会上，自满与自负在发言者中普遍存在。霍尔德借此向广大听众提问，假如小马丁·路德·金仍健在，他对于黑人当前的处境会做何感想？霍尔德认为：“金博士如果看到同胞在1995年的处境，一定会感到震惊和沮丧。而我会为放任发生在黑人社群的这一切感到羞愧难当。”[6]霍尔德警醒现场各位，在他就任

本市最高检察官的15个月期间，又增加了500余名凶杀案受害者，其中大多数人是黑人。霍尔德宣称，那些手持屠刀的凶手正在践踏金博士的遗赠。“难道马丁·路德·金成功战胜‘公牛’康纳之流，最终就是为了向我们族群中的败类，那帮误入歧途的恶毒分子投降，让民权运动的成果付诸东流？”[7]

在全国，批评之势也如洪水般涌来。20世纪90年代中期，包括牧师在内的演讲者几乎利用所有以马丁·路德·金为主题的集会，在纪念他的同时斥责黑人族群的犯罪与暴力。霍尔德在阿灵顿喜来登酒店发表演讲前一年，杰西·杰克逊牧师曾在华盛顿国家大教堂向600余名不同种族的听众发表过类似看法。杰克逊认为：“暴力，尤其是黑人针对黑人的暴力，就是精神投降。”他指出一年之内自相残杀的受害者比此前因私刑遇难的黑人还要多。[8]

要缅怀金，就得强硬起来。杰克逊于1995年访问亚拉巴马州伯明翰监狱时指责一些犯人背叛了金的梦想。“你们不惜以所有人的自由为代价，”杰克逊表示，“占据了本该用于日托和‘领先一步’计划的资金。”他劝诫犯人们洗心革面：“你们也有尊严，你们是上帝的孩子，只要洗心革面就能重新站起来。我恳求你们。你们的母亲 196
恳求你们。金博士为了你们献出了生命。”杰克逊对他们爱之深，责之切，不留情面。当他看到一名女囚身穿一件印有金肖像的T恤后对她说：“如果他是你的英雄，你就不该出现在这里。”女囚听后低下头哭了。[9]

对于“黑人现状，马丁·路德·金怎样看”的问题，时任总统比尔·克林顿有自己的观点。1993年11月，克林顿前往田纳西州孟菲斯的美国基督上帝教会梅森圣殿，来到金被害前一晚最后一次布道的地方。克林顿向布道坛下的黑人牧师们大声发问，假如金“今天同我并肩站在这里，回顾过去25年”，他将说些什么。克林顿说，金会对非裔美国人的政治权力业已提升表示欣慰，他们跻身于军队与政府高层，黑人中产阶层的队伍也已扩大。然而，金必定会抨击城市核心区域泛滥的毒品与枪支暴力，克林顿模仿金的口吻说道：“我毕生为之奋斗并为之赴死，不是为了听闻13岁的男孩使用自动枪械射杀9岁的孩子，起因竟是嗑药后极度癫狂；我毕生为之奋斗并为之赴死，不是为了听闻年轻一代用毒品毁了自己，并借毒品发家再去摧毁别人。我来这里可不是为了做这些。”[10] 克林顿引述近期在巴尔的摩和特区发生的针对黑人儿童的犯罪，继续模仿金的口吻说：“我抗争不是为了黑人自相残杀，不是为了黑人自暴自弃。”[11]

霍尔德和克林顿的言辞与杰西·杰克逊等宗教和公民领袖的类似，然而，霍尔德和克林顿拥有的实权是后者所没有的。对克林顿来说，他提及黑人受害者以巩固他“严惩犯罪”的立场，措施包括1994年出台的联邦刑事立法在全国范围内资助修建监狱。[12]

霍尔德则于金诞辰日当天，呼吁阿灵顿喜来登酒店的听众同他一起借助社区的力量对抗枪支犯罪。霍尔德认为，仅凭严格执法是
197 不够的。他告诉听众，希望招募运动员和音乐家，“打破青年人对枪支的执迷”。[13] 霍尔德在推崇自下而上对抗暴力的同时，于1994年对特区电台记者德里克·麦金蒂表示：“长远来看，要解决这个问题，就得从解决滋生犯罪的社会问题入手。”然而，他所说的长远打算并不在其职权范围内，并且需要假以时日才能看出成效。[14] 而当下却不断有人被害。

要在短期内降低暴力犯罪，霍尔德说，必须从最有可能用枪实施犯罪的人手中夺走枪，这些人基本上都是黑人青年。而从上述潜在罪犯手中夺枪，途径并不算多。特区已出台全国最严控枪法，但

是全国性立法仍然举步维艰。那么，还剩下什么路可以走？

霍尔德给出的答案直截了当：拦截车辆，搜查车辆，没收枪支，并将其命名为“停火行动”。[15]

为了支持调查性拦截行动，霍尔德身体力行。1994年3月，《纽约时报》刊登了一篇评论员文章，引起热议。知名犯罪学家詹姆斯·Q.威尔逊在文中强烈建议警方找更多理由拦截行人搜身，以发现违法枪支。威尔逊也承认，这种方式要付出代价：“无辜的人将遭到警方拦截。年轻黑人男子和拉美裔男子将最有可能成为拦截目标，上了年纪的英美白人或妇女被拦截的可能性则不大。而我们一旦决心打击公共区域内的飞车枪战、可能引发命案的帮派争斗，以及可能致命的争吵，就必须清理街头的非法枪支。”同年，纽约警察局实施了与威尔逊上述建议类似的方案。警方在《让枪支从纽约街头消失》一文中详细阐述了该方案涉及的激进做法，包括拦截、盘问，并扩大搜身范围，尤其针对男性有色人种。[16]

霍尔德有意将威尔逊和纽约警察局用于行人的手段用在司机身上。堪萨斯城1995年的一项新研究表明，该方案或许可行。这项名
为“堪萨斯城控枪实验”的研究由联邦政府资助，旨在提高“目标 198
人群”被拦截盘问的次数。警察在“热点”区域加班巡逻，学习辨认可疑车辆，并找出一切合法借口让其靠边停车，随后对司机搜身并搜查车辆。拦截车辆的同时也拦截路人。[17] 方案实施后，首次公布的数据大大鼓舞了执法人员的士气，枪械暴力犯罪在目标人群中减少了49%，参与行动的警察罚没枪支的数量大大高于那些在未使用上述策略的区域执勤的同事罚没的数量。

正如政治学家查尔斯·埃普与其合著者所言，“如何夸大‘堪萨斯城控枪实验’的影响都不为过”。[18] 印第安纳波利斯启动了一项计

划，欲复制堪萨斯城的经验。上述两项动议都引来全国主流媒体报道。[19] 霍尔德的办公室为特区拟订新控枪方案时，其特别顾问蒙蒂·威尔金森到堪萨斯和印第安纳波利斯现场观摩。[20]

霍尔德建议训练并武装特区警察，寻找可疑车辆，寻找任何可能的机会搜查以发现枪支。[21] 检察官要支持警方的行动，积极提起诉讼，确保案件不会被撤销或无人关注，并确保已定罪的非法持有枪械案犯入狱服刑。[22]

以交通违法为借口拦截车辆非常有助于霍尔德提议的实施，因为与其他城市一样，特区的交通法规多如牛毛，多数司机每次上路至少会违反一条法规。正如司法部部长罗伯特·杰克逊在1940年所言："没有哪个警察能够从严执行交通法规，否则在任何一个早晨都将有半数司机被捕。"因此，如果警方怀疑某辆车，几乎无一例外均能找到合法借口拦截，被警方长时间跟踪的车辆尤为如此。[23] 尽管该做法明显鼓励选择性执法和种族定性，但还是得到了最高法院认可，后者认定其没有违宪。[24]

199 霍尔德没有上述顾虑。他于马丁·路德·金诞辰日讲话十天之后，以嘉宾身份与特区电台记者黛安·雷姆交谈，以争取公众对"停火行动"的支持。霍尔德告诉雷姆，他的目标是，在未来四年将本市暴力犯罪率减少40%，"该计划的基石"就是"收缴罪犯的枪支"。[25] 霍尔德援引"堪萨斯控枪实验"，表示希望训练本市警察"以不违宪的适当方式与公众对峙"，并最终夺下他们的枪。雷姆要霍尔德解释什么是"不违宪的方式"，霍尔德的回答透露出这种"借口拦截"办案的强大威力与巨大隐患。

霍尔德表示，以调查为目的的搜车是以一个事实为前提：警察有宽泛的权力，可以截停任何违反交通法规的司机。"比如说，警察有权拦截那些晚上不打开车灯的车辆，”他说，“有权拦截无牌照车辆。”上述还是较为严重的交通违法案例，其他更多并不严重，甚至情节极为轻微的违规案件也可以给警察以口实，命令司机靠边停车，而这些霍尔德并未提及。[26]尾灯或通风口有损坏，车窗过度贴膜，车后有车牌而车前没有，甚至连后视镜挂了过多空气清新剂，都可以成为警察拦截车辆的合法理由。

正如霍尔德接下来阐明的那样，拦截只是第一步。一旦被拦截，即便是鸡毛蒜皮的小事，警察也有法庭赋予的宽泛权力，首先便是“看一看车里”。霍尔德认为“看一看”本身就是震慑犯罪的法宝。警察透过车窗向车内看了看，即发现枪支被人急急往车座下面塞……由此确定的案件数量一定会令雷姆大为震惊。[27]

如果警察并没有看到任何违禁品，该怎样收场？多数没有遭到警方借口拦截的人认为事情会到此为止，等警察开罚单即可。霍尔德却说警察还有一招：“运用技术手段让人们同意搜查车辆。”获得许可进行的搜查，其结果比向车内张望好得多，这大大出乎雷姆的 200
听众的意料：“同样令人吃惊的是，即使车内的确有枪，人们也不会拒绝警方的请求，而枪支就这样被收走。”[28]

警方到底使用了什么“技巧”来获得人们的同意？其实，警方只要提出请求就足以让人同意，因为多数人不知该如何拒绝，比如多泽尔女士。[29]而针对那些并不太情愿的市民，警察受过训练，知道如何争取对方同意，其中佼佼者尤其深谙此道。核心策略是混淆命令与请求，司机必须遵守命令，提供包括驾照和行驶证在内的许可证明，或者离开车辆；司机有权拒绝请求，比如，不同意警方搜查。[30]许多人并不知晓个中区别，既然已经顺从了警方的一系列命令，在他们看来，必须服从这最后一条至关重要的搜查请求。当然，如果司机坚决不同意，对警察来说，总归有退路，比如，不管怎样先搜了再说，事后声称已征得同意。

霍尔德直接简要地勾画出自己的方案，直率得不可思议，尽管如此，有两个方面他未作强调。其一，他并没有讨论警方为截获数量可观的枪支就得拦截数量可观的无辜市民。警方大量拦截车辆是必要的，因为绝大多数被拦截和搜查的车辆并没有藏匿枪支。（也许研究结果各有不同，但多数研究得出结论：每20辆至100辆汽车中有一辆藏有武器。）[31] 事实是，大量撒网寻获枪支的命中率极低，尽管大众未必知晓，但这在警察学院尽人皆知。而警察借口拦截车辆的技巧正是警察学院教的。按照一部广泛使用的教科书的说法：

> 谨记，在你挖出相对较少却是自己最关注的重罪罪犯之前，还得同许多人过招。要达到心目中量的标准，得借助集中执行交通法规。也许得揪住大量鸡毛蒜皮的小事不放，也许得以妨碍公众安全为由，包括出问题的尾灯或挡风玻璃、未提示即变
> 201 道、阻碍交通、与前行车辆距离过近、未及调暗车灯、超速行驶（时速过限3～5英里）等。[32]

就连堪萨斯城和印第安纳波利斯的两项研究结果都表明，通过上述方案缴获枪支的概率很小。堪萨斯城警方通过在目标区域拦截违反交通法规的车辆而罚没的枪支仅为3.57%，而在印第安纳波利斯，还不到1%。[33]

关于“停火行动”，霍尔德还漏了一点：尽管截获藏有枪支的车辆的概率较小，但有不少车辆藏有其他违禁品，如大麻。[34] 警察是宣过誓的执法者。虽然警察借口拦截车辆以截获枪支，同时忽略

轻度违法行为在理论上是可能的，但实践起来相当困难。别的暂且不提，仅哪些轻度违法行为可以忽略就得经过统一培训。而鲜有警察局局长愿意出席公众监督听证会，被迫解释警方为何有权决定法律规定的轻重缓急。因此，“停火行动”必然要利用借口拦截策略：警方先确立某个特定目标，比如截获非法枪支，一旦发现其他违禁品，即便危害程度不高，他们也得实施抓捕。

每个人承担的风险并不均等。特区第二分局正式被排除在“停火行动”之外，因其所辖区域为白人中产或中上阶层社区，包括乔治城、雾谷和伍德利公园等。该决定是有意为之。霍尔德解释说第二分局辖区内鲜有涉枪案件，因此没必要实施借口拦截。[35]

霍尔德的说法有理有据。在“停火行动”正式实施两年前，即1993年，特区发生了399起凶杀案。[36] 其中，仅有两起发生在第三选区（基本覆盖第二分局辖区），而该区域人口占全市人口的比例超过13%。[37] 第二分局被排除在行动之外仅存在一个方面的问题：“停火行动”仅针对枪击案高发区域采取借口拦截，硬生生给警方的其 202
他执法行动（如扫毒）制造出种族不平等。黑人社区司机藏毒的情况并不见得一定比白人社区司机多，然而，在霍尔德方案中，前者常常受到拦截、搜查，最终很可能被捕。“停火行动”旨在控制枪支暴力，却间接伤害到了包括多泽尔女士在内的司机们。

也许人们认为类似的不公正现象必定会在特区敲响警钟，然而，似乎鲜有人对此关心。公设辩护人服务处的罗伯特·威尔金斯在市议会公然质疑过“停火行动”。威尔金斯后来赴特区巡回法院上诉法院任职，他指责该行动以种族定性为依据，而所谓定性“通常是错误的，导致无辜的人成为警方的靶子”。[38] 威尔金斯可以对自己所言负责，他和家人曾于1992年被警方依据种族定性拦截，随后他起诉马里兰州警察局并胜诉。[39] 该案引来大量媒体报道，威尔金斯以此为例在议会听证会上质疑“停火行动”。然而，只有一位议员表示关注，他的批评并未获得议会支持。“停火行动”仍然畅通无阻。[40]

威尔金斯何以孤掌难鸣？对于“停火行动”内在的结构性种族歧视，为何反对者寥寥？

有一部分原因与此前我们已知的类似，人们对“快克”泛滥时期的情形仍记忆犹新，其造成的创伤持续至今。霍尔德在阿灵顿喜来登酒店演讲时说过，凶杀案的黑人受害者有94%死在黑人施暴者手里。他只用一个数字就阐明了这个众所周知的问题，因此得到各个领域的黑人领导者的支持，不仅限于黑人执法者。在他们看来，安全属于民权问题。“假如我们在自己家都无法获得安全，假如我们
203 彼此伤害，那还奢谈什么民权。”美国有色人种促进会驻华盛顿负责人韦德·亨德森表示。[41] 在如此形势下，霍尔德呼吁黑人携手阻止非裔美国人“集体自杀”，就几乎不会有人反对了。

此外，借口拦截方案出自埃里克·霍尔德，一位受尊敬的非裔美国检察官之手，这也是一个重要原因。各黑人联邦检察官深受其所在黑人社区的爱戴。曾在霍尔德手下工作过的莱内斯·赫伯特回忆说，黑人检察官、律师和法官都是“族群的骄傲”，“如黑人王子和公主一般耀眼”。[42] 前联邦检察官保罗·巴特勒讲述了他如何利用自己的声望赢得一场诉讼，而那场诉讼的陪审员大多为黑人：

> 在这个黑人占多数的城市里，我喜欢站在黑人陪审员面前，如同当年接受培训时那样指着黑人被告，自豪地宣布，我代表美利坚合众国出示的证据将超越合理怀疑，证明那个家伙就是

个不折不扣的坏人。随后，我犹如胜券在握。[43]

霍尔德在给黑人听众宣讲“停火行动”时，他本人的声望也让他底气十足。“对此我并不抱有天真想法，”他在出席上佐治亚大道社区大会时对那里的黑人居民表示，“大量黑人男性青年将成为拦截的主要目标。”与他在金诞辰日上的发言类似，他强调保护黑人免受犯罪之苦才是大计。[44]“停火行动”实施一周年之时，共罚没768支枪，价值25万美元，涉及2 300起抓捕。霍尔德在发表讲话时采取了类似策略，他向与会的警察承认多数被捕者都是黑人，但他并不后悔，在座的警官也无须后悔。“黑人男性青年仅占全国人口的1%，然而，全国18%的凶杀案都是他们干的，”他说，“在座的诸位，你们并不仅仅是在把枪支从街头清理出去，你们是在拯救生命。”[45]

204

直至20世纪90年代末，霍尔德的做法得到了全国几大城市的黑人警察局局长的支持。洛杉矶警察局黑人局长伯纳德·帕克斯在回应外界对警察采取种族定性的指控时表示，种族不平等源自罪犯选择，而非警方偏见。“警方拦截少数族裔男子，或者将他们投入监狱，并不是警方的错，”帕克斯说，“而是那些犯了罪的少数族裔男子自己酿就的祸。在我的印象中，警察在寻查犯罪行动时会盯着那些有前科的人，这不算什么惊人内幕。”1998年就任特区警察局局长的查尔斯·拉姆齐对此表示同意：“我不是要否认（种族定性），但根本没有宣传的那么严重和普遍。”“我已经听够了‘开车的时候是黑人’之类的妄言，此话已经被用到毫无意义的地步。我开车的时候是黑人，我原本就是个黑人。我睡觉的时候也是黑人。上述妄言就是典型的受害者心态。”[46]

然而，“停火行动”得以实施并非完全出于人们对犯罪的恐惧，也并非完全依靠黑人执法者的公信力。行动以控枪而非毒品为目标，也是其得以实施的重要原因。

从20世纪60年代末到80年代末，多数美国黑人一直支持毒品战，甚至不避讳强制最低量刑。而到了90年代初，随着毒品战暴露的种族问题日益突出，非裔美国人的民意开始微微发生变化。1990年，《华盛顿邮报》的迈克尔·伊斯科夫和特蕾西·汤普森发现联邦法官对于强制最低量刑，对于“快克”可卡因涉案犯从重判罚越来越没有信心。两位记者写道，严厉的反毒品法律令“处罚越来越机械，且针对的都是低级别罪犯，他们每一天都在劫难逃。而被施以重罚的大多是生活贫困的年轻少数族裔”。[47] 同年，《洛杉矶时报》记者罗恩·哈里斯在头版发表《黑人感受到毒品战的冲击》一文。他写道，美国联邦调查局和美国国家药物滥用研究所分别做过研究，
205 结果都显示：黑人药物滥用的概率与白人相比并非天壤之别，然而，只要去一趟法庭或监狱，就会发现吸毒者大多为黑人。造成此种差别的唯一原因是黑人受到了不公正对待，正如哈里斯所言：“全国开展的扫毒战实际上已演变成针对黑人的战争。”[48]

黑人对毒品战态度的变化从国会黑人核心小组（CBC）中也能看出端倪。1986年联邦出台法案，加大对毒品犯罪的惩罚力度，条款中包括“快克”可卡因涉案犯获刑要远重于粉末可卡因涉案犯。当时国会中的非裔议员对此持赞同或否定态度的各占一半，而随着种族因素在强制最低量刑中突显，以及“快克”/粉末可卡因涉案获刑的差别逐步增大，国会黑人核心小组成员开始一致反对联邦1986法案，反对声一浪高过一浪。[49] 地方层面也越来越关注涉毒量刑中的不平等现象，因此，1995年特区市议会降低了1982年投票通过的强制最低量刑。（然而，目前反对声音仅限于此，因为市议会已加

倍施行法定最高量刑。）

针对毒品战的批评不绝于耳，与此同时，总部设在特区的非营利组织“量刑计划”开始着手记录不断提升的刑事司法惩罚力度对美国黑人造成的伤害。该组织于1990年发布一项报告，指出：每四名黑人青年中就有一名受困于刑事司法体系中，要么遭遇缓刑、假释，要么进看守所，甚至入狱，这个发现前所未有，舆论一片哗然。第二年，该组织再次发布一项报告，指出：美国已超过南非和俄罗斯，关押了最多的人，并且直到今天仍然如此。两份报告被广泛传播，成为热点话题，引起黑人评论者的特别关注。例如，来自美国公民自由协会的恩凯奇·塔伊法比较了美国刑事司法领域与蓄奴或吉姆·克劳法盛行的时代存在的双重标准。[50]

黑人报纸的社论漫画也日益体现出舆论对歧视性执法和过度监禁的不满。20世纪七八十年代，社论漫画着重表现居高不下的犯罪率和目无法纪的社会状态，如今却不断渲染惩罚性刑事政策的负面 206
影响。

针对毒品战的批评不绝于耳，而一旦谈到控枪，反对派却集体噤声。人们无法容忍枪支的立场源自20世纪70年代围绕控枪展开的大辩论，当时居高不下的枪支暴力让特区乃至全国的非裔美国人认为，持有枪械者必须面对入狱服刑，包括强制最低量刑之类的惩罚。[51]到了90年代，尽管“快克”泛滥造成的伤痛还未完全愈合，但控枪派言之凿凿，对反对声音完全免疫。[52]

例如，针对某些涉毒案，特区于1995年取消了强制最低量刑，而针对涉枪犯罪的惩处方式却丝毫没有变化。[53]无独有偶，弗吉尼亚州里士满市出台“流放计划”，旨在确保任何涉枪重案犯被捕后要在联邦法院受审，并被施以强制最低量刑。该方案的出台得到某位

“这一体制能够，也必须做出改变。”

来源 :《洛杉矶哨兵报》，1997 年 11 月 13 日

207 黑人联邦检察官及某位黑人警察局局长的大力支持。[54] 纽约市布朗克斯区的地区检察官罗伯特·约翰逊也着手将持枪案件送交联邦法院，以期加大惩治力度，强制罪犯入狱服刑。他本人是纽约州首位黑人地区检察官。[55]

在此种背景下，反对“停火行动”的声音寥寥无几也就不足为奇了。假如霍尔德方案是针对毒品的，也许会遭遇抵制。正是因为其目标为枪支，才会出现如下情形：在特区市议会就种族定性问题日益增多举行听证会时，仅有罗伯特·威尔金斯一人作为证人。

"问题不是超速，而是你们这帮黑小子居然开豪车。"

来源：《洛杉矶哨兵报》，1997年7月24日

当然，舆论对枪支的关注也无法完全确保"停火行动"获得广泛支持。还有一个因素在涉及黑人社群的罪与罚时常常被忽略，即阶层。

> 他们（警察）知道谁可以欺负，谁不能得罪。 208
>
> ——哥伦比亚特区某低收入黑人社区居民

霍尔德在马丁·路德·金诞辰日上宣布开展"停火行动"时，

听众包括特区的黑人当权派，他们来自霍华德大学，来自马里兰州乔治王子县（全国最富有的黑人郊外住宅区），来自第十六大街的黄金海岸（黑人中产及上中产住宅区）。霍尔德口中的治安管理策略大
209 多略过上述社区，将矛头直指黑人当权派绝不会光顾的那些地方，那里萧条而凋敝，还不如吉姆·克劳法当道的时候。

阶层歧视线并不像种族歧视线那样明显。虽然岩溪公园以西的白人社区已正式获得警察“免检”，但居住在警察局辖区里的，包括不少特权阶层在内的大多数黑人市民受到了警察控枪分队的管控，至少从书面记录来看，情况如此。因此，尽管无法完全肯定黑人当权派不会受到警察借口拦截，[56] 但总体上看，遭遇借口拦截的市民集中来自特区最为贫穷的区域。

我和公设辩护人服务处的同事深知，在富裕的黑人社区，警方的行事风格完全不同。多泽尔女士向我描述她被拦截和搜查的遭遇，在她还未告诉我具体的行车区域之前，我已大致确定了她的驱车路线，应该是在特区最穷的黑人社区。我之所以做出如此假设，部分基于类似案例大多发生于此，还因为我和多数黑人同事居住的区域为上层黑人社区，据我们亲眼所见，警察在这些街区的执法风格并没有像我们的当事人所遭遇的那样咄咄逼人。

这些经历也许不具有普遍性，却与社会学家罗纳德·韦泽的研究结果不谋而合。1996年至1997年，韦泽选取特区三个社区为样本研究警民关系，分别是：某白人中产社区，他命名为克洛弗代尔；某黑人中产社区，他以梅里菲尔德命名；以及某低收入黑人社区，他命名为斯帕坦堡。他和自己的研究生一道对居民进行了150余次访谈，同时参加警察–社区交流会，观察交通拦截等事件。他发现白人富裕社区让警察介入的事件并不多，居民因此对警察普遍感

到满意，这与他的预期相符。而黑人社区的调查结果有些耐人寻味，令韦泽体会到社区分层的影响力。生活在黑人中产社区梅里菲尔德的非裔美国人对警察的总体印象不错，鲜有针对无正当理由拦截、 210
言语侮辱或过度使用武力的投诉。而针对上述执法行为的投诉量在斯帕坦堡却是其4～7倍。[57]

差异化的态度不仅体现在调查结果中，在社区会议上也有表现。在梅里菲尔德，居民向主持会议的警官提问时，韦泽惊讶地发现他们竟然常常向警察表示感谢："我要说的并不算是个问题，只是想向你们夜以继日的付出表示感谢。警察再怎么赞扬都不为过。"斯帕坦堡的居民则几乎更有可能借机投诉警察。韦泽记得，与会人员中黑人青年通常分成几组坐在最后，并找机会发言。他们逮着机会便问："种族定性这种事几乎天天发生，你们打算怎么处理？我和朋友一出去就被警察拦下，也没有什么正当理由。这种事并不是一次两次，简直成了家常便饭。我们被整得烦透了。"[58]

居民投诉的焦点往往都是借口拦截，即霍尔德眼中能够降低枪支暴力的法宝。韦泽表示："人们认为，警察在进行钓鱼执法，表面上以情节较轻的交通违法为借口进行拦截，实则打算寻找其他违法证据。"[59] 对于自己因何遭到警察如此对待，斯帕坦堡的居民看得一清二楚：他们是穷人亦是黑人，居住在穷困的黑人社区里。相较于他们与这个城市的黑人当权派共同的种族身份，这些才是远为强有力的事实。正如一位来自斯帕坦堡的24岁黑人男青年所言：

我知道，在上流阶层的社区（比如乔治城、黄金海岸这些富有的白人和黑人社区），警察的行事风格完全不同。那里的人都有权有势，警察一不留神就要丢饭碗的。我们嘛，就是被当

> 211 街拦下又能怎样？你就是个小老百姓，能做的不过是口头或者书面投诉，仅此而已。那些（富）人只需打两三个电话，警察就得搞一场调查。我们可没有那能耐。他们（警察）知道谁可以欺负，谁不能得罪。[60]

在特区黑人社区中，并非仅有穷人意识到了阶层差异，梅里菲尔德的黑人中产居民同样意识到了。其中不乏医生、律师，以及在政界有人脉的人，他们深知自己的社会地位对执法部门的影响力。有人就告诉研究人员，如果梅里菲尔德的居民受到警察的不公正对待，“市民将奋力抗争”。一名受访的警察也承认这些居民“有能力搞定市政官员和警察局官员”。[61] 韦泽的研究对象讲的这件事，我深有体会。某位黑人法官和我同住一个街区，还有两位的住处离此不远。尽管我们常常在法庭上缠斗，但遇到警察执法失当的投诉，我很清楚该去找谁。

能让同我住一个街区或者梅里菲尔德的非裔美国人有上述感受，的确是个不小的突破。特区黑人中产阶层数代遭受吉姆·克劳式的执法羞辱与骚扰，警察以礼相待原本是个不可能实现的梦，以黑人为主的警察队伍同样遥不可及。以多泽尔女士为代表的贫苦黑人深陷斯帕坦堡，对他们来说，上述转变并没有什么值得称道的。由于居住地和肤色，他们仍然遭遇警察拦截和搜查，现在又多了一个理由：对警察所为，金博士也会同意。从这点上说，黑人的处境每况愈下。

桑德拉·多泽尔的遭遇绝不是个案。霍尔德开展“停火行动”的20年来，借口拦截已被彻底揳入全美各城市警察治安管理架构之

中。特区记者戴维·希普勒同警察一起巡逻，他们只在特区低收入
黑人社区里兜转，借口交通违规（常以防晒膜违规为由）拦截车辆， 212
诱使车主同意他们搜车。这些简直与多泽尔女士那晚的情况如出一
辙。[62]希普勒在同警察“缴枪分队”工作一个晚上后，总结如下：

> 几乎所有搜查都缺乏可能站得住脚的理由，甚至连起码的合理怀疑的标准都达不到。而“缴枪分队”的几乎所有行动都得到了市民的默许。在队员梳理路面来往车辆的情况时，我问坐在马路边或者靠在后备厢旁的司机，警察搜查之前有无请求他们同意。他们有些茫然地看着我，仿佛并不知道警察必须征得他们的同意，而他们也有拒绝的权利。[63]

问题不仅出现在特区。纽约警察局将“停火行动”略做修改，用于监管往来行人，却因其拦截行人屡次受人诟病，不断成为被告。虽然自2011年起类似手段已鲜少使用，但警察仍然以司机为目标，以轻微交通违规为借口进行拦截。理由竟然与特区警察采取“停火行动”的初衷一样，即找借口询问司机，并伺机搜车。以2014年为例，纽约警察共实施拦截4.7万次，同年仅以车窗贴膜不合规为由就开出近7.5万张罚单。而牵涉其中的司机人数更是无法估量，他们和多泽尔女士一样因有轻微违法嫌疑被警察拦截，而他们此前从未收到过交通罚单。[64]

全国范围内，借口拦截是所有交通违规处理中种族歧视的“重灾区”。一般而言，人们在讨论交通执法中存在的种族问题时，总把所有拦截混为一谈。而查尔斯·埃普及其同事的研究则表明借口拦截手法极其恶劣。在对一份关于堪萨斯城地区黑人和白人司机的调

查进行分析后，埃普发现警方以交通安全为目的开展执法时并无种213 族差异。[65] 而在以调查为目的进行借口拦截时，警方以黑人或其他少数族裔司机为目标的**可能性大增**，黑人司机遭到如此对待的概率约为其他族裔的2.5倍。[66] 此外，不管性别为何，种族不平等都是不争的事实。被警方借口拦截的黑人男性的人数是白人男性的两倍多，而黑人女性的人数是白人女性的两倍多。[67] 事实上，尽管白人男性持枪进行暴力犯罪的概率远高于黑人女性，但后者更易成为警方目标而遭到停车搜查。[68]

这些种族差异后患无穷，因为借口拦截给司机、行人或者闲逛的人造成的伤害远远没有完结。其中最严重的后果即触发刑事司法体系其余环节中的种族差异。以多泽尔女士为例，她并不清白，即使持有微量大麻，在特区也属违法。她因车里有大麻而被捕，结案。许多关于执法领域的种族差异的讨论到此就结束了，而如此简单的叙述不足以解释为何白人司机同多泽尔女士犯下同样的罪却可以豁免，这就是借口拦截制造的世界。

借口拦截对刑事司法领域的种族问题起到推波助澜的作用，深究其原因，就不得不厘清美国治安管理中有争议的种族问题。包括黑人警官在内的所有警察都对种族主义和种族定性之类的指控心有芥蒂，这可以理解。为驳斥此类指控，即使警队领导者的思维再缜密也不会把借口拦截的负面影响考虑在内。例如，曾任特区警察局局长，后任奥巴马总统“21世纪治安管理特遣队”联合总指挥的查尔斯·拉姆齐在驳斥针对警察种族定性的指控时说：“黑人触犯交通法规，我们该怎么向外界解释？难道说因为是黑人所以就可以放行？”[69] 多泽尔女士以及同她有类似遭遇的市民却并没有想着为自己开脱，他们仅仅要求别被另眼相待。

2015年2月，美国联邦调查局局长詹姆斯·B.科梅针对治安管理中的种族不平等发表演讲。他承认城区警员可能怀有偏见，这是潜移默化的或者下意识的，因为他们“应对的街头罪案中，绝大多数都是有色人种年轻人所为”。他的坦承得到了认可。而在此之前，他曾试图为针对警方的种族主义指控开脱。“为什么监狱里有如此多黑人男性？”科梅发问，“是因为警察、检察官、法官和陪审员都是种族主义者？因为他们对白人抢劫或贩毒视而不见？”接着他回答了自己的问题：“我可不这么认为。”科梅上述演讲的遗漏之处，恰好可由借口拦截加以证明。 214

就某些方面而言，科梅的演讲的确配得上其获得的赞扬，比如下意识的偏见之说。我们都持有或怀有某种态度或刻板印象而不自知，这一点已经被科学证实了，科梅将其与执法联系起来也没错。他还指出，穷困及其他社会不公推高了犯罪率，警方必须应对，他的说法值得称道。然而科梅对借口拦截只字未提，这样一来，他让这个因警方种族歧视造成的问题变得更加复杂了。与无意识的偏见，或者那些助长犯罪的社会现状相比，借口拦截中的种族偏见较为直接，且容易改进，完全在执法部门的掌控之下。[70]

假如科梅承认借口拦截是种族偏见，那么他所说的警方对白人毒贩并非“视而不见”的话就得修正。尽管没有哪个警察选择对白人犯罪不闻不问，但借口拦截从**制度上**固化了这种选择。霍尔德和特区警察局决定以黑人社区为目标开展借口拦截时，即给了那些白人司机在前排杂物箱里藏匿大麻或其他毒品，并大摇大摆穿城而过的自由。

桑德拉·多泽尔见我无法帮助她找回工作，在准备离开时说：“真不敢相信我竟然因此丢了工作。”我至今也不敢相信，不过我的 215

确更深刻地了解到其背后的原因。多泽尔女士受拦截并收到传票发生在2000年，当时，特区乃至全国早已逐步形成惩罚性的刑事司法体系，且惩罚力度不断攀升，该体制至今仍在运转。在该体制下，激进的执法与检控方式、延长刑期、扩建监狱，以及由于被指控而导致的投票、入住公租屋等权利的丧失，均已成为现实，经年累月，惩罚性刑事司法体系的基石不断得以夯实。

历史告诉我们，桑德拉·多泽尔的遭遇并非要由体制中的某个参与者或机构负责。但她的遭遇也表明，特区乃至全国原本有多次改写历史走向的机会。如果特区市议会在1975年大麻除罪化提案首次提出时即选择通过，多泽尔女士就不会丢了工作。如果特区警察借口拦截的对象不是贫困黑人社区的司机，那么她仍然可以保住自己的工作。如果联邦快递及所有雇主能对被捕员工宽容以待，如果他们愿意考虑员工的个人情况而非采取一刀切的做法，那么她仍然可以保住自己的工作。如果美国出台一套更为积极的城市复兴计划，如果美国实施致力于城市复兴的马歇尔计划，像多泽尔女士一样拥有勇气与决心的人本应该有选择职业的权利。

尾　声

仁慈的限度　2014—2016年

40年来，惩罚性的刑事司法政策越来越严厉，哥伦比亚特区最 217
终另辟蹊径，迈出了重要一步。市议会分别于2013年和2014年就持有少量大麻除罪化的提案进行再次辩论。遥想1975年，特区议员戴维·克拉克首开大麻除罪化立法议题，却遭到其同僚、黑人民族主义者、牧师道格·摩尔的极力反对而流产。2013年，议员汤米·韦尔斯重启该议题，同克拉克一样，针对少量大麻持有者，他试图以适度的民事罚金代替刑事处罚，其本质上就像处理违章停车一样。[1]尽管两个提案内容相近，但有着迥然不同的命运：1975年遭受冷遇，2014年却大获全胜。[2]

是什么发生了改变？

1975年，在哥伦比亚特区以至全美，黑人仍在海洛因苦海中浮沉，他们同时受困于20世纪60年代末不断飙升的犯罪率。而2014
年迎来了"美国犯罪率下降的伟大时代"（语出犯罪学家富兰克 218
林·齐姆林）。[3]尽管枪击案仍时有发生，在赤贫的黑人社区尤为如此，但总体趋势呈下降。2012年特区共发生凶杀案88起，为1961年以来的历史最低，与"快克"毒灾最严重的时期（1991年全年发生485起凶杀案）相比更是呈现出惊人的降幅。2014年涉毒凶杀案的数量较2000年下降了83%。特区犯罪率的下降是全美的一个风向标：2014年全国范围内的凶杀案发生率低于1960年。[4]

犯罪率下降，美国黑人受益良多。特区凶杀案受害者中90%都是黑人，因此凶杀案发生率大幅减少拯救了黑人的生命，仅一年就有将近400名黑人幸免于难。其他城市的情况与此类似。比如在纽约，过去20年间犯罪率不断下降，这意味着每年有近1 500人因此得以保全性命，而如果凶杀案发生率继续与1991年持平的话，这1 500人将死于非命。每年因此幸存的人口中有三分之二，即1 000人都是年龄在15～44岁之间的非裔或拉美裔。

过去20年犯罪率下降的原因，同20世纪60年代犯罪率攀升一样，并没有统一定论。严惩犯罪在其中起到一定作用，但在犯罪学家看来这并非最重要的因素，他们指出了其他原因：包括人口老龄化、“快克”衰落导致交易相关的暴力走向终结，以及儿童铅暴露下降（儿童期铅暴露与犯罪行为增多相关）。[5]

如果说犯罪率下降让黑人官员有机会考虑惩罚力度较轻的替代方案，那么过去严惩犯罪对美国黑人造成的积累效应则让此事变得迫在眉睫。最新数据显示，关押在州立监狱的非裔美国人的比例是白人的5倍。在11个州，每20名黑人男性中至少有1名在监狱服刑。[6]刑事案件定罪数量节节攀升致使本已落入低谷的劳动力市场雪上加霜。贫民区的工作机会本就不多，对有前科的人而言则几乎为
219 零。正如社会学家贝基·佩蒂特所下的结论：“截至2008年，没有高中文凭的黑人男青年，更有可能在监狱服刑，而不是受雇于劳动力市场。”[7]

除了上述宏观趋势，2014年的特区市议会发现，大麻入刑引发

的恶果远比1975年市议会预计的更严重。尽管20世纪70年代的涉大麻案的确存在种族歧视，但由于毒品战刚打响，对黑人群体的灾难性打击还未及显现。因此，道格·摩尔等人在1975年信誓旦旦地认定吸食大麻对黑人青年的危害远大于禁令的危害。时间转到2014年，没有多少人再支持这种观点。连续40年对大麻的打击，不断上升的逮捕率，以及持续扩大的种族差异造成的危害明显更严重。[8]

截至2014年，因持有大麻被捕的黑人公民人数越来越多，同时，被捕引发的后果也变得愈发严重。与1975年相比，技术进步让第三方更易获取犯罪记录甚至逮捕记录。与此同时，新出台的法律默许雇主、学校、房屋交易机构等利用上述信息抵制涉毒人群。[9]上述两项变化中的每一项都足以给个人带来破坏性的打击，而对整个黑人群体的累积影响可以说是毁灭性的。武装治安管理、借口拦截导致逮捕量上升，技术进步令逮捕对象无处可逃，而由于法律上的改变，一次被逮捕将导致一生受到排斥，低人一等。

到2014年为止，大麻除罪化的支持者终于掌握了如何有力地控诉毒品战对黑人群体造成的毁灭性危害，这点与上述革新一样意义重大。1975年大麻除罪化的反对者声称让大麻入刑只是一个引发了种族差异的坏主意而已。时至2014年，主流意见发生了反转。正如某位大麻除罪化支持者在市议会听证会上所言，大麻入刑是针对“特区黑人社区和黑人居民发动的战争”。[10]米歇尔·亚历山大所著的《新吉姆·克劳法》为支持者理解毒品战提供了框架，并为后续批驳定了调子，对于这场运动意义重大。该书2010年一经出版，便成了所有关注监狱过度拥挤问题者的必读作品。特区市议会就大麻问题的辩论深受亚历山大的思想的影响，过程中有数位证人引用《新吉姆·克劳法》，更有一位议员表示，正是该书“迫使我深度参 220

与这场对话”。[11]

大麻入刑数十年来，对黑人群体造成的负面影响被记录在案，同时为寻求种族平等形成了全新且强有力的话语体系，二者共同为大麻除罪化奠定了良好局面。1975年民调显示，仅有39%的黑人选民支持大麻除罪化，51%反对。[12] 而在2014年的民调中，58%的黑人居民坚决支持大麻除罪化。[13] 甚至该市的教会也转变了立场。1975年，黑人牧师认定吸食大麻将导致海洛因成瘾，因此极力反对其除罪化。[14] 到了2014年，黑人牧师则认为大麻除罪化是通往刑事司法公平公正的途径。[15]

大麻除罪化意义重大。[16] 桑德拉·多泽尔因在车里的前储物箱藏有价值20美元的大麻被捕，并因此丢了在联邦快递的工作。有此遭遇的人数以千计，他们都证明了大麻除罪化的重要性。[17] 不过，这一成就同时折射出近年来刑事司法改革的影响是有限的。

首先，大麻少量持有者在入狱服刑人口中所占的比例不值一提。全美每1万名在押犯人中，仅有6名是因持有大麻而获刑的。[18] 此外，更值得注意的是，刑事司法改革者正逐步将“非暴力涉毒案犯”同“暴力案犯”区分开来，而前者包括大麻持有者。改革者认为非暴力涉毒人群值得同情，可以再给他们一次改过自新的机会；暴力案犯则罪有应得。

221 所谓仅限于非暴力涉毒案犯的刑事司法改革，贝拉克·奥巴马总统在其第二个任期内成为其最重要的推动者。[19] 2015年，奥巴马借在美国有色人种促进会年会发表广受期待的演讲之机，简要介绍了其刑事司法改革的最终方案。他将刑事被告分为两类，其一为非暴力涉毒案犯，总统认为这类人群入狱服刑“正是监狱过度拥挤的真正原因”。奥巴马认为现行司法体系对这类违法者的处罚过重：“假设你是个轻级别的毒犯，或者假设你违反了假释条例，你的确对社会造成了一定危害，但不至于为此付出20年光阴，甚至被判终身监禁。”[20]

奥巴马将非暴力涉毒案犯与另一类刑事被告，即暴力案犯作对比，他认为后者“需要服刑”。这指的是哪些人？“谋杀犯、掠夺犯、强奸犯、黑社会头目、毒枭——这些才是真正需要被投入监狱的人。”[21]第二天的记者会上，他解释了为何把减少强制最低量刑限定为“非暴力涉毒案犯”，并指出：“对暴力犯罪，我主张绝不姑息。”[22]

奥巴马将刑事司法改革的范围限定为低危害型非暴力涉毒案犯，这种做法在民选官员中很普遍，其中就包括黑人民选官员。在联邦层面，众议院推出的2015年《量刑改革法案》就得到全体黑人议员的支持，该法案提出的目标是：针对某些低危害涉毒案犯减少执行强制最低量刑，同时“确保暴力重刑案犯无法提早出狱”。[23]在各州和地方层面，黑人检察官都围绕非暴力犯罪开展了改革，其中有加利福尼亚州的卡玛拉·哈里斯、巴尔的摩的玛丽莲·莫斯比、费城的塞思·威廉斯。仅限于非暴力案犯进行改革的支持者要么对没有被纳入本轮改革的对象避而不谈，要么妖魔化暴力案犯，暗示对非暴力案犯宽容可以腾挪出更多空间长期关押暴力案犯。正如俄亥俄州众议员马西娅·福吉所言：“我们的现行体制主张严惩非暴力案犯，却让暴力案犯逍遥法外，肆意威胁我们的社区。”[24] 222

“仅限于非暴力案犯”的视角无可厚非，也得到了广泛支持。要不是我遇到了丹蒂，或许我也会支持的。

丹蒂·海史密斯说：“我想回家。”他话里的意思再明确不过。

他刚满16岁，与我在哥伦比亚特区橡树山青少年监狱的律师探访室见面。他的肤色较浅，有一双淡褐色的眼睛，一头辫发，看上去比实际年龄小，特别是身上那件超大码囚服，把他整个人罩在其中。

我曾问过丹蒂，他希望自己的案子怎么判。这么一个简单的问题，但鲜有人向他这么大的孩子提出过。“每一个手握权力的人只知道**冲**着当事人说话，却从不听**取**他们的想法。而公设辩护人服务处的每一位律师都会倾听。”这是在向我和其他新来的律师培训青少年法庭业务时，一位前辈律师对我们的教诲。

我努力倾听，却不知该如何应对丹蒂的请求，因为回家的路于他而言还很漫长。他被指控持械抢劫，证据确凿。警方报告显示，1月的某天晚上，冷得出奇，晚上9点刚过，一名男子在特区西北区哥伦比亚高地附近的第十四街等公交车。一名身穿黑夹克的少年靠近他道：“老兄，把钱拿出来，把钱拿出来。快把钱拿出来，要不我砍你啊！”

那名男子看到少年口袋鼓鼓囊囊的，以为是刀，甚至有可能是枪，于是他把衣服前口袋里的钱掏出来扔给对方，随后逃走。那名少年麻利地从地上捡起钞票，塞进牛仔裤口袋，朝反方向逃窜。

他并没能逃多远。上述一幕被街对面从杂货店里出来的女子目睹，她大叫起来，在店内工作的一名保安追了上去。少年没有保安跑得快，在跑过几个街区后被控制住，等待警察到来。店内的顾客早已报了警。警察赶到，对少年搜身，发现了一把刀具和12美元。
223 少年嫌疑人被问及姓名，他回答说：“丹蒂·海史密斯。”

当晚在警察局，丹蒂签了一份简短的认罪书，包含关键的犯罪情节，由他本人手写。在这份仅有一页纸的认罪书底部，丹蒂在自己的名字上方写下“对不起”。

我与检察官见面后，发现这个案子的情况竟然更糟。用法律术语表述，这次会面是“披露会”，检察官将提供警方报告及其他概述控方证据的材料。偏偏本案的检察官是林恩·莱斯利，一个有着近十年处理青少年案件经验的非裔女性检察官。同她开披露会，特别是如果对方是像我这样的公设辩护人新手，常常伴随着训导与指教。当时我办案才一年多，莱斯利为了打破我的纯真幻想，很可能乐于向我灌输被告造成的危害。据我所知，丹蒂的案子正是她那套说辞里的典型案例，她一定会喋喋不休。

莱斯利说受害者是一名非裔中年男性劳工，下班回家路上遭遇此劫。（我后来了解到他名叫杰里米·托马斯，不过包括莱斯利在内的许多检察官都更愿意称其为“我的受害者”。）她陈述完证据后，眯起眼睛说道：“福曼，你看，我的受害者过得并不容易。每天搬箱子，累断了腰，本本分分养家。到头来却遭抢劫！”

我明白她话里的意思。刑事司法体系不应区别对待受害者，人人都应受到法律的平等保护，惩治力度也不因受害者是贫穷还是富有，是黑人还是白人，或者是好人还是坏人而有所不同。不过这仅仅停留在理论上，实际上受害者的方方面面都会起作用。像托马斯先生这样的工薪阶层黑人男子是受害者的案子常常不受重视，在全美许多法院都是如此。好在特区的法院里黑人占了多数，尤其是他的案子偏巧又遇上了对口的检察官。由林恩·莱斯利接手，托马斯先 224
生的案子一定会被认真对待。这名黑人检察官种族意识很强，致力于推动司法体系重视黑人受害者。她提醒我，尽管我认为刑事司法惩罚力度过大，且本案属于民权问题范畴，但其他美国黑人则坚信犯罪肆虐、暴力横行仍是当下界定种族平等的大问题。她在办公室对我的指教，已让我能想象她在法庭上将如何掷地有声。“法官阁下，”她义愤填膺，“没有人该受到哪个小混混的恐吓，没有人该遭遇抢劫，更没有人该活在恐惧中。但我要向您表明，最不该遭受这些的就是托马斯先生。”

我担心她的话会奏效，特别是在某些法官那里。而我和丹蒂面临的最大障碍就是法官柯蒂斯·沃克，也就是拿马丁·路德·金博士说事，并最终把我的当事人布兰登关起来的那位。丹蒂的案子与布兰登的相比，也好不到哪儿去。虽说布兰登拿的是枪，比丹蒂的刀具更具危险性，可布兰登并没有实际用到枪，而丹蒂却实施了抢劫。莱斯利检察官主张丹蒂入狱服刑之言犹在耳边，我脑海中又响起沃克法官表示赞同的话。“孩子，”他俯视着丹蒂，语气强硬地说，“马丁·路德·金献出生命，可不是为了让你能拿着刀四处闲逛，抢劫辛苦劳动的人。”

丹蒂的情况大为不妙：犯罪证据确凿，检察官意志坚决，法官慷慨激昂。假如这一切发生在电影中，那么接下去我将找到一名之前被忽视的证人，他承认真凶是自己，丹蒂受到了陷害；或者我提交一份机智的法律动议，一举推翻公诉，打个漂亮的翻身仗。然而，公设辩护人的世界里没有奇迹可言，在丹蒂案这样的案件中，我只能扮演社工的角色。几乎可以肯定的是丹蒂会认罪，他的结局只能由判决前的听审定夺。我需要说服法官，除了入狱服刑，还有其他选项更适合丹蒂，对社区更有利，也更能体现公平正义。

225 要为丹蒂争取到合适的量刑结果，我就得从做社工开始，深入探查他的生活背景，以找到他被家庭、学校，或者其他机构抛弃，或者说被社会抛弃的那些瞬间。这之后我才最有可能确立一个将入狱服刑排除在外的计划，或者一套综合方案，既符合他的需求，也能从长计议，保障全社会的利益。[25]这种方式对成人和青少年案犯都适用，尤其适用于青少年法庭，因为对特区乃至全美大多数地方来说，让青少年案犯改过自新是法官的分内工作。[26]

当我深入了解丹蒂的生活背景之后，发现有不少可以下一番功夫的地方，我先从他早年经受的创伤入手。丹蒂此前从未被捕过，因此没有青少年犯罪记录。然而，当我前往查看他的儿童福利相关档案时，我收到相当厚的一大本活页文件，上面记录着他的痛苦往事。丹蒂还有个弟弟，名叫贾森。丹蒂8岁、贾森5岁时，他们的母亲便被剥夺了兄弟二人的监护权。在此前不久的一个深夜，一名社工于晚上10点临时到访贾森和丹蒂的家，发现他们坐在家门口的台阶上，无人看管。兄弟二人说这种情况时有发生，每当他们的母亲要和“妈咪的朋友”待一会儿时，就会让兄弟二人待在外面。母亲名叫贾辛达，她后来向社工承认自己染上“快克”毒瘾，在和“毒友”过瘾时，或者有时她要陪睡“上家”时，会让孩子们待在外面。

丹蒂的在校档案也令人沮丧。老师们都说他是个聪明的孩子，但行为不端妨碍了他的学业。他一会儿与某个学生打架，一会儿对某位老师语出不敬，此类失当行为层出不穷。这些事情虽说都无须严肃处理，但也无法让他顺利完成学业。他在上小学时就出现了行为问题，第一次停学处分长达两天，发生在他上二年级时。丹蒂推了一个同学，据他说，因为那孩子骂他母亲是妓女。除了类似警告，226
多年来，丹蒂从未接受过心理辅导或其他服务。除了不断延长停学时间，学校对他也并无他法。[27] 进入高中后，丹蒂已经受到两次停学处分，离被开除已不远。

他的生活中也有几抹亮色。丹蒂和贾森被从母亲那里带走后，并没有进入寄养程序，而是被送交给了他们的外祖母。尽管外祖母体弱多病，无法如她所愿带好两个男孩子，但她爱着两个孩子，从不沾毒品，尽她所能护着他们不受欺侮。丹蒂还是学校木艺课的明星学生。只要看一眼他和贾森的卧室，就能发现他的丰硕成果：每一个角落里都塞满了他制作的雕刻品和半成品，其中的代表作是一块近五英尺高的木板，顶部刻着弟弟的名字。这是贾森13岁生日时丹蒂送给他的礼物。贾森向我展示这件作品时，我能看出他崇拜哥哥。他说，这是“我收到的最珍贵的生日礼物”。

丹蒂一直避开刑事司法体系，直到此次被捕。那么，为何现在这个时候出了事？为什么要选那个夜晚？为什么要实施抢劫？我们见了几面，对抢劫这件事本身我一直避而不谈。直到我们的关系更进一步，我在感觉已获得他的信任时才问起事情的原委。他的故事有些老套，却是真实的。

丹蒂所在街区和临近两个街区的一伙人，自称“十三街古惑仔”。这名称同特区许多街头混混的帮名一样，透露着一种可笑的野心。“古惑仔”共有十人左右，尽管第十三街绵延数英里，但这些古惑仔悉数来自附近三个街区。这三个街区就是他们的地盘，生活在其中的青少年见到他们就胆战心惊。丹蒂12岁那年也意识到了这一点。外祖母派他去杂货铺买麦片，他从店里出来时不巧正碰上帮派中的三个成员，他们无论年纪还是块头都比他大，于是在他们索要
227 那盒麦片时，他别无选择只好给了出去。丹蒂两手空空，哭着回家去找外祖母。

现在丹蒂自己也快满16岁了，有机会加入帮派。他告诉我，他曾经抱着观望态度，因为觉得和一帮人站在街角似乎是浪费时间，但又喜欢那种兄弟义气，喜欢被保护的感觉。“假如有人罩着你，生活要容易得多。”他解释说。[28] 帮派里的成员教唆他，要他在公交站抢劫，然后把钱上交给帮派。其他人就在街角店铺后面的巷子里等

他。于是他就去做了，或者说去试了一把。

我开始为他设想一条新路。我问丹蒂，什么才能让他远离帮派，远离麻烦。他毫不犹豫地回答说："放学后有事做，这样我就不必去街角游荡。"他说他理想的生活是可以自食其力。于是，我想到了他的那些木刻。

我开始四处打电话。公设辩护人服务处的社工手上都有一份青少年当事人能够适用的项目名单。其中与手艺或买卖相关的为数不多，我要从中为丹蒂找出路。很快我就遇到了两个麻烦，其一，在特区，像丹蒂这样的问题孩子的数量远比为他们谋划的出路多，所以第一次电话咨询的答复一定是否定的，之后还得经历漫长的等待。（在公设辩护人服务处工作的时候，我们常常哀叹：除了进监狱不用等待，其余的出路都得排队。）我已经习惯被拒绝，于是想着只要不停地打电话，说不定哪天就能说服哪个人，磨出一条出路来。然而，我遇到的另一个麻烦更大。所有方案都对可以帮助的对象框定了一些规则，各有不同，有一条却一以贯之，即获得帮助的资格仅提供给非暴力案犯。虽说有一些指控值得商榷（我就曾与负责某个项目的官员就入室盗窃是否属于暴力犯罪进行过冗长的争论），但丹蒂被控"持械抢劫"，这无论如何都不属于非暴力犯罪。

电话打了一个又一个，结果都一样。我给这位岗位培训招生协调员打过，也给那位替代教育辅导员打过。我告诉大家，丹蒂在木 228
刻方面是有天赋的，他的卧室里满是木刻作品。我讲述了丹蒂如何克服家庭出身的种种阻碍，步履蹒跚走到现在，可能离有出息仅一步之遥，再给他这一次机会就能出现转机。可每一次得到的答复总是："先生，不好意思。我们对招生对象是有标准的，无法接收被控持械抢劫等暴力犯罪的人。"

奥巴马总统于2015年在美国有色人种促进会发表的演讲得到种族平等倡导者的赞誉。“我们终于拥有了一位理想中的总统，愿意直言不讳地谈论种族和人权，并强有力地表达观点。”乔治城大学教授迈克尔·埃里克·戴森写道。[29]改革派欢欣鼓舞，我能理解，因为终于——终于！——有一位美国总统愿意谈宽大处理犯罪的问题。然而，奥巴马等人坚持认为刑事司法改革仅仅针对“非暴力涉毒案犯”，结果就是，我从辅导员们那里只能得到一个回复——他们无法接收丹蒂。

将刑事司法改革限定于非暴力涉毒案件，这使得一种在深层次上有问题的叙事进一步得以强化。首先是比例。尽管全美在押非暴力涉毒案犯人数之多前所未有，令人震惊，但这并非“服刑人口数量过高的真正原因”。全美服刑人员中约有20%的人被控涉毒。因此，即使我们决定现在就把涉毒案的服刑人员全部释放，明天醒来时，美国也仍然是这个世界上服刑人口最多的国家。

还有一点需要澄清，改革派所称的“非暴力涉毒案犯”并不是指所有50万涉毒服刑人员，连其中多数都达不到。正如本书第五章所述，毒品交易引发极端暴力，“快克”时代犹是如此。尽管有些涉毒人员并不使用暴力，但这维持不了多久，因为温和派在毒品交易中只有死路一条。那些坚持对非暴力涉毒案犯网开一面，并仅仅针
229 对非暴力案犯的主张，没有考虑到广大服刑人员，使大多数涉毒服刑人员都被排除在外。

惠及面如此之窄的改革于2014年获得司法部宽恕动议的确认。司法部部长埃里克·霍尔德宣布司法部将考虑向总统提议，对20世纪80年代末和90年代入狱服刑、刑期极长的一些涉毒案犯予以减刑，此举让他登上了媒体头条。[30]霍尔德的声明受到欢迎，因为其中涉及的刑期的确太长了，当年对涉“快克”可卡因案犯的判罚期

限要远大于对涉粉末可卡因的，非裔美国人因此深受其害。然而，限制太严格，仅限于在联邦监狱中已服刑10年的犯人，且无严重的犯罪记录，即那些“非暴力、危害小”的犯人，且“在服刑前或在押期间并无暴力犯罪记录”。司法部出台的宽恕标准将暴力犯罪排除在外的同时，也将大多数联邦监狱的犯人拦在了标准之外。

“仅限非暴力案犯”方案的支持者还表示这只是一系列举措的开端。他们说，改革必须从非暴力案犯入手，惠及其他案犯的政策也许后续会出台。奥巴马总统的高级顾问瓦莱丽·贾勒特对全国公共广播电台表示：“从非暴力案犯入手改革，我们走出了重要的第一步，但是这并不意味着改革的全部。如果有研究表明我们应该针对司法体系的其他内容进行调整，我们也会回过头去评估。让我们以共识为起点，逐步往前推进，不要让完美主义成为我们的绊脚石。”[31]

我支持上述观点，却并非仅仅因为贾勒特口中的政治现实。正如前文所言，监狱过度拥挤的成因并不单纯，是由不同群体做出看似无关紧要的决定，并随着时间的叠加而逐步形成的。在此认识的基础上，要解决监狱过度拥挤，也得经过相同的路径才可能实现。因此，从罪责最轻、对社会危害最小的个体入手是有道理的。

然而，刑事司法改革从非暴力涉毒案犯入手也许很容易走入死 230
胡同。只要回顾一下总统本人的表述就能一窥端倪。奥巴马宣传他对那些暴力案犯“决不同情”“决不怜悯”时，等同于永久禁止这个人数更多的群体被纳入改革。上述言论对暴力案犯不做区分，不允许例外，不允许具体案例具体分析。无论暴力犯罪起因为何，经过怎样，或者是否适用从轻处罚都不重要，只要过去有暴力犯罪史，就永远不得宽恕。

奥巴马本该知道这方案的漏洞。他经常引述的《火线》出自戴维·西蒙之手，反映“快克”肆虐时期发生在巴尔的摩的故事。那是奥巴马最喜欢的电视剧之一，2015年，他还邀请西蒙到白宫讨论刑事司法改革问题。不过对于一个支持改革仅适用于非暴力案犯的总统而言，喜欢《火线》似乎有些奇怪。剧中除了海洛因成瘾者巴博斯，没有一个主要角色有资格适用司法部颁布的宽大处理标准。尽管该剧充斥着严重暴力，但多数观众——显然也包括奥巴马——并不认为该剧仅讲述了一帮残忍无情的恶棍的故事。原因何在？因为观众看到的并不仅是他们的暴力行为，而是他们的全部人生，当然也包括逮捕记录或刑事记录。不出所料，奥巴马对西蒙说：“（刑事司法改革面临的）第一个挑战，是要确保把常被地方新闻曝光的那帮人从阴暗角落里拉出来，展现他们的人性，讲述他们的故事。而这就是你所做的工作，它尤为重要。”[32]

这是正解。如果“仅限非暴力案犯”的支持者能以上述视角看待问题，情况将会有所改观。在全美监狱中，暴力案犯占53%，其中多数都是抢劫犯，与丹蒂相似。[33]他们身上的“暴力案犯”标签
231 却将他们禁锢在阴暗角落里，不允许我们同情，教唆我们置他们的个人经历于不顾，导致我们与他们划清界限——他们就是暴力案犯，他们应该待在牢房里。正如布莱恩·史蒂文森所写，这会导致我们以他人做过的最糟糕的事定义他人。[34]因此，我们将永远无法解决220万美国人身陷囹圄这一人权危机。

丹蒂的事，最终有人点了头，此人不在我曾试图借助的项目名册上，甚至我打不打电话都没什么用。解救丹蒂的正是他的母亲贾辛达，她在教堂报名了匿名戒毒会，正在康复中。尽管她失去了对两个儿子的监护权，但被允许随时探望。在与我的交谈中，贾辛达

坦承她为人母的失职之处，并表示正是她的失职害了丹蒂。我们第一次会面时，她即表示决定重新开始。我从其他父母那里听到过不少类似发誓，我知道一般人很难做到。但贾辛达正在努力实现诺言，她出席丹蒂的每一次开庭，替他向社工和法官求情，还定期打电话询问我案子的进展。

当我告诉她丹蒂因被控暴力犯罪而遭到所有项目的拒绝时，她就去求自己身边的人。匿名戒毒会的一个朋友告诉她，有位名叫加夫尼的五旬节派牧师正在主持一个学徒项目，为十几岁的男孩提供木工培训、咨询和生活技能方面的辅导。尽管项目并不起眼，且尚无成功案例，但这正是丹蒂眼下所需要的。丹蒂也不排斥。再过两周他的案子就要宣判了，我们暂时还没有其他方案可选择，因此这是条出路。

但一想到沃克法官，我因丹蒂有出路而产生的兴奋之情就打了折扣。只因为丹蒂被这个项目接纳，并不意味着沃克法官会批准此事。我能够向众人说明丹蒂值得我们再给一次改过自新的机会，耳 232
边却仿佛听到林恩·莱斯利的辩驳。她肯定会站起来对沃克法官说，这个年轻人**说**此前并未做过这种事，他**说**自己还不算帮派成员，可我们听到的只是他的一面之词。她还会说，丹蒂是青少年，对没错，但是马上要成年了。假如他抢劫托马斯先生发生在一周之后，那时他年满16岁，即会被移交给成人法庭并面临15年的有期徒刑。莱斯利将继续步步紧逼，试图借丹蒂还年轻这事打击他。这招在20世纪90年代的法庭屡见不鲜，当时青少年犯下"滔天大罪"的话题成为全国关注的焦点。丹蒂面临量刑的前一年，即1996年，前联邦禁毒沙皇威廉·J.贝内特及同事曾警告说："当下的美国正成为各类青少年重罪犯的温床，他们极端冲动且冷酷无情，其中甚至包括年幼的男孩。他们谋杀，伤人，抢劫，入室偷窃，涉致命毒品，加入持枪帮派，制造严重的社区问题。”[35] 谁敢说丹蒂不是其中一员呢？

即使沃克法官在丹蒂还值得给机会改过方面和我意见一致，但林恩·莱斯利也还有王牌，即受害者。法官们与检察官们经常意见一致，给受害者以正义意味着要通过最能体现刑事司法体系特点的方式惩罚被告：入狱服刑。

我别无选择，决定去找那个遭丹蒂劫掠的男人。我想告诉他我们在量刑上的想法，更重要的是，想让他了解丹蒂这个人。他只是通过那个夜晚的可怕经历来看待丹蒂这个年轻人，我想告诉他丹蒂远非如此。服务处的律师有时也去找受害者，却不常去，因为基本不奏效。我们几乎连大门都进不去，因为我们要为之辩护的人曾经伤害过他们，许多受害者并不欢迎我们。此外，这样做还可能起到反作用。即使我表现得再专业，再得体，受害者也仍然有可能把我
233 的到访视作不必要的压力，甚至是逼迫。假如他这么认为，那么他有可能会告诉检察官，进而沃克法官也将知道。法官也许会因为我的罪过惩罚丹蒂，无论这罪过是事实上的，还是被认定的。

尽管存在这些风险，但我也不得不冒险一试，因为这可能是丹蒂唯一的机会。林恩·莱斯利在提出量刑方案时肯定会考虑托马斯先生的意见，沃克法官做出判决时必然也会考虑受害者的意见。假如托马斯先生出庭时要求判被告入狱服刑，那么结果几乎是板上钉钉了。

我同托马斯先生的谈话发生在离北国会街不远处一栋联排住宅的一楼。这种社区在特区很常见，一两英里外就是国会大厦和其他标志性建筑物，而其中却危房遍布，垃圾满街，好似来到另一个世界。那是一个周日，下午6点左右，这个时间人们通常都在家。（除非遇上橄榄球赛季，要知道那个时候打扰人们看华盛顿红人队的比

赛，只会引起反感。）在本该是门铃的位置仅剩下一个洞，于是我敲了敲门。起初是试探性的，后来逐渐用力。一个十来岁的孩子来应门，随后一个男人也走了过来。他看起来50岁上下，正是托马斯先生。

我告诉他，我是曾抢劫他的那名少年的代理律师，之后立即补充说我了解到一些情况，猜他可能想知道。“我可以进去吗？就几分钟。”我问道。他迟疑了一下，然后打开门让我进去，并叮嘱我快点说，因为他正在做晚饭。

示意我在一张特大号沙发上就座后，托马斯先生在我对面的一把配套扶手椅上坐了下来。房间被一个大大的电视机柜占据，顶部放着家庭合影，其中多数都是两个男孩的，包括那个去应门的孩子。

我们一落座，我就开讲，几乎一口气讲完。我将已知的丹蒂的童年经历告诉了托马斯先生，他的母亲可卡因成瘾，常常深夜丢下孩子不管。那一晚的抢劫是丹蒂加入一个社区小帮派的投名状。因 234
为帮派让他有种家的归属感，而这种感觉在家里无法获得。丹蒂心灵手巧，有个教会支持的行业项目答应接纳他。我一口气说完，担心自己没说清楚，但我还是继续往下说出了自己的请求：托马斯先生能不能考虑对法官说他同意丹蒂去参加那个项目，而不是坐牢。

我在结束喋喋不休前，递给托马斯先生一份警方报告的复印件，丹蒂的认罪书也在其中。辩护律师一般不主动拿出对被告不利的证据，不过既然丹蒂已经认了罪，我想这也无妨。我打算让托马斯先生看看丹蒂曾将歉意写在了认罪书上，于是把那页纸递给他，并告诉他，在我代理的案件中，没有哪个被告因为实施夜间抢劫向受害者道歉。可是丹蒂这样做了，这正反映出他的人品。随后我交给托马斯先生一封丹蒂写给他的信。丹蒂在信中再次表达了歉意：“我对您做了错事。不过我并不是坏人，如果您肯宽恕我，我不会让您失望。”

托马斯先生从我手中接过文件，浏览之后站了起来，告诉我他要失陪一下，便离开了房间。这出乎我的意料，我一时不知所措。他会不会去给检察官打电话，直接控诉我此时此刻的所作所为？厨房里传来的声音打断了我的不安，其中一个肯定是托马斯先生。然后他停止了说话，只剩下一个年轻人的声音，我猜应该是那个去应门的男孩。孩子的声音很轻，口吻却不容置疑，只言片语传入了我的耳朵，他似乎谈到了丹蒂的认罪书。起初我有些纳闷，随后便明白了，原来孩子正在给父亲读那些材料。他先读了认罪书，接下来读了丹蒂的道歉信。几分钟后，托马斯先生返回了房间。这次他并没有落座，而是站着对我说："先生，我会考虑您的请求。不过现在
235 我得去做饭。"他似乎并没有生气，不过也没有要挽留我的意思。

距庭审宣判还有两周时，我倍受煎熬。我反复回顾自己与托马斯先生的谈话，反复追问自己是否本可以，或者本应该换个说法。尽管除了怀着希望等待外别无他法这一点让我如坐针毡，但我至少还可以把精力投入别的案子里去。而丹蒂和他的母亲只能眼巴巴地等待，几乎每天轮流打电话向我询问进展。贾辛达想法频多，宣判前一晚她提出想亲自见见托马斯先生。我回复她说，我很理解她想为儿子做些什么的急切心情，但是我敢断定这样做只会增加沃克法官的反感。

第二天上午，法庭外的走廊上一如既往地热闹，有律师和当事人、当事人亲属，还有证人、社工，以及法庭工作人员。受害者或其他重要证人一般会由检察官办公室派人负责护送到庭。不过，我刚到没一会儿，就看见托马斯先生已经坐在长椅上等候了。他身穿黑色西装，身边没人陪同。

我过去和他打招呼。由于没想到能在这里见到他，也就没有想

过我该说些什么。我顾左右而言他，前言不搭后语，直到他打断我。“我一直在考虑你那天告诉我的事情。”他边说边把手伸进口袋摸出几页纸，正是丹蒂的认罪书和道歉信。“这孩子请求我的宽恕，”他指着信说，“我不敢保证我能做到。”他的视线越过我，望向我们将要进入的法庭，随后说道：“不过我打算试试。”

我深深地松了一口气，向他道谢。就在这个时候，林恩·莱斯利来了。她看到我同受害者说话，似乎很生气，于是我借故离开。在去找丹蒂家人的路上，我暗自祈祷，希望托马斯先生不会改变心意。

他的确没有。庭审开始后，林恩·莱斯利和我各自做了陈述。她请求法官将丹蒂送到橡树山，至少关两年。我主张判缓刑，并将 236
他纳入我们已经找到的木工项目。不过，真正起作用的还是托马斯先生的话。他把在走廊上和我说过的关于宽恕的话对法官讲了一遍。他告诉法官自己曾为此事祈祷，最终问了自己一个问题：如果自己的儿子和丹蒂的处境相同，身为父亲的愿望会是什么？他说，有鉴于此，会支持我提出的方案，不支持将丹蒂投入监狱。

沃克法官注重效率，在听了托马斯先生的发言后即刻给出回应。这次没有什么马丁·路德·金式的长篇大论，他直视着丹蒂说道：“我希望福曼先生所讲的关于你的一切是对的，我希望你永远不要忘记托马斯先生。要不是他施恩于你，我不会做出如下判决。”沃克法官拿着丹蒂写的道歉信，就是托马斯先生呈给法庭的那封，说道：“孩子，信写得不错，但这不过是文字而已，这些年我见过许多这样的例子。因此，你要感谢他，就用你的实际行动，而不仅仅是写封信了事。”

自打丹蒂的案子宣判那天起，我就一直在思考：如果我们都尝试以托马斯先生的方式解决问题，我们的刑事司法体系会怎样？如果我们明白正义需要的是问责而非报复；如果我们理解法律的平等保护（包括对长期得不到应有保护的黑人受害者的保护）并不意味着必须对罪犯施以严惩；如果我们致力于重视黑人受害者的生命，同时不采取导致黑人被告被大规模监禁的政策；如果我们施以怜悯，报以仁慈，求得宽恕；如果上述设想对包括加害者在内的所有人一视同仁，我们的刑事司法体系又会怎样？

如果从政策层面考虑，就得进一步扩展当前改革提案的外延：建立审前转化项目，把部分人送去戒毒，而不是投入监狱；设立专款，为公设辩护人提供充裕的资助；废止强制最低量刑，将自由裁量权交还给法官；在青少年惩教所和成人监狱中设立符合标准的学
237 校；将选举权还给刑满释放人员（甚至更进一步，允许在押案犯参与选举）；社会要接纳刑满释放人员，而不是一味排斥或羞辱他们。在几年前，这些想法会被嘲讽为天真至极，愚蠢至极，不过现在终于获得了认同，40年来，这是第一次。今后我们共同的任务是将这些努力进一步深化和扩大化，同时确保其不仅限于非暴力案犯。

唐纳德·特朗普在竞选总统时打出“法律与秩序”的旗号，承诺放弃奥巴马政府主导的有限改革，但这并不意味着上述努力将付诸东流。在罪与罚的问题上，虽然媒体大多聚焦联邦政府的作为，但市、县、州层面的动作也不容忽视。治安与警务几乎属于地方事务，并且全美90%的在押犯都在州立监狱，而非联邦监狱。对我们这些寻求更为人性化的刑事司法体系的人而言，上述情况传递出一个明确信息，即我们必须加强州和地方层面的工作。

政策的改变固然重要，却只是一个方面。个体的选择同样重要。丹蒂之所以避免了牢狱之灾，完全是因为托马斯先生决定替他说话。还有加夫尼牧师，他决定为生活不易的青少年开辟木工项目这条出

路，并允许有持械抢劫前科的人加入，他的选择永远地改变了丹蒂的人生。

我们作为美国人要面临的挑战，是认识到我们每个人在自己的领域中拥有的力量，以此抗击监狱过度拥挤造成的严酷。最近我在耶鲁大学讲刑事司法体系时，就意识到了这一点。演讲结束时，一位年轻女士对我说："我完全认同您的观点，也想做些什么。可我是管理学院的学生，不是律师。我能做些什么？"

其实大有可为。我把桑德拉·多泽尔和丹蒂·海史密斯的故事讲给她听，之后我问她，作为未来的企业领袖，面对有前科的雇员，她是一刀切地在试用期就将他们解雇，还是采用更宽容、更量身定 238
制的方式，具体情况具体分析？或者说，如果她未来打算创业，何不像洛杉矶的"帮派改造"看齐，为前帮派成员或刑满释放人员提供就业培训，给他们一个自食其力的机会。

知易行难。不过想想托马斯先生吧，他当年做出那个决定并不容易。检察官林恩·莱斯利从受害者的立场出发要求判处丹蒂入狱服刑，是在向沃克法官所代表的特区刑事司法体系提出请求，这个请求完全符合刑事司法体系建立的框架，如果托马斯先生同意的话也完全是他的权利。毕竟正是以像他这样的受害者的名义，刑事司法体系才得以构建。种族歧视和经济不平等不该成为受害者生活中的枷锁，正如检察官所言，他们不该在下班回家途中遭遇抢劫。托马斯先生却给了丹蒂一个重生的机会，他尤为值得敬佩。

虽然托马斯先生等人的个人选择并未触及体制的一分一毫，却对卷入其中的人影响深远。我之前所述政策层面的诸多革新也是如此，其中每一项改革触及的也许仅是庞大刑事司法机器中微小的一部分。要同全球最大、种族成见最深的监狱体系对抗，这种渐进式的改革可能显得微不足道。但我们理应看到，既然监狱过度拥挤并非一日之寒，要想瓦解它也得用水滴石穿之力。

几年前，我从特区市中心某地铁站出来，经过一处工地时听到上面有人喊我："福曼先生！"我抬头认出那是丹蒂：看到他时我迟疑了一会儿，他的案子宣判后，毕竟已经过去了超过15年，自那之后我一直没有和他联系。他一获得缓刑，我就去忙别的案子了。此后，我只知道在我担任公设辩护人期间，他并没有再度犯案，因为他一旦再犯，案子必然会分配给我。除此之外，我对他后来的生活一无所知。

而此刻他就站在我眼前，长胖了，蓄着山羊胡。成年的丹蒂在从事建筑工作，戴着安全帽。

239 我们没聊多久，他手里有活，而我还有个会已经迟到了。尽管他出于礼貌不愿承认，但我觉得他并不像我那样期待能长聊。公设辩护人看到昔日的当事人过得似乎还不错，很享受这难得一见的时刻，然而多数当事人并不这么想。与曾经代理过自己案子的律师重逢，会让他们想起自己人生中最感无助的时刻。其中或许也包括丹蒂。

不过，我还是大概了解了丹蒂后来的经历。他完成了木工课程，并拿到了普通教育发展证书。尽管找工作不易，保住工作也很难，但他没再惹上麻烦，或再度被捕。最终他受雇为一个建筑队干活，现在有了稳定的工作，并有了自己的儿子。

我并没打算同他长聊，不过在离开时我告诉他，我有时还会想起当年那个案子。我说我还记得托马斯先生，以及他几经思量后最终选择原谅的过程。"我也是，"丹蒂缓缓说道，"我也是。"随后他转身离开，继续回去干活。

注　释

序篇

1 例如，见Robert E. Pierre, "Oak Hill Center Emptied and Its Baggage Left Behind," *Washington Post*, May 29, 2009; Anne Hoffman, "D.C.'s Juvenile Justice, Then and Now," *All Things Considered*, October 26, 2012。

2 William Sabol and James P. Lynch, "Sentencing and Time Served in the District of Columbia Prior to Truth in Sentencing" (Urban Institute, 2001), 4. 91%的重罪犯为男性。出处同上。

3 Marc Mauer and Tracy Huling, *Young Black Americans and the Criminal Justice System: Five Years Later* (Sentencing Project, 1995).

4 例如，见Michelle Alexander, *The New Jim Crow: Mass Incarceration in the Age of Colorblindness* (New Press, 2010)。

5 Justice Policy Institute, "The Punishing De cade: Prison and Jail Estimates at the Millennium" (2000), 3, 5.

6 Douglas Martin, "James Forman Dies at 76; Was Pioneer in Civil

Rights," *New York Times*, January 12, 2005.

7 "他将战斗友情与合作之谊注入了我们的组织，此举前无古人，后无来者。"时任学生非暴力协调委员会联络部主席的朱利安·邦德（Julian Bond）回忆说。邦德后来担任美国有色人种促进会主席。Joe Holley, "Civil Rights Leader James Forman Dies," *Washington Post*, January 11, 2005.

8 Marc Mauer, *Race to Incarcerate* (New Press, 1999), 121.

9 Clarence W. Hunter, "Search Begins to Fill Superior Court Slot," *Washington Afro-American*, April 19, 1986.

10 Nazgol Ghandnoosh, *Race and Punishment: Racial Perceptions of Crime and Support for Punitive Policies* (Sentencing Project, 2014), 9.

11 黑人参与者被忽视是趋势，却也有例外。例如，见Randall Kennedy, *Race, Crime, and the Law* (Vintage Books, 1998), 370–372; Lisa Miller, *The Perils of Federalism* (Oxford University Press, 2008), 147–166; Vanessa Barker, *The Politics of Imprisonment: How the Democratic Process Shapes the Way America Punishes Offenders* (Oxford University Press, 2009), 149–151; Michael Javen Fortner, *Black Silent Majority: The Rockefeller Drug Laws and the Politics of Punishment* (Harvard University Press, 2015); John Clegg and Adaner Usmani, "The Racial Politics of the Punitive Turn" (unpublished manuscript, June 2016)。

12 例如，见David A. Sklansky, "Not Your Father's Police Department: Making Sense of the New Demographics of Law Enforcement," *Journal of Criminal Law and Criminology* 96, no. 3

(2006): 1209–1243。

13 1970—2011年，全美民选黑人官员数量从1 469人增加到10 500人，增长了800%。Juliet Eilperin, "What's Changed for African Americans Since 1963, by the Numbers," *Washington Post*, August 22, 2013.

14 *Capitol View Civic Association Newsletter* 4, no. 6, May 1979. Washingtoniana Collection, CA Box 11, Martin Luther King Jr. Memorial Library, Washington, D.C.

15 Craig K. Lisk and Fifty Residents to Marion Barry and Other Elected Officials, November 28, 1988, David A. Clarke Papers, Box 47, Folder 21, Special Collections Research Center, George Washington University Library.

16 可参见前联邦检察官、纽约市市长鲁道夫·朱利安尼在美国国家广播公司栏目《会见新闻界》中发表的言论："全美93%的黑人受害者是被黑人所杀，你竟然没打算讨论这个问题，真让我失望。"他进一步补充道："那个可怜的黑人孩子被别的黑人孩子所杀，你怎么不拍案而起？" "Giuliani & Dyson Argue Over Violence in Black Communities," *Meet the Press*, November 23, 2014. 朱利安尼的论调并非首创，历史学家哈利勒·吉卜兰·穆罕默德称之为"打暴力犯罪牌"，这最早可以追溯至19世纪末，即主流人群针对少数民族和少数种族社区的暴力犯罪口诛笔伐，旨在打消他们消除歧视的诉求。Khalil Gibran Muhammad, "Playing the Violence Card," *New York Times*, April 6, 2012; Muhammad, *The Condemnation of Blackness: Race, Crime, and the Making of Modern Urban America* (Harvard

University Press, 2010), 97, 132.

17 政治学家丽莎·米勒一直致力于该课题的研究。Lisa L. Miller, "Black Activists Don't Ignore Crime," *New York Times*, August 5, 2016.

18 实际上，朱利安尼在做出此番批评时忽略了一个事实，即"黑人侵害黑人的犯罪"这种说法是黑人评论员首创的。我们将在本书第四章详述。

19 政治学家迈克尔·福特纳认为："监狱过度拥挤并非源于白人抵制种族平等，而是黑人中沉默的大多数对其社区的'恐怖犯罪统治'进行反抗所致。"我对此持异议。Fortner, *Black Silent Majority*, 23.

20 例如，见 Michelle Alexander, *The New Jim Crow*, 205–206; Elizabeth Hinton, Jullily Kohler-Hausmann, and Vesla Weaver, "Did Blacks Really Endorse the 1994 Crime Bill?," *New York Times*, April 13, 2016; Miller, *Perils of Federalism*, 147–166。

21 塔那西斯·科茨强调了在罪与罚的问题上阶层之于黑人政治的重要性。"Black and Blue: Why Does America's Richest Black Suburb Have Some of the Country's Most Brutal Cops?," *Washington Monthly*, June 2001.

22 Bruce Western, *Punishment and Inequality in America* (Russell Sage Foundation, 2006), 26–27.

23 我承认，在美国黑人各阶层中的确存在"关联命运"（linked fate）。Michael C. Dawson, *Behind the Mule: Race and Class in African-American Politics* (Princeton University Press, 1994)。不过，黑人对这个问题的看法也视情况有所不同。凯茜·科恩

在观察黑人阶层对艾滋病和HIV危机的回应时发现："并非每个黑人对社群都具有同等意义，因而并非每个黑人都平等享有维护社群利益的投票权，继而也得不到其他非裔美国人的支持。" Cathy J. Cohen, *The Boundaries of Blackness: AIDS and the Breakdown of Black Politics* (University of Chicago Press, 1999), xi. 我认为，被控犯罪的黑人绝大部分是穷人，尽管也有例外，通常这些人在其他非裔美国人眼里并不值得给予政治上的支持。更深入的讨论，见James Forman, Jr., "The Black Poor, Black Elites, and America's Prisons," *Cardozo Law Review* 32(2011): 791。

24 Daniel J. Freed, "The Nonsystem of Criminal Justice," in *Report to the Task Force on Law and Law Enforcement* (Violence Commission, vol. 13, 1969).

第一章　以此入手，向毒品开战

1 Michael H. Tonry, Malign Neglect: *Race, Crime, and Punishment in America* (Oxford University Press, 1995), 82.

2 例如，见Michael Tonry and Matthew Melewski, "The Malign Effects of Drug and Crime Control Policies on Black Americans," in Michael Tonry, ed., *Thinking About Punishment: Penal Policy Across Space, Time and Discipline* (Ashgate Publishing, 2009), 81, 104–105。

3 同上，105–109。

4 "Behind the D.C. Numbers: The War on Marijuana in Black and White," ACLU, June 2013, 4.

5 Harry S. Jaffe and Tom Sherwood, Dream City: *Race, Power and the Decline of Washington, D.C.*, rev. ed. (Argo-Navis, 2014), 12.

6 "Three Mayors Speak of Their Cities," *Ebony*, September 1974, 35. Gloria Wolford, "Kenneth A. Gibson Elected in Newark," *Baltimore Afro-American*, June 27, 1970.

7 District of Columbia Home Rule Act, D.C. Code §1–201 (1973).

8 关于国会限制特区地方自治的重大讨论，见Michael K. Fauntroy, *Home Rule or House Rule? Congress and the Erosion of Local Governance in the District of Columbia* (University Press of America, 2003) and Ronald Walters and Toni-Michelle C. Travis, eds., *Democratic Destiny and the District of Columbia* (Lexington Books, 2010)。

9 "Mayor, City Council Take Oath Today," *Washington Post*, January 2, 1975; LaBarbara Bowman, "Mayor, Council Sworn In," *Washington Post*, January 3, 1975; Jaffe and Sherwood, *Dream City*, 55; Ernest Holsendolph, "Elected City Officials Inaugurated in Washington," *New York Times*, January 3, 1975. 关于乔治·克林顿和《巧克力城》专辑的讨论，见Hopkinson, *Go-Go Live: The Musical Life and Death of a Chocolate City* (Duke University Press, 2012)。

10 Jonetta Rose Barras, "The Strange World of David Clarke," *Washington City Paper*, September 29, 1995; Elizabeth Becker, "One-Time Allies Now Vie for Ward One Council Seat," *Washington Post*, October 28, 1974; Jacqueline Trescott, "David Clarke, the City Council's Big Little Man: Tempering

Temper with Compassion," *Washington Post*, February 7, 1983; Michael Abramowitz, "A Civil Rights Champion of Unrelenting Intensity," *Washington Post*, August 31, 1990.

11 Greg Mize, interview by author, January 2014, 19; Barras, "The Strange World of David Clarke."

12 Jerry V. Wilson, *The War on Crime in the District of Columbia*, 1955–1975 (U.S. Department of Justice, 1978), 77, Table 7–21.

13 Carroll Kilpatrick, "Nixon Labels Drug Abuse Crisis for U.S.," *Boston Globe*, June 18, 1971.

14 Michael Massing, *The Fix* (University of California Press, 2000), 137.

15 Stuart Auerbach, "Penalty End Asked On Home 'Pot' Use," *Washington Post*, March 23, 1972.

16 Fred P. Graham, "National Commission to Propose Legal Private Use of Marijuana," *New York Times*, February 13, 1972; National Commission on Marihuana and Drug Abuse, *Marihuana: A Signal of Misunderstanding* (1972), 91.

17 Massing, *The Fix*, 136.

18 Lily Rothman, "The Conservative Case for Legalizing Marijuana," *Time*, February 26, 2015.

19 James T. Wooten, "Carter Seeks to End Marijuana Penalty for Small Amounts," *New York Times*, August 3, 1977. 卡特这番表态标志着大麻除罪化运动进入高潮。迈克尔·马辛（Michael Massing）认为，"政界正酝酿一股针对大麻的强烈反弹"，预示着里根总统发起的禁毒战即将到来。Massing, *The Fix*, 142.

20 *Washington Star-News*, December 6, 1974.

21 Bill No. 1–44, Legislative Services Office, D.C. City Council, 1, 2.

22 D.C. Code, Sec. 33–423 (1975).

23 Timothy S. Robinson, "Halleck Loses Struggle to Keep D.C. Judgeship," *Washington Post*, May 21, 1977; Eugene L. Meyer and Timothy S. Robinson, "Judge Halleck Held Qualified, Reappointment Left to Ford," *Washington Post*, September 20, 1975.

24 *Reform of Marijuana Laws: Hearing on Bill 1–44 Before the Commission on the Judiciary and Criminal Law*, D.C. City Council (July 16, 1975, morning session), 47. Legislative Services Office, D.C. City Council.

25 Washington Urban League, "An Examination of Differential Patterns in the Arrest and Disposition of Marijuana Possession Cases in Washington, D.C." (1975).

26 *Reform of Marijuana Laws: Hearing on Bill 1–44* (July 16, 1975, morning session), 77.

27 同上，47, 53, 58。

28 *Reform of Marijuana Laws: Hearing on Bill 1–44* (July 16, 1975, afternoon session), 3.

29 同上，3–7。

30 *Reform of Marijuana Laws: Hearing on Bill 1–44* (July 16, 1975, morning session), 32.

31 Robert L. DuPont and Richard N. Katon, "Development of a

Heroin-Addiction Treatment Program: Effect on Urban Crime," *Journal of the American Medical Association* 216 (May 24, 1971), 1320–1321.

32 William L. Claiborne, "City 'Heroin Epidemic' Cited," *Washington Post*, February 5, 1971; William L. Claiborne, "Heroin Treatment in D.C. Extended by 2 Years," *Washington Post*, January 11, 1972; William L. Claiborne, "D.C. Heroin Addicts May Total 18,000," *Washington Post*, December 19, 1970; Suzannah Lessard, "Busting Our Mental Blocks on Drugs and Crime," *Washington Monthly*, June 1971.

33 Claiborne, "City 'Heroin Epidemic' Cited"; Anne Hebald, "10,400 Using Heroin," *Washington Post*, August 10, 1970. 美利坚大学的研究者在一项研究中发现，典型的华盛顿哥伦比亚特区海洛因成瘾者在19岁之前即开始吸毒。James Q. Wilson, *Thinking About Crime* (Vintage, 1985; rev. ed.), 203; Whitney M. Young, "Two Big Reasons Why They're Cracking Down on the Drug Threat," *Washington Afro-American*, March 17, 1970.

34 Wilson, *Thinking About Crime*, 205.

35 阿尔伯特·彼得曼及其团队问哥伦比亚特区居民他们如何保护自己不受犯罪侵害，38%受访者脱口而出，他们避免在夜间出门。Albert D. Biderman et al., *Report on a Pilot Study in the District of Columbia on Victimization and Attitudes Toward Law Enforcement* (Bureau of Social Science Research, 1967), 128–129. 加固门锁、给窗户加护栏是两种最为常用的自保措施。出处同上。Young, "Two Big Reasons"; Ronald Kessler, "The Heroin

Economy: Millions a Day," *Washington Post*, May 12, 1970; Haim G. Ginott, "Between Parent and Teenager: Addiction," *Washington Post*, September 18, 1969.

36 Robert L. Asher, "The Methadone Treatment: Using a Drug to Fight a Drug: Pros and Cons," *Washington Post*, November 17, 1970.

37 Comptroller General of the United States, "Narcotic Addiction Treatment and Rehabilitation Programs in Washington, D.C." (April 20, 1972), 10–11.

38 Joe Mack, Jr., "Trio Fights Dope Use in D.C.," *Chicago Daily Defender*, January 16, 1971.

39 *Federal Drug Abuse and Drug Dependence Prevention, Treatment, and Rehabilitation Act of 1970: Hearing on S. 3562 Before the Special Subcommittee on Alcoholism and Narcotics of the S. Comm. on Labor and Public Welfare*, 91st Congress 530 (1970) (statement of Col. Hassan Jeru-Ahmed, director, Blackman's Development Center, Washington, D.C.), 544. 在哈桑主导的组织中，即使使用如此微量的美沙酮，也会引发争议。见Gary Lindsay, "Black Man's Army in War Against Drug Abuse," *Washington Afro-American*, October 11, 1969。

40 Statement of Hassan Jeru-Ahmed before Senate Subcommittee, 530.

41 同上，508。

42 William Raspberry, "Methadone Use: Another Blunder," *Washington Post*, May 11, 1974.

43 Statement of Hassan Jeru-Ahmed before Senate Subcommittee, 530; Mack, "Trio Fights Dope Use" ; Lindsay, "Black Man's Army."

44 一位曾与康涅狄格州纽黑文市的海洛因成瘾者共事过的医生表示，该市黑豹党同"黑人发展中心"一样对美沙酮抱有敌意，他们视美沙酮为"黑人聚居区的'创可贴'，它的存在是为了阻止即将发生的全面革命"。Kathleen J. Frydl, *The Drug Wars in America, 1940–1973* (Cambridge University Press, 2013), 336.

45 Lindsay, "Black Man's Army."

46 Statement of Hassan Jeru-Ahmed before Senate Subcommittee, 544.

47 黑人发展中心制作传单，敦促黑人群体团结起来抵抗海洛因供货者与交易者。Statement of Hassan Jeru-Ahmed before Senate Subcommittee, 516. 哈桑怒对黑人毒贩，得到霍华德大学校报《山巅》的编辑们的支持。1972年3月，霍华德大学校园发生一起涉毒逮捕，《山巅》的编辑们随后宣布："毒品，特别是硬性毒品，是阻碍伟大黑人族群发展的罪魁祸首之一。"因此，"逮捕那些向未来黑人领袖兜售毒品的败类，《山巅》完全理解"。Editorial, "A Note on a Drug Bust," *The Hilltop*, March 17, 1972. 这也正是大多数学生对毒品与毒贩的态度。该报数月前曾在学生中开展过一项调查，结果显示，92%的受访学生认为大学校园存在毒品问题，此外，"所有受访学生都坚持认为政府要对毒贩施加更大压力，88%的受访学生则认为学生自己要抵制毒贩"。Pat Johnson, "Students Favor Crackdown on Drugs," *The Hilltop*, November 5, 1971.

48 Jaffe and Sherwood, Dream City, 94.

49 Statement of Hassan Jeru-Ahmed before Senate Subcommittee, 539–540; Mack, "Trio Fights Dope Use in D.C." ; Lindsay, "Black Man's Army" ; Eugene L. Meyer, "Hassan Praised as Drug Informer," *Washington Post*, December 20, 1973. 迈克尔·福特纳认定黑人活动家拒绝从本质原因找寻解决方案："许多非裔美国活动家并不承认社会改革的作用——抑或社会改革的缺失。" Michael Javen Fortner, *Black Silent Majority: The Rockefeller Drug Laws and the Politics of Punishment* (Harvard University Press, 2015), 66. 他表示，黑人聚居区沉默的大多数"对结构性解决方案付之一笑，对解决方案得以实施的社会学研究也不屑一顾。在他们看来，这些都是不着边际或者不切实际的空想"。出处同上，171。而我在哥伦比亚特区所观察到的却与之不同。众多特区黑人活动家同哈桑一样，并不排斥导致犯罪的结构性原因，接受相关观点，并欢迎结构性解决方案。由此，我的结论同卡里尔·纪伯伦·穆罕默德的相似，他认为："尽管黑人革新派秉持精英统治论，针对黑人犯罪他们还是倾向'根源解决方案'，同时从阶层与文化层面抨击黑人犯罪问题。" Khalil Gibran Muhammad, *The Condemnation of Blackness: Race, Crime, and the Making of Modern Urban America* (Harvard University Press, 2010), 10.

50 Meyer, "Hassan Praised."

51 Statement of Hassan Jeru-Ahmed before Senate Subcommittee, 539.

52 Mack, "Trio Fights Dope Use" ; Lindsay, "Black Man's Army."

53 底特律以“谋杀之城”臭名昭著，青少年帮派比比皆是，其中一个贩毒团伙一周赚的黑钱可达750万美元。凶杀案频发，1974年发案714起，达到高峰，几乎一天两起。“Police Chief Helps to Change Detroit’s Image: His Crime Prevention Program Turns ‘Murder City’ to Model City,” *Deseret News*, February 6, 1983.

54 “New Spirit in Detroit,” *The Nation*, January 19, 1974. 基斯是底特律人，毕业于霍华德大学法学院。他是第一代黑人联邦法官中的一位，1974年，美国有色人种促进会授予他最高荣誉斯平加恩奖章。

55 “New Spirit in Detroit.”

56 Fortner, *Black Silent Majority*; Vanessa Barker, *The Politics of Imprisonment: How the Democratic Process Shapes the Way America Punishes Offenders* (Oxford University Press, 2009), 146–149.

57 Rev. Oberia D. Dempsey, “Drug Addicts,” *Amsterdam News*, letter to the editor, February 1, 1969.

58 “Rev. Dempsey Tells Harlem to Arm Itself,” *Baltimore Afro-American*, May 1, 1971.

59 Barker, *The Politics of Imprisonment*, 151. 还有些人呼吁采取封锁行动。一位名叫查尔斯·兰格尔的国会议员候选人，年轻且富有雄心，他发起游行，从哈莱姆区行至法国大使馆，要求法国政府禁止本国海洛因流入美国。“Rangel Pickets Embassy,” *Amsterdam News*, June 20, 1970.

60 Orde Coombs, “Letter to a Black Boy Murdered in New York

City," *Essence*, December 1970, 54.

61 同上。

62 William Raspberry, "Eliminating the Pusher," *Washington Post*, December 29, 1971.

63 前学生非暴力协调委员会成员伊凡赫·唐纳森（Ivanhoe Donaldson）曾言："我想在一个属于黑人，一个可以称之为家的城市生活。" Jaffe and Sherwood, *Dream City*, 109.

64 Juan Williams, "The Many Facets of Douglas Moore," *Washington Post*, September 5, 1978; Juan Williams, "Moore Paints Self as Poor's Champion," *Washington Post*, August 16, 1978.

65 Williams, "Moore Paints Self as Poor's Champion" ; Bart Barnes, "Moore Emphasis: Black Nationalism," *Washington Post*, March 15, 1971; Megan Rosenfeld, "Barry, Moore Lead Parties in At-Large City Council Races," *Washington Post*, September 11, 1974.

66 "9 Democrats, 3 Republicans Vie for Nominations to Fill At-Large Council Seats," *Washington Post*, September 1, 1974.

67 R. C. Newell, "Jail Inmates Endorse Candidates," *Washington Afro-American*, June 15, 1974.

68 Douglas B. Feaver and Megan Rosenfeld, "Tucker, 2 Moores, Hobson Sr., Barry Lead City Council Race," *Washington Post*, November 6, 1974.

69 The Kerner Commission, *Report of the National Advisory Commission on Civil Disorders* (1968), 161.

70 同上。1971年，纽约州非裔和拉美裔议员反对软化涉大麻相关法律，响应摩尔的质疑。同年，该州议会以微弱多数否决了一项大麻除罪化提案，九名非裔和波多黎各裔议员中有八名反对该提案。Francis X. Clines, "Assembly Retains Marijuana Laws: Bipartisan Vote Rejects Bill to Reduce Penalties," *New York Times*, May 19, 1971.

六年后，州议会于1977年再次针对该议题投票。此番大麻除罪化提案由纽约州参议员弗朗茨·莱希特（Franz Leichter）发起，他代表纽约曼哈顿上西区白人。来自布鲁克林的州参议员范德·比第（Vander Beatty）响应特区的道格·摩尔和约翰·方特勒罗伊，坚持认为大麻除罪化意在保护本州市郊的白人社区以及农村白人青年。他表示："当黑人青年被送进监狱，或者整日无事闲逛时，我倒没有见识过人们对这个提案如此上心。"布朗克斯的州参议员小伊斯雷尔·鲁兹（Israel Ruiz, Jr.）对此表示认同，大麻除罪化"将伤及更多人"。他在参议院发表演讲，强烈质疑莱希特："莱希特参议员，总有一天，您将不再对所谓自由派的上西区白人发表政治观点，而选择来布朗克斯。我将带您挨个看看吸大麻的小子，他们佝偻着背坐在那里。您开口和他们说话，他们却根本不搭理，因为此刻他们正身处哪个乌有之地神魂颠倒。假如您说大麻是无害的，那么先生，我只能尊称您为'骗子'。"结果却是，反对派的努力化为乌有。由于议会中的民主党领袖施压，最终比第参议员也投下赞成票。不过他以几近仇恨的苦涩口吻表示："今晚，我将投下'赞成'票，援助那些美国中产白人。"Senate Floor Debate on Calendar Bill No. 694, NYLS Senate Debate Transcripts: 1977 Chapter

360, 10, 477, 545.

71 Gil Scott-Heron, "Comment # 1," in *Small Talk at 125th and Lenox: A Collection of Black Poems* (World Publishing, 1970), 15–16.

72 Stokely Carmichael (Kwame Ture), "Definitions of Black Power," in Thomas R. West and James W. Mooney, eds., *To Redeem a Nation: A History and Anthology of the Civil Rights Movement* (Brandywine Press, 1993), 246.

73 *Reform of Marijuana Laws: Hearing on Bill 1–44* (July 16, 1975, morning session), 42.

74 Diane Quander, "Howard's Drug Week Crys[*sic*] 'Respect Yourself,'" *The Hilltop*, November 5, 1971.

75 Carmen Fields, "Atlanta Mayor Jackson Brings Message to Boston Youths: Any Man Can," *Boston Globe*, July 13, 1975. 杰克逊谈及的是大麻，霍华德大学的《山巅》据此就危害更大的毒品发表观点。1971年10月，学校发生两名学生吸毒过量致死事件，《山巅》刊发系列社论质问并抨击："在黑人分清'嗑药之后的幻觉'与革命、'嗑嗨'与生存的区别之前，海洛因、LSD、毒蕈碱还要害多少人？" Editorial, "Gasp for Freedom-Helena," *The Hilltop*, October 22, 1971. 一周后，编辑部将毒品定义为具有"种族灭绝"威力，宣称校园"毒品文化损害黑人族群，与黑人和革命格格不入"。Editorial, "Drugs Win ... Again," *The Hilltop*, October 29, 1971.

76 Stokely Carmichael, *Stokely Speaks: Black Power Back to Pan-Africanism* (Random House, 1971), 209. 霍华德大学教授鲍登同

意卡迈克尔的观点，认定毒品是种族灭绝的工具："黑人必须肩负起责任，认清那些有特殊嗜好的人对黑人族群的迫害，不能让他们得逞。" Diane Quander, "Howard's Drug Week Crys [*sic*] 'Respect Yourself.' "

77 *Reform of Marijuana Laws: Hearing on Bill 1–44* (July 16, 1975, morning session), 49.

78 Don Freeman, "Marijuana Legalization & Black Mental Health: The Black Community & Marijuana Legalization" 12 (1975), Legislative Services Office, D.C. City Council.

79 Paul A. Quander to the Committee on Judicial and Criminal Law, July 8, 1975, Legislative Services Office, D.C. City Council.

80 *Reform of Marijuana Laws: Hearing on Bill 1–44* (July 16, 1975, morning session), 44.

81 Leah Y. Latimer, "Grateful Grads and Memories at Armstrong's 80th Anniversary," *Washington Post*, September 17, 1981.

82 Andrew Barnes, "Expand Aid for Convicts, D.C. Warned," *Washington Post*, February 7, 1971.

83 Laura A. Kiernan, "Public Defender Unit Accused of Bias," *Washington Post*, October 13, 1978.

84 Charles J. Ogletree, Jr., *All Deliberate Speed: Reflections on the First Half-Century of Brown v. Board of Education* (Norton, 2004), 84.

85 *Reform of Marijuana Laws: Hearing on Bill 1–44* (July 16, 1975, evening session), 6.

86 同上，4–5。摩尔和方特勒罗伊的观点源自黑人社群的既定逻辑。几乎每个非裔美国人的记忆中都有来自父母、师长或教区教士的告诫，因为延续至今的种族主义，“要想成功你就得加倍努力”。有时以激励的形式，比如，要想让老师喜欢你，要想上哈佛，就得加倍努力学习；有时则是警告，比如，千万别和警察争辩，否则要么进监狱，要么被枪杀。摩尔和方特勒罗伊利用警告式逻辑，告诫黑人不要在自己身上做大麻试验，一步失误也许就会成瘾，终身陷入犯罪与堕落的泥潭。同时，他们调整这种观点的表达方式与形式，将其打造成刑事司法政策的基石，这毕竟不同于对孙辈的诫勉，或者对受众的教诲。

87 “A Statement by (Rev.) Andrew Fowler in [*sic*] behalf of the Committe [*sic*] of One Hundred Ministers and Baptist Ministers Conference of Washington, D.C. and Vicinity Before the City Council,” July 16, 1975, Legislative Services Office, D.C. City Council.

88 同上，4。

89 “A Presentation Made by the Reverend Samuel George Hines on Behalf of the Second Precinct Clergymen’s Association at a Hearing at the City Council on Wednesday,” July 16, 1975. Legislative Services Office, D.C. City Council.

90 Statement of Hassan Jeru-Ahmed before Senate Subcommittee, 536.

91 *Reform of Marijuana Laws: Hearing on Bill 1–44* (July 16, 1975, evening session), 10.

92 同上，49。

93 同上。

94 Helen Dewar, "Diggs Tests Veto Views on Pot Bill," *Washington Post*, October 14, 1975.

95 Milton Coleman, "A Solitary Battle: Doug Moore Is Running Against Hostile Establishment," *Washington Post*, March 29, 1978.

96 LaBarbara Bowman, "Ministers Oppose Bills: Targets Are Pot, Bets, Homosexual Bonds," *Washington Post*, September 24, 1975.

97 Jay Mathews, " Legal Marijuana Opposed," *Washington Post*, August 1, 1975.

98 同上。

99 Bowman, "Ministers Oppose Bills."

100 LaBarbara Bowman, "Clergymen Turned Tide," *Washington Post*, October 23, 1975.

101 LaBarbara Bowman, "D.C. Council Vice Chairman Tucker Seeks Step-Up," *Washington Post*, October 26, 1974.

102 同上。

103 Bowman, "Clergymen Turned Tide."

104 Linda Newton Jones, "Baptist Ministers Endorse Washington for Second Time," *Washington Post*, July 30, 1974.

105 支持提案的议员原有八人，后来有三人倒戈：斯特林·塔克（Sterling Tucker）、威廉·斯波尔丁（William Spaulding）及詹姆斯·科茨（James Coates）。Bowman, "Clergymen Turned Tide."

106 同上。

107 其中许多黑人出于善意支持推翻大麻除罪化，但还是不符合禁毒战的标准叙事。禁毒战初期，颇有影响力的批评家迈克尔·汤瑞曾指出："决策者认定禁毒战的关键举措将成功抵消由此给少数族裔带来的负面影响，他们的这一结论太过武断，毫无根据。" Tonry, *Malign Neglect*, 116.

108 Randall Kennedy, *Race, Crime, and the Law* (Vintage Books, 1998), 17. 肯尼迪借用了历史学家伊夫林·布鲁克斯·希金波坦的说法"体面的政治"(politics of respectability)。Evelyn Brooks Higginbotham, *Righteous Discontent: The Women's Movement in the Black Baptist Church, 1880–1920* (Harvard University Press, 1993).

109 Statement by Andrew Fowler, 4.

110 华盛顿"城市联盟"在提案审议期间提交了一份研究报告，表明从涉大麻案件的起诉模式可以看出"几近除罪化的软化与宽大"。Washington Urban League, "Differential Patterns," 7. "城市联盟"在研究中发现，1973年，在特区高等法院受理的涉大麻案件中，75%都被检察官撤回，令人震惊。反对克拉克提案者援引上述数据指称大麻禁用令的结果并不像预期的那么有效。方特勒罗伊法官称："我认为本市因持有少量大麻被捕的嫌疑人将被纳入毒品心理咨询项目，一旦完成指定内容，对他们的指控也将被撤销。" *Reform of Marijuana Laws: Hearing on Bill 1–44* (July 16, 1975, evening session), 15.

111 Wilson, *The War on Crime in the District of Columbia*, 77.

第二章　黑人的命也是命

1 Jerry V. Wilson, *The War on Crime in the District of Columbia,*

1955–1975 (U.S. Department of Justice, 1978), 67, Graph 7–11. Vesla Weaver, "Frontlash: Race and the Development of Punitive Crime Policy," *Studies in American Political Development* 21 (Fall 2007): 230.

2 Michael Flamm, *Law and Order: Street Crime, Civil Unrest, and the Crisis of Liberalism in the 1960s* (Columbia University Press, 2005), 42.

3 同上，44。

4 同上，180。

5 Carl Bernstein, "The Guns of D.C.: Dodge City on the Potomac," *Washington Post*, May 11, 1969.

6 Milton Viorst, "Blame the Fear on a Few Thugs," *Washington Star*, February 3, 1973.

7 "Malcolm X in D.C. with Solution to Crime Rate," *Daily Defender*, May 13, 1963, 5.

8 政治学者韦弗针对20世纪60年代的情况进行研究后认为："犯罪率的确大幅上升，并且根据目前最客观的衡量方式，凶杀案发生率也急剧增加。" Weaver, "Frontlash," 234.

9 Federal Bureau of Investigation, "Uniform Crime Report 1960," Table 5 — Index of Crime, 1960, Standard Metropolitan Statistical Areas, 53–77; Federal Bureau of Investigation, "Uniform Crime Report 1970," Table 5 — Index of Crime, 1970, Standard Metropolitan Statistical Areas, 82–97. 关于全国趋势的讨论，见William J. Stuntz, *The Collapse of Criminal Justice* (Belknap Press of Harvard University Press, 2011), 18–20; David Garland, *The Culture of*

Control (University of Chicago Press, 2001), 90; and Gary LaFree, *Losing Legitimacy: Street Crime and the Decline of Social Institutions in America* (Westview Press, 1998), 20。

10 例如，见Eric C. Schneider, *Smack: Heroin and the American City* (University of Pennsylvania Press, 2008); Jessica Wolpaw Reyes, "Lead Exposure and Behavior: Effects on Antisocial and Risky Behavior Among Children and Adolescents," *Economic Inquiry* 53, no. 3 (2015): 1583, 1599, and Table 7; Barry Latzer, *The Rise and Fall of Violent Crime in America* (Encounter Books, 2016); Dana Goldstein, "Too Old to Commit Crime?," *The Marshall Project*, March 20, 2015; Claude Fischer, "A Crime Puzzle: Violent Crime Declines in America," *Berkeley Blog*, June 16, 2010。

11 Office of Criminal Justice Plans and Analysis, "Government of the District of Columbia, April 1992 Homicide Report," Table A–2, 35; John A. Wilson, untitled document, in John A. Wilson Papers, Box 57, Folder 16, Special Collections Research Center, George Washington University Library.

12 *Gun Control: Public Hearing Before the Committee on Judiciary & Criminal Law of the District of Columbia Council* (June 6, 1975), 12, Legislative Services Office, D.C. City Council.

13 Gary Kleck, "Homicide, Capital Punishment, and Gun Ownership: An Aggregate Analysis of U.S. Homicide Trends from 1947 to 1976" (Ph.D. diss., University of Illinois, 1979), 124.

14 该市60%持械抢劫均涉手枪，绝大多数涉枪凶杀案也为手枪作案。*Gun Control: Public Hearing* (June 6, 1975), 96.

15 Cartoon, *Washington Afro-American*, January 18, 1975.

16 Editorial, "Why Not an Anti-Crime Drive?" *Washington Afro-American*, January 18, 1975.

17 *Newsletter, North Michigan Park Civic Association*, March 1976, Washingtoniana Collection, CA Box 14, Martin Luther King Jr. Library, Washington, D.C.

18 "Attack Set on Crime," *Washington Afro-American*, October 4, 1975.

19 Larry Coleman, "Death, Crime Haunt Homecoming," *The Hilltop*, October 27, 1972.

20 "Crime Conference Set for Howard University," *Washington Afro-American*, December 6, 1975.

21 据《华盛顿非裔美国人报》报道："整个社区半数以上的家庭大门上有两道甚至三道锁，门窗上加了护栏。似乎每四户家庭就有一户使用防盗系统。在许多地区，就连教堂的窗户都加了防盗栏。" Editorial, "Crime and Fear in the Streets," *Washington Afro-American*, November 22, 1975.

22 R. C. Newell, "Kung-Fu: Alive and Well, Growing in the Inner-City," *Washington Afro-American*, August 14, 1976.

23 Gregory Kearse, "Crime and Armament," *Washington Afro-American*, August 31, 1974.

24 例如，1967年的一项调查数据显示，51%的白人表示担心个人安危；有相同担忧的黑人的比例为65%。Flamm, *Law and Order*, 96.

25 Winston Groom, "New Report on D.C. Crime: Profile of a Frightened City," *Washington Star*, September 22, 1975.

26 Jody Beck and Charles A. McAleer, "Neighbor Due at Crime Parley Is Slain," *Washington Star*, April 7, 1976.

27 *Handguns, S. 2507: Hearing Before the Subcommittee to Investigate Juvenile Delinquency of the Senate Judiciary Committee*, 92nd Congress (1971) (statement of Lloyd Cutler, former executive director, National Commission on Causes and Prevention of Violence), 59.

28 Patricia Camp, "Stray Shot Kills Youth, 14, in Van," *Washington Post*, July 20, 1975.

29 Editorial, "Time to End This Self-Destruction," *Washington Afro-American*, May 22, 1976; Editorial, "Concerned Citizens Fight Crime," *Washington Afro-American*, July 19, 1975.

30 John A. Wilson, untitled document, Wilson Papers, Box 24, Folder 7.

31 Peter Perl, "A Bridge He Could Not Cross," *Washington Post Magazine*, November 1993.

32 同上。

33 "D.C. Council Chairman John Wilson, 49, Dies at Home in Apparent Suicide," *Jet*, June 1993, 14.

34 Hollie I. West, "Politics and John Wilson," *Washington Post*, March 9, 1975.

35 Camp, "Stray Shot Kills Youth," Wilson Papers, Box 24, Folder 7.

36 Roy Wilkins, *Standing Fast: The Autobiography of Roy Wilkins*

(Viking, 1982), 65.

37 南卡罗来纳州州长科尔·布利斯（Cole Blease）如此解释赦免的缘由。黑人女性同样难逃科尔奉行的种族主义。“通奸似乎是她们最为青睐的消遣，”他曾说过，“我……严重怀疑是否能对一个黑鬼犯下强奸罪。” Douglas Blackmon, *Slavery by Another Name* (Doubleday, 2008), 305.

38 Editorial, “Wilson’s Gun Proposal,” *Washington Star*, February 15, 1975.

39 诚如第一章所述，大麻除罪化相关辩论最显著的特点是，大多数涉大麻案的黑人受害者被排除在辩论之外。

40 *Gun Control Legislation, Bills 1–24 and 1–42: Public Hearing Before the Committee on Judiciary & Criminal Law of the District of Columbia Council* (June 7, 1975) (statement of Richard Ware), 23, Legislative Services Office, D.C. City Council.

41 Gary Kleck, “Homicide, Capital Punishment, and Gun Ownership: An Aggregate Analysis of U.S. Homicide Trends from 1947 to 1976” (Ph.D. diss., University of Illinois, 1979), 47.

42 *Gun Control Legislation, Bills 1–24 and 1–42*, 220.

43 同上，24。

44 方特勒罗伊在选举中击败了包括后来担任特区市议会议员的道格·摩尔等多人。

45 作为哥伦比亚特区在国会的列席代表，方特勒罗伊虽然在提案终审时没有投票权，在委员会中却有投票权，同时有权将提案引入立法程序。

46 *Gun Control: Public Hearing* (June 6, 1975), 11.

47 Editorial, "Handguns Must Go!" *Washington Star*, February 3, 1975.

48 *Gun Control: Public Hearing* (June 6, 1975) (written testimony from Rev. Stanford J. Harris on behalf of the Capitol Hill Group Ministry).

49 *Gun Control: Public Hearing* (June 6, 1975), 15.

50 同上，97。

51 "Pragmatism in Gun Control," *Washington Star*, June 21, 1975.

52 William Raspberry, "What About the Old Gun Law?" *Washington Post*, June 16, 1975.

53 John A. Wilson, "International Comparisons," Wilson Papers, Box 24, Folder 7.

54 John A. Wilson, untitled document, Wilson Papers, Box 24, Folder 7.

55 Letter from John Wilson, April 9, 1976, Wilson Papers, Box 63, Folder 1; Dick Gregory, *Dick Gregory's Political Primer* (Harper & Row, 1972), 322.

56 Editorial, "Black Crime and 'Ills of Society,' " *Washington Afro-American*, June 14, 1975.

57 *Gun Control: Public Hearing* (June 6, 1975), 15.

58 同上，17。

59 *Gun Control Legislation, Bills 1–24 and 1–42* (June 7, 1975), 25.

60 Nicholas Johnson, *Negroes and the Gun: The Black Tradition of Arms* (Prometheus Books, 2014), 285.

61 Douglas Wells, "Jackson Calls for Stiff, Swift Gun Abuse Penalties in Georgia," *Atlanta Daily World*, September 3, 1972.

62 *Firearms Legislation, Part 6: Hearing Before Subcommittee on Crime of the House Committee on the Judiciary*, 94th Congress (1975) (statement of Maynard Jackson, mayor, City of Atlanta), 1905.

63 Robert Sherrill, *The Saturday Night Special* (Penguin Books, 1975), 34–35.

64 *Firearms Legislation, Part 2, Chicago: Hearing Before Subcommittee on Crime of the House Committee on the Judiciary*, 94th Congress (1975) (statement of Rev. Russ Meek, president, Search for Truth, Inc.), 691.

65 *Firearms Legislation, Part 3, Detroit: Hearing Before Subcommittee on Crime of the House Committee on the Judiciary*, 94th Congress (1975) (statement of Erma Henderson, councilwoman, Detroit City Council), 1045–1046.

66 John A. Wilson, untitled document, Wilson Papers, Box 24, Folder 7.

67 "Time to End This Self-Destruction," *Afro-American*.

68 "即使在全国所有同等规模的城市中，我们拥有规模最大的警力，即使《宪法》规定人人享有法律的平等保护，如果有人闯入我家，而我没有相当的武器，在报警等待警察的这段时间内，我也就没有享受到法律的平等保护。" *Gun Control Legislation, Bills 1–24 and 1–42* (June 7, 1975), 79.

69 议员阿灵顿·迪克逊（Arrington Dixon）同样表达了他的担

忧，只不过方式相对柔和。他在听证会上请方特勒罗伊权衡："如果周边区域并未进行实质性禁枪，而仅有特区这样做了，会给特区公民带来何种影响?" *Gun Control: Public Hearing* (June 6, 1975), 29.

70 Coleman Young, *Hard Stuff: The Autobiography of Coleman Young* (Viking, 1994), 286. 该引述的年份为1986年，其实扬至少自1974年开始即开始反对控枪。例如，见Tom Opre, "Present Handgun Laws Effective ... If Enforced," *Detroit Free Press*, March 3, 1974。底特律警察局局长支持控枪，扬反对称："或许有人的确需要在家配备手枪。" 扬任底特律市市长期间持反控枪立场，这得到了联邦调查局驻底特律探员泰伦・鲍尔斯的支持："那些（白人至上主义）组织可是经过正规训练的暴徒，他们打算把我们从地球上抹去，而我们却在大谈特谈控枪，简直荒唐……作为底特律市市长，科尔曼・扬拒绝缴除内城非裔美国人手里的枪，因为他们的周围是一帮手拿枪支、虎视眈眈的市郊居民。市长的做法完全正确。" Tyrone Powers, *Eyes to My Soul: The Rise or Decline of a Black FBI Agent* (Majority Press, 1986), 286.

71 三本近期出版的新书都以非裔美国人与持枪作为主题，它们分别是：Nicholas Johnson, *Negroes and the Gun*; Charles Cobb, *This Non-Violent Stuff'll Get You Killed* (Basic Books, 2014); and Akinyele Omowale Umoja, *We Will Shoot Back: Armed Resistance in the Mississippi Freedom Movement* (New York University Press, 2014)。其他重要论述包括：Akhil Reed Amar, *The Bill of Rights: Creation and Reconstruction* (Yale University Press, 1998), 262–266, 以及 Robert J. Cottrol and Raymond T. Diamond, "The Second

Amendment: Toward an Afro-Americanist Reconsideration," *Georgetown Law Journal* 80 (1991): 309–361。

72 Robin West, *Progressive Constitutionalism* (Duke University Press, 1995), 23.

73 Senator Clark, 39th Congress, 1st Session. *Congressional Globe* 833 (February 14, 1866).

74 Johnson, *Negroes and the Gun*, 99.

75 Ta-Nehisi Coates, "The Case for Reparations," *The Atlantic*, June 2014.

76 Nicholas Johnson, David Kopel, George Mocsary, and Michael O'Shea, *Firearms Law and the Second Amendment: Regulation, Rights and Policy* (Aspen Publishers, 2012), 290–292. 密西西比州禁止黑人拥有枪支、弹药、匕首或博伊猎刀。Stephen P. Halbrook, *Freedmen, the Fourteenth Amendment, and the Right to Bear Arms, 1866–1876* (Praeger, 1998), 2, 12.

77 Blackmon, *Slavery by Another Name*, 81–82.

78 Herbert Shapiro, *White Violence and Black Response* (University of Massachusetts Press, 1988), 6–7, 12–13, 16, 21.

79 David F. Krugler, *1919, The Year of Racial Violence: How African Americans Fought Back* (Cambridge University Press, 2014), 11.

80 Krugler, *1919, The Year of Racial Violence*, 66–98.

81 Blackmon, *Slavery by Another Name*, 357–359; A. Scott Berg, *Wilson* (Putnam, 2013), 349; James Chace, *1912: Wilson, Roosevelt, Taft & Debs — The Election That Changed the Country* (Simon & Schuster, 2004), 43, 243–244. 蔡斯认为："伍德罗・威尔逊总统

本质上是白人至上主义者，对战前的南方种植园主抱有浪漫情怀，认为他们彬彬有礼，和蔼可亲。同时，他不加批判地接受后重建时期南方的那套限制黑人的安排。”同上，43。

82 “Mr. Trotter and Mr. Wilson,” *The Crisis*, January 1915, 119.

83 J. E. Cutler, “Race Riots in D.C.,” Memo for the Director of Military Intelligence, “Negro Subversion” file, 10218–350, RG 165, National Archives. Quoted in Delia Cunningham Mellis, “‘The Monsters We Defy’: Washington, D.C., in the Red Summer of 1919” (Ph.D. diss., CUNY, 2008), 81.

84 伦道夫与杜波依斯之争源自后者对一战的支持。1918年，杜波依斯敦促非裔美国人“忘记我们的特殊苦难，与白人同胞和盟国紧密团结，捍卫我们的民主”。此言论受到黑人激进主义者伦道夫等人的强烈批评。Andrew E. Kersten, *A. Philip Randolph: A Life in the Vanguard* (Rowan & Littlefield, 2007), 20.

85 Ida B. Wells, *Southern Horrors: Lynch Law in All Its Phases* (New York Age Print, 1892), 71; Manning Marable, *Malcolm X: A Life of Reinvention* (Viking, 2011), 304.

86 Johnson, *Negroes and the Gun*, 13.

87 James Forman, *The Making of Black Revolutionaries* (University of Washington Press, 1985), 376.

88 Howell Raines, *My Soul Is Rested: Movement Days in the Deep South Remembered* (Putnam, 1977), 267.

89 Johnson, *Negroes and the Gun*, 251.

90 Adam Winkler, *Gunfight: The Battle Over the Right to Bear Arms in America* (W. W. Norton, 2011), 245.

91 同上，252。

92 Sherrill, *The Saturday Night Special*, 52.

93 Jaffe and Sherwood, *Dream City*, 71. 有关卡迈克尔言论的确切用语，报道各有不同，但是所有言论都涉及枪支。历史学家迈克尔·弗拉姆这样讲述："'回家取枪，'劫掠开始后，卡迈克尔对大家说，'白人过来就是为了杀你。我不想见到黑人血溅街头，回家取枪吧。'" Flamm, *Law and Order*, 146.

94 Sanders Beburo, "Stokely: Education before Destruction," *The Hilltop*, November 15, 1968.

95 Leon Dash and Phil Casey, "'Front' Raps Gun Control as 'Racist,'" *Washington Post*, August 10, 1968.

96 Adrienne Manns, "New Officers Named, Others to be Ousted," *Washington Afro-American*, October 5, 1968; Lawrence Feinberg and Reed Hundt, "Montgomery Rejects Strict Gun Curbs," *Washington Post*, September 7, 1968.

97 Firearms Control Regulations Act of 1975 (D.C. Council Act No. 1–142).

98 乔治城大学1976年3月做的唯一一项调查显示，居民被问及是否应该支持"禁止手枪销售"时，69%的城市居民给予肯定回答，82%的白人和62%的黑人表示赞同。Robert A. Hitlin, director of the Georgetown University Poll, to Gregory Mize, Committee on the Judiciary and Criminal Law, Council of the District of Columbia, March 25, 1976, in Wilson Papers, Box 27, Folder 7.

99 *Firearms Legislation, Part 2, Chicago*, 688.

100 Richard Ryan, “Blacks, Victims Leading Pressure for Handgun Control Legislation in Congress,” *Boston Globe*, April 13, 1975.

101 “Dravidian Students Develop an Outer Hardness, Inner Peace,” *Ebony*, June 1970, 108.

102 *Firearms Legislation, Part 2, Chicago*, 694.

103 65%的黑人表示他们得准备好保护家园，给出同样答复的白人占比52%。表示愿意依靠警方的黑人仅占23%，而白人则占40%。Hazel Erskine, “The Polls: Gun Control,” *Public Opinion Quarterly* 36, no. 3 (1972): 467.

104 Fred Steeple, “Push for Strong Gun Laws Eyed Cautiously by Atlanta Solons,” *Atlanta Daily World*, December 6, 1974.

105 *Gun Control Legislation, Bills 1–24 and 1–42* (June 7, 1975), 80.

106 同上，79。

107 同上，79–80。

108 康耶斯曾说："我们国家的内部正在进行一场武器竞赛。两年前我开始参与相关话题的听证时发现，我们的不少黑人同胞并未意识到上述现实。黑人在把武器上交政府和国家的问题上有一些矛盾心理，他们也感觉需要这些武器进行自我保护。有种说法非常普遍：'我为什么要放弃手里的枪？也许我得用它防警察，甚至防着政府！'我亲身感受到黑人社群在控枪问题上的急剧变化。我们在拨开迷雾、还原事实真相的过程中，逐渐意识到自己才是枪支暴力的受害者，黑人社群清醒了。有人成为无谓的枪支暴力受害者，对此一无所知的黑人还真不多。" John Conyers, “Crime as a Concern of Congress,” in Herrington J. Bryce, ed., *Black Crime: A Police View* (U.S.

Department of Justice, 1977), 22.

109 Randall Kennedy, *Race, Crime, and the Law* (Vintage Books, 1998), 48.

110 *Gun Control Legislation, Bills 1–24 and 1–42* (June 7, 1975), 22.

111 同上，26。

112 威尔逊在引述不断攀升的黑人死亡率时强调："黑人社群想靠义务警察制度避险是没有出路的。" John A. Wilson, untitled document, Wilson Papers, Box 24, Folder 7.

113 黑体字出处：Cobb, *This Non-Violent Stuff'll Get You Killed*, 47。

114 这并不意味着他们即将兑现承诺。我将在后续章节中探讨为何执法体系多次辜负黑人社区，尤其是低收入社区。不过，在此我要说明他们承诺改变的动因。20世纪70年代中期，黑人逐渐登上政治舞台，黑人公民希望给他们机会施展抱负。

115 Jacqueline Bobo, "Black Women's Films," in Alma M. Garcia, ed., *Contested Images: Women of Color in Popular Culture* (AltaMira Press, 2012), 39. 近30年后，她的诉求被摇滚乐队"摇滚甜心"（Sweet Honey in the Rock）以一首歌演绎。乐队的创始人柏妮丝·约翰逊·里根（Bernice Johnson Reagon）曾供职于学生非暴力协调委员会。Sweet Honey in the Rock, "Ella's Song," in *Breaths*, Songtalk Publishing Company, 1988.

116 "2 Whites Seized in Negro Slayings," *New York Times*, November 7, 1964.

117 哥伦比亚特区的刑事司法日趋严酷，尤以20世纪80年代和90年代为重，其中国会是重要推手。控枪却事与愿违，起因是枪支管控将导致特区领导者无法通过更具惩罚性的法案，国会因此反对。

118 *Firearms Legislation, Part 6, Atlanta*, 1909.

119 见*Gun Control: Public Hearing* (June 6, 1975) (statement of Kay Campbell McGrath, Woman's National Democratic Club) (gun control supporter endorsing mandatory minimums), 76; *Gun Control Legislation, Bills 1–24 and 1–42* (June 7, 1975) (statement of Michael Parker, general counsel to NRA Institute for Legislative Action) ("[W]e are not going to make any real progress on the crime problem until we start getting tough with the criminals"), 12; 以及 *Gun Control Legislation, Bills 1–24 and 1–42* (June 7, 1975) (statement of William Saunders, principal of Eastern High School) (proposing mandatory sentences and stringent penalties for those who use guns in a crime), 74。

120 *Gun Control Legislation, Bills 1–24 and 1–42* (June 7, 1975), 80–86. 摩尔的观点得到"国会景观市民协会"的支持，该组织的成员多数来自黑人社区。他们反对在家存枪，反对店主持有枪支，但是这些人至少支持保留"在犯罪分子闯入，或者在盗贼侵犯其财产时有使用枪支自卫的权利"，因而他们同意立法"对使用枪支开展违法活动的人必须给予立即入狱服刑的惩罚"。*Capitol View Civic Association, Inc. Newsletter*, January 1972, Washingtoniana Collection, CA Box 11, Martin Luther King Jr. Memorial Library, Washington, D.C.

121 *Firearms Legislation, Part 3, Detroit*, 877.

122 Thomas Marvell, "The Impact of Enhanced Prison Terms for Felonies Committed with Guns," *Criminology* 33 (1995): 259.

123 "Black Opinion Poll Presses for Strict Gun Control," *Chicago Metro News*, October 30, 1976.

124 *Firearms Legislation, Part 6, Atlanta*, 1906.

125 William Taaffe, "House Panel Kills Anti-Handgun Bill," *Washington Star*, October 30, 1975.

126 Flamm, *Law and Order*, 103.

127 Dan T. Carter, *The Politics of Rage: George Wallace, The Origins of the New Conservatism, and the Transformation of American Politics* (Louisiana State University Press, 2000), 313.

128 Nancy E. Marion, *A History of Federal Crime Control Initiatives, 1960–1993* (Praeger, 1994), 70.

129 Allen J. Matusow, *The Unraveling of America: A History of Liberalism in the 1960s* (University of Georgia Press, 1984), 401.

130 Garland, *Culture of Control*, 76（探讨了20世纪70年代末的政治情况，政客们声称"贫困阶层享受的福利政策，越来越成为勤劳工作的纳税人无法企及的奢望"）。

第三章　非裔的代表

1 National Organization of Black Law Enforcement Officials (NOBLE), *Justice by Action* (Turner Publishing, 1998), 8.

2 Thomas A. Johnson, "Black Police Officials Establish Organization in Effort to Expand Influence in Criminal Justice Field," *New York Times*, September 9, 1976.

3 NOBLE, *Justice by Action*, 8; Johnson, "Black Police Officials Establish Organization."

4 Athelia Knight and Eugene Robinson, “Barry Picks Maurice Turner to be D.C. Police Chief,” *Washington Post*, May 1, 1981.

5 James Baldwin, “Fifth Avenue, Uptown: A Letter from Harlem,” *Esquire*, July 1960.

6 不可或缺的历史文献：W. Marvin Dulaney, *Black Police in America* (Indiana University Press, 1996)。

7 National Park Service, National Register of Historic Places, “Armstrong Manual Training Center,” July 17, 1996, 6, 7.

8 Alison Stewart, *First Class: The Legacy of Dunbar, America's First Black Public High School* (Lawrence Hill Books, 2013), 2.

9 National Park Service, “Armstrong Manual Training Center,” 8.

10 Sally E. Hadden, *Slave Patrols: Law and Violence in Virginia and the Carolinas* (Harvard University Press, 2001), 3–4.

11 同上，4。

12 Gilbert King, *Devil in the Grove: Thurgood Marshall, the Groveland Boys, and the Dawn of a New America* (Harper Collins, 2012), 17, 91, 139–141.

13 Hadden, *Slave Patrols*, 71.

14 Dulaney, *Black Police in America*, 13. 虽然我们通常认为《宪法》第十四修正案中的“平等保护”条款适用于刑事被告，但该条款最初设想的核心在于保护人们免受暴力侵害。重建时期的许多议员都认为，第十四修正案是必不可少的，它确保所有公民，包括新近获得解放的黑奴在面临私人暴力时都受到国家的保护。例如，见James Forman, Jr., “Juries and Race in the Nineteenth Century,” *Yale Law Journal* 113 (2004): 917。

15 Harold N. Rabinowitz, *Race Relations in the South, 1865–1890* (University of Georgia Press, 1996), 42.

16 V. L. Wharton, *The Negro in Mississippi, 1865–1890* (Harper and Row, 1965), 167–168. 参见Hubert Williams and Patrick V. Murphy, "The Evolving Strategy of Police: A Minority View," *Perspectives on Policing* 13 (January 1990)。

17 U.S. Congress, Senate, Municipal Election in Jackson, Mississippi, 50th Congress, 1st sess., 1988, S. Misc. Doc. 166.

18 Dulaney, *Black Police in America*, 17.

19 同上。关于人口数据，见 "Area, Natural Resources, and Population," *Statistical Abstract of the United States 1910* (U.S. Census Bureau, 1910), 36–42。

20 Dulaney, *Black Police in America*, 17, 23; Robert M. Fogelson, *Big-City Police* (Harvard University Press, 1977), 124.

21 "城市联盟" 调查数据，见National Urban League。"Negro Police Officers in 76 of the Largest United States Cities" (1932), Box 6: A37, Part 6: Southern Regional Office, General Office File, 1919–1979, Urban League Papers, Library of Congress. 全国有色人种促进会的调查，见 "NAACP Negro police questionnaire, 1948–1949," Box II: A451, NAACP Papers, Library of Congress。

22 Charles Kirk Pilkington, "The Trials of Brotherhood: The Founding of the Commission on Interracial Cooperation," *Georgia Historical Quarterly* 69, no. 1 (Spring 1985): 55, 57.

23 Untitled report on the need for black police officers in Atlanta,

Southern Regional Council (undated, appears to be from 1936), Box 6: A69, Part VI: Southern Regional Office, General Office File, 1919–1979, Urban League Papers.

24 同上。

25 同上。

26 NAACP, *Wanted: Negro Police for Negro Districts in Atlanta*, November 1937, Box 1: G44, NAACP Papers, Library of Congress.

27 Marion E. Jackson, "Sentiment Mounts for Negro Police," *Atlanta Daily World*, July 23, 1947.

28 "Speakers Voice Sentiment for Negro Police," *Atlanta Daily World*, September 24, 1947.

29 "Pleas for Negro Police Heard Here Wednesday," *Atlanta Daily World*, November 27, 1947.

30 William Gordon, "Atlanta Council in Wrangle Over Hiring of Negro Police," *Chicago Defender*, December 6, 1947.

31 Dulaney, *Black Police in America*, 43.

32 "Atlanta Gets Race Police with Limited Power," *New Journal and Guide*, December 6, 1947.

33 "Atlanta Council in Wrangle Over Hiring of Negro Police."

34 Atlanta City Council Minutes, December 1, 1947, pp. 86–87, Row 5, Section B, Shelf 5, Volume 45 of Atlanta City Council 10/6/1947–5/2/1949, Kenan Research Center, Atlanta History Center; "Council, Hartsfield Give Okay to Negro Police," *Atlanta Daily World*, December 2, 1947.

35 "The Long Awaited Dream Comes True," *Atlanta Daily World*, December 3, 1947.

36 Martha G. Fleming, "Atlantans Pay Tribute to City's First Black Police," *Atlanta Daily World*, November 6, 1977; Atlanta City Council Minutes, December 1, 1947, p. 87.

37 Fleming, "Atlantans Pay Tribute to City's First Black Police."

38 Dulaney, *Black Police in America*, 56; NOBLE, *Justice by Action*, 10.

39 C. Lamar Weaver, "New Police Welcomed to Active Duty," *Atlanta Daily World*, May 2, 1948.

40 "Throngs Thrilled by New Atlanta Officers," *Atlanta Daily World*, April 4, 1948.

41 Weaver, "New Police Welcomed to Active Duty."

42 Brian N. Williams and J. Edward Kellough, "Leadership with an Enduring Impact: The Legacy of Chief Burtell Jefferson of the Metropolitan Police Department of Washington, D.C.," *Public Administration Review 66* (November/ December 2006): 813.

43 *To Secure These Rights: The Report of the President's Committee on Civil Rights* (Government Printing Office, 1947), 89.

44 Kenesaw M. Landis, *Segregation in Washington: A Report of the National Committee on Segregation in the Nation's Capital, November 1948*, 83.

45 Coates, "The Case for Reparations."

46 Constance McLaughlin Green, *The Secret City: A History of Race Relations in the Nation's Capital* (Princeton University Press,

1967), 319; Martha Derthick, *City Politics in Washington, D.C.* (Joint Center for Urban Studies of the Massachusetts Institute of Technology and Harvard University, 1962), 122. 1906年，霍华德大学社会学系创建人凯利·米勒就工会如何使黑人停留在低收入工作中做过探讨。“无论是对其有效的法律条文，还是其运作的原则，工会有效地禁止了黑人从事获利更高的贸易或运输工作。因此，黑人劳动者不得不徘徊在产业边缘，或者做些粗活，或者做临时工，从事白人不屑于做的工作。” Kelly Miller, “The Economic Handicap of the Negro in the North,” *Annals of the American Academy of Political and Social Science 27* (May 1906): 84. Little had changed in forty years.

47 Ben Segal, “The Practices of Craft Unions in Washington, D.C., with Respect to Minority Groups,” in *Civil Rights in the Nation’s Capital: A Report on a Decade of Progress* (National Association of Intergroup Relations Officials, 1959), 34.

48 Green, *The Secret City*, 319.

49 Landis, *Segregation in Washington*, 63.

50 同上，64。

51 Williams and Kellough, “Leadership with an Enduring Impact,” 814.

52 Robert F. Levey, “Policeman Came Along at the ‘Right Time.’ ” *Washington Post*, September 9, 1976.

53 Williams and Kellough, “Leadership with an Enduring Impact,” 814.

54 同上，815。

55 同上，814。

56 Edward Peeks, “2 Killings Provoked Probe,” *Washington Afro-American*, October 26, 1957.

57 Elsie Carper and Alfred E. Lewis, “Police Assignments Not Determined by Race, Eight Top Officials Testify,” *Washington Post*, October 23, 1957.

58 Edward Peeks, “Chief Murray Says He’s All for Integrated Police, But ...” *Washington Afro-American*, October 22, 1957. 底特律也有过类似情况。1960年，底特律联邦检察官办公室民事处处长威利斯·F.沃德曾抱怨说，警察局“高层官员”授权以种族隔离标准分配巡逻车。“如果某有色人种搭档某天因某种原因未出勤，该有色人种警察必须独自出勤，有时需步行。如果出现上述情况的是白人警官，则会配一个白人搭档并驾驶巡逻车出勤。”沃德表示，黑人警官“在工作中遭受种族隔离，并被区别以待。一旦表示不满，往往被上司羞辱”。巡逻车分配不过是上述问题的一个体现。*Hearings Before the United States Commission on Civil Rights, Detroit, Michigan*, December 14, 15, 1960, 387.

59 从这个角度而言，“自由选择”比学校的种族隔离制度更为恶毒。在格林诉新肯特县学校委员会案（*Green v. County School Board of New Kent County* 391 U.S. 430, 1968）中，联邦最高法院裁定新肯特县的自由选择方案无效。当时新肯特县学校建议学生可以选择去以前的黑人学校，或者以前的白人学校，以此正式取消学校种族隔离制度。最高法院指出，并没有白人此前选择去曾为黑人学校的地方上学，也几乎没有黑人学生选择去曾为白人学校的地方上学。最高法院认识到，社会环境（包括威胁）如何限制自由选择。警队中的“自由选择”导致种族融合难上加难，黑人警官不仅得同意和白人警官一同工作，还得能找到一个愿意与自己搭档的白人警官。

60 William M. Kephart, *Racial Factors and Urban Law Enforcement* (University of Pennsylvania Press, 1957), 9.

61 同上，83。

62 同上，78, 79。

63 Donald J. Black and Albert J. Reiss, Jr., “Patterns of Behavior in Police and Citizen Transactions,” *Studies of Crime and Law Enforcement in Major Metropolitan Areas*, vol. 2 (U.S. Government Printing Office, 1967), 135.

64 Edward Peeks, “Victory Is Seen in All-Out Fight,” *Washington Afro-American*, August 17, 1957. 参见Burtell Jefferson, “Policies for Increasing the Number of Black Police Executives,” in Herrington J. Bryce, ed., *Black Crime: A Police View* (National Institute of Law Enforcement and Criminal Justice, Law Enforcement Assistance Administration, U.S. Department of Justice, 1997), 132–133。

65 Peeks, “Victory Is Seen in All-Out Fight.”

66 同上。

67 Edward Peeks, “Promotion Plan Called ‘Devils,’ ” *Washington Afro-American*, September 7, 1957.

68 Levey, “Policeman Came Along at the ‘Right Time.’ ”

69 Bill Davidson, “The Mess in Washington: A City in Trouble,” *Saturday Evening Post*, July 13, 1963; Elsie Carper and Alfred

E. Lewis, "Police Bias Is Denied by Murray," *Washington Post*, November 1, 1957.

70 Ina R. Friedman, *Black Cop: A Biography of Tilmon B. O'Bryant, Assistant Chief of Police, Washington, D.C.* (Lodgepole Press, 1997), 93–94.

71 同上。

72 Burtell Jefferson, "Policies for Increasing the Number of Black Police Executives," 132–134.

73 William Raspberry, "Few Negroes in Upper Police Ranks," *Washington Post*, September 16, 1966. 奥布莱恩和杰弗逊帮助非裔美国警官通过公务员客观题考试，让他们能在种族主义盛行的警队立足。1967年，该考试与对警官更为主观的评价享有同等权重。也正是该考试引发了著名的华盛顿诉戴维斯案（*Washington v. Davis*）。种族融合主义者此后称其为伟大胜利。Alfred E. Lewis, "District Police Revamp Tests for Promotion," *Washington Post*, July 3, 1967.

74 Jefferson, "Policies for Increasing ... ," 133.

75 Edward Peeks, "Fireworks Will Go Off at Probe," *Washington Afro-American*, September 14, 1957.

76 Edward Peeks, "Ruthless Slaying Triggered Split," *Washington Afro-American*, July 6, 1957; Edward Peeks, "Behind the Charges of Police Brutality," *Washington Afro-American*, June 29, 1957.

77 "Back Move to Oust Police Chief," *Washington Afro-American*, June 15, 1957.

78 D.C. Branch, NAACP, "Information in the Nature of Partial

Documentation, Particulars and Evidence in the Matter of Metropolitan Police Department and Chief Robert V. Murray," exhibit 1: Blanche Price affidavit of February 11, 1957, NAACP Papers, Washington Bureau, Box IX: 226, Folder 6, Library of Congress.

79 同上，exhibit 5: Results of Blanche Price investigation in letter of March 21, 1957。

80 同上，exhibit 2: Claude H. Anderson affidavit of March 31, 1957。

81 同上，exhibit 15: Testimony Isaac Williams, Jr.。

82 Untitled report on need for black police officers in Atlanta, Southern Regional Council (undated, appears to be from 1936), Box 6: A69, Part VI: Southern Regional Office, General Office File, 1919–1979, Urban League Papers, Library of Congress.

83 Edward Peeks, "Race Prejudice Laid to Officers," *Washington Afro-American*, August 3, 1957.

84 同上。

85 黑体字部分见Editorial, "How to Settle the Brutality Issue," *Washington Afro-American*, July 20, 1957。

86 Elsie Carper, "Chief Murray Is Exonerated of Police Bias," *Washington Post*, November 8, 1957.

87 同上。

88 Landis, *Segregation in Washington*, 88.

89 Davidson, "The Mess in Washington."

90 Editorial, "Who Got Hurt?," *Washington Afro-American*, November 16, 1957.

91 Elliott M. Rudwick, *The Unequal Badge: Negro Policemen in the South* (Southern Regional Council, 1962), 9–10.

92 Task Force on the Police, President's Commission on Law Enforcement and Administration of Justice, *Task Force Report: The Police* (Government Printing Office, 1967), 170, citing U.S. Civil Rights Commission, *Administration of Justice Staff Report* (U.S. Government Printing Office, 1963), ch. 11, 26.

93 Fogelson, *Big-City Police*, 283.

94 Edward Peeks, "D.C. Needs More Colored Cops in Top Jobs to Fight Crime, Says Lawson," *Washington Afro-American*, April 27, 1963; Chuck Stone, "Crisis in the D.C. Police Dept.: One Reason Crime Is Rising," *Washington Afro-American*, June 1, 1963.

95 Stone, "Crisis in the D.C. Police Dept."

96 "Raise a Negro to Captain by Aug. 28, Police Urged," *Washington Post*, August 23, 1963.

97 Editorial, "O'Bryant's Curious Statement," *Washington Afro-American*, August 24, 1963.

98 Jerry V. Wilson, *The War on Crime in the District of Columbia, 1955–1975* (U.S. Department of Justice, 1978), 32.

99 "Davidson, Eugene C." (2015), Paper 51, Moorland-Spingarn Research Center, Manuscript Division, Howard University; Bruce Weber, "Chuck Stone, a Fiery, Trusted Columnist in Philadelphia, Dies at 89," *New York Times*, April 7, 2014.

100 Friedman, *Black Cop*, 36–37; Williams and Kellough, "Leadership

with an Enduring Impact," 813–814.

101 Harry Jaffe and Tom Sherwood, *Dream City: Race, Power, and the Decline of Washington, D.C.*, rev. ed. (Argo-Navis, 2014), 12–13.

102 John Lewis, *Washington Afro-American*, October 12, 1968.

103 同上。

104 Warren Weaver, Jr., "Powell Says Riots Can End if Mayor Meets 5 Demands," *New York Times*, July 23, 1964.

105 Martin Arnold, "Murphy Appoints a Negro to Head Harlem Precinct," *New York Times*, August 15, 1964; John Sibley, "2 Harlem Demands Accepted by Mayor," *New York Times*, August 7, 1964.

106 Governor's Commission on the Los Angeles Riots, *Violence in the City — An End or a Beginning?* (Los Angeles, 1965), 1–2.

107 Bill Lane, "Negro Policemen," *Los Angeles Sentinel*, May 12, 1966.

108 Bill Lane, "Truth a Casualty," *Los Angeles Sentinel*, August 19, 1965.

109 Editorial, "Why the Rioting?," *Los Angeles Sentinel*, August 19, 1965.

110 "Upgrade Officers — Wilkins," *Los Angeles Sentinel*, November 4, 1965.

111 Bill Robertson, "Militants 'By-Passed' at Police Commission Meet," *Los Angeles Sentinel*, June 16, 1966.

112 Michael Flamm, *Law and Order: Street Crime, Civil Unrest, and*

the Crisis of Liberalism in the 1960s (Columbia University Press, 2005), 54–55.

113 President's Commission on Law Enforcement and Administration of Justice, *The Challenge of Crime in a Free Society* (Government Printing Office, February 1967), 107.

114 同上，101–102。

115 *Report of the National Advisory Commission on Civil Disorders* (Government Printing Office, 1968), 165–166.

116 同上，166。

117 Black United Front, "Proposal for Neighborhood Control of the Police in the Black Community," September 25, 1968, Papers of Frank Smith, Jr., Box 18, Folder 7, Special Collections Research Center, George Washington University Library, 6.

118 同上，9。

119 同上，6。

120 Jaffe and Sherwood, *Dream City*, 34.

121 同上，93。

122 "Police Critic Barry Recruits for Force," *Washington Post*, September 25, 1970.

123 Eugene Beard, Lee P. Brown, and Lawrence E. Gary, Institute for Urban Affairs and Research, *Attitudes and Perceptions of Black Police Officers of the District of Columbia Metropolitan Police Department* (Howard University, 1976), 18.

124 Campbell Gibson and Kay Jung, "Historical Census Statistics on Population Totals by Race, 1790 to 1990, and by Hispanic

Origin, 1970 to 1990, for Large Cities and Other Urban Places in the United States" (U.S. Census Bureau, Population Division, 2005), Table 23; Paul Delaney, "Recruiting of Negro Police Is a Failure in Most Cities," *New York Times*, January 25, 1971; "Michigan Police Fail in Year-Long Effort to Recruit Negroes," *New York Times*, October 20, 1968.

125 Delaney, "Recruiting of Negro Police Is a Failure."

126 Alfred E. Lewis, "Police Score a Beat," *Washington Post*, September 20, 1970; 参见Irna Moore, "Negro Police Recruits Now Outnumber Whites," *Washington Post*, December 21, 1969。

127 Task Force on the Police, President's Commission on Law Enforcement and Administration of Justice, *Task Force Report: The Police* (Government Printing Office, 1967), 167.

128 同上。

129 同上。

130 Donald J. Black and Albert J. Reiss, Jr., "Patterns of Behavior in Police and Citizen Transactions," in *Studies of Crime and Law Enforcement*, vol. 2, 135, Table 25. 彼得·莫斯科斯曾是巴尔的摩的一名警察，后来成为大学教授。他于1999年针对白人和黑人警官开展专访，其中黑人警官还是一如既往地克制。其中一位对他说："那些人太懒了，真懒，一味等、靠、要。贫困并不是无知的借口，我拥有了现在的一切。这可以做到，但得自己通过努力争取。" Peter C. Moskos, "Two Shades of Blue: Black and White in the Blue Brotherhood," *Law Enforcement*

Executive Forum 8 (2008): 57, 74.

131 Black and Reiss, "Patterns of Behavior in Police and Citizen Transactions," 137.

132 James D. Bannon and G. Marie Wilt, "Black Policemen: A Study of Self-Images," *Journal of Political Science and Administration* 1, no. 1 (1973): 23–24.

133 Kephart, *Racial Factors and Urban Law Enforcement*, 119.

134 Nicholas Alex, *Black in Blue: A Study of the Negro Policeman* (Appleton-Century-Crofts, 1969), 158.

135 Mark R. Killingsworth, "Black Police Put Job Ahead of Skin Color," *Washington Post*, August 22, 1968. 1999年，有黑人警官告诉彼得·莫斯科斯，他曾抓过一名黑人嫌疑人，对方向他求饶说："哥，我为啥混成这样你懂的。"这名警官回应说："我不是你亲哥！也不是你堂哥！我不是你'哥们'。我根本不知道你是'从哪儿冒出来的'。" Moskos, "Two Shades of Blue," 57, 74.

136 "黑人之所以想成为警察，并非因为这个职业本身有何优势，而是因为黑人的职业选择有限，同时公务员群体中的种族歧视程度相对较轻。" Joseph Bensman, foreword to Alex, *Black in Blue*, xviii.

137 Alex, *Black in Blue*, 34–36, 43.

138 同上。

139 Beard, Brown, and Gary, *Attitudes and Perceptions of Black Police Officers*, 14–16, Tables 2.4–2.6; 19, Table 2.7.

140 "The Anguish of Blacks in Blue," *Time*, November 23, 1970;

Booker Griffin, " 'L.A.'s Finest' Finally Opening Up and Talking," *Los Angeles Sentinel*, September 14, 1972.

141 James Lardner, "New Police Chief Sworn In," *Washington Post*, January 14, 1978.

142 华盛顿在种族问题上不发声并不奇怪。1974年，他在竞选市长期间，其主要对手克利福德·亚历山大（Clifford Alexander）曾呼吁任命黑人做警察局局长。华盛顿回应称，"我们需要一名能够代表所有人的人担任局长"，而非仅代表全市的黑人。Bill Watson, "Who Will Be Police Chief," *Washington Afro-American*, August 10, 1974.

143 Williams and Kellough, "Leadership with an Enduring Impact," 818.

144 Beard, Brown, and Gary, *Attitudes and Perceptions of Black Police Officers*, 24–26.

145 同上，41，65，68。

146 Paul W. Valentine, "Hiring Bill Is Enacted Over Veto," *Washington Post*, January 20, 1976. 在增加黑人警官人数的斗争中，马里恩·巴里也是关键人物。他将斗争与其另一个重要诉求相结合，即要求政府雇员搬进市区居住。他认为："在所有政府公务员中，警察与社区有着最为紧密的联系。然而，大量警察生活在郊区，他们所秉持的郊区居民的价值理念或许会与工作对象的城市价值体系起冲突。" Marion Barry, "Residence for D.C. Employees," *Washington Informer*, April 1, 1976.

147 John Wilson notes on Affirmative Action Plan, Wilson Papers, Box 20, Folder 17; William Raspberry, "Affirmative Action:

How Much Is Enough?" *Washington Post*, February 23, 1976. 贾斯汀·麦克雷曾指出，对于那些并非自愿接受平权法案项目的部门，法庭的强制雇用令“促使美国历史上最激进的平权法案项目出台”。Justin McCrary, "The Effect of Court-Ordered Hiring Quotas on the Composition and Quality of Police," *American Economic Review* 97, no. 1 (2007): 318.

148 Williams and Kellough, "Leadership with an Enduring Impact," 819, 820.

149 Editorial, "Our Weekly Review," *Washington Bee*, August 6, 1887.

150 Lardner, "New Police Chief Sworn In."

151 Burtell Jefferson to John Ray, May 14, 1981, Legislative Services Office, D.C. City Council.

152 Robert C. Maynard, "Black Police Vow Solidarity," *Washington Post*, June 7, 1970.

153 Beard, Brown, and Gary, *Attitudes and Perceptions of Black Police Officers*, 91.

154 Thomas A. Johnson, "Black Police Officials Establish Organization in Effort to Expand Influence in Criminal Justice Field," *New York Times*, September 9, 1976.

155 Herrington J. Bryce, ed., *Black Crime: A Police View*, 157. 美国黑人警官行政管理者组织支持道格·摩尔和斯托克利·卡迈克尔，认为正是涉毒刑事执法过于宽松才导致人们置黑人的苦难于不顾。他们还认定，警察的暴力执法正是种族主义的体现。今天，我们在反思毒品战给黑人社群造成的伤害，思考激进式治安管理手段如何轻易导致伤害时，很难想象文明执法与加强涉毒执法力度可以并行不悖。然而，这正是当年美国黑人警官行政管理者组织采取的方式。

第四章 “把恶棍关起来并不是报复性措施”

1 威利斯女士的案子已持续了两年多，从一名已经离职的资深律师那里转到我手上。因此，情况更糟了：她的案子降级了。

2 威利斯女士曾两度因贩售少量毒品而被起诉。而仅一次被起诉即可为她引来最高60年的量刑。D.C. Code Ann. §48–904.08 (West 1981).

3 National Institute on Drug Abuse, *Principles of Drug Addiction Treatment: A Research-Based Guide*, National Institutes of Health, 3rd ed., U.S. Department of Health and Human Services (October 1999, revised December 2012), 9, 12–13.

4 初犯最高处1 000美金罚金，判入狱1年。后续再犯，最高处1万美金罚金，入狱10年。Judiciary Committee Report on Bill 4–123, the District of Columbia Controlled Substances Act of 1981, April 8, 1981, Legislative Services Office, D.C. City Council, 2, 5. Keith Richburg, “Referendum Sought on Mandatory Sentences for Drug Dealers,” *Washington Post*, June 29, 1981.

5 14th Street Coalition to Mayor Marion S. Barry, Jr., June 19, 1979, in John A. Wilson Papers, Box 53, Folder 21, Special Collections Research Center, George Washington University Library.

6 John A. Wilson, statement on Bill 4–184 and PR 4–38, undated, Wilson Papers, Box 25, Folder 11.

7 Loretta Tofani, "Pitching Dope," *Washington Post*, August 19, 1979.

8 同上。

9 Ron Shaffer, "Man Tries to Drive Out Anacostia Drug Sellers," *Washington Post*, July 23, 1978.

10 Jim Mantell, "Crime Protest Rally Set for Shaw Area," *Washington Afro-American*, June 6, 1981.

11 *Capitol View Civic Association Newsletter* 4, no. 6, May 1979. Washingtoniana Collection, CA Box 11, Martin Luther King Jr. Memorial Library, Washington, D.C.

12 *Capitol View Civic Association Newsletter 4*, no. 6, May 1979. Washingtoniana Collection, CA Box 11, Martin Luther King Jr. Memorial Library, Washington, D.C.

13 第十六街北部住着不少黑人专业人士。该社区组织向警察局报案说，强奸与盗窃频发，让"我们不寒而栗"。Neighbors, Inc., to Law Enforcement Assistance Administration, December 30, 1977, CA Box 2, Crime Watch Proposal folder, Washingtoniana Collection, Martin Luther King Jr. Memorial Library, Washington, D.C.

14 Tofani, "D.C. Residents Patrol 'Turf,' Hunt Thieves."

15 同上。

16 Vincent Taylor, "Residents 'Fed-Up' with Drug Traffic," *Washington Afro-American*, October 17, 1981.

17 A concerned citizen to city council members, June 12, 1979, Wilson Papers, Box 53, Folder 21.

18 Editorial, “Drug Epidemic Raises Questions,” *Washington Afro-American*, April 4, 1981. 包括道格·摩尔、斯托克利·卡迈克尔在内的黑人民族主义者十年前曾对此表示过担忧。《美国黑人报》的编辑们回应此担忧，他们不确定“如果大麻、海洛因及合成类药物在街头，有时甚至在监狱中获取不再有障碍，这是不是有人在有计划地禁锢黑人及其他少数族裔的发展”。

19 Everett W. Scott, D.C. Federation of Civic Associations, to David A. Clarke, February 14, 1979, Clarke Papers, Box 42, Folder 1.（“我们承认要做无罪推定，但同时数据显示上述人群在保释期间会再次犯罪。”）1979年，哥伦比亚特区公民协会联合会会议常常围绕犯罪问题展开。Minutes of Civic Associations, CA Box 16, Washingtoniana Collection, Martin Luther King Jr. Memorial Library, Washington, D.C.

20 Editorial, “Crime Statistics and D.C.,” *Washington Afro-American*, January 8, 1977.

21 Special Report, “‘Revolving Door’ Justice: Why Criminals Go Free,” *U.S. News & World Report*, May 10, 1976, p. 39.（该媒体认为：“特区数据显示，60%被控重罪的案犯将进入看守所或监狱服刑，这表明特区的法官与其他城市的相比，量刑也许更为严厉。”）

22 Edward M. Kennedy, “Punishing the Offenders,” *New York Times*, December 6, 1975.

23 Carl T. Rowan, “Locking Up Thugs Is Not Vindictive,” *Washington Star*, April 23, 1976.

24 Nicholas C. McBride, “Drive Against Drug Trade Draws Critics,”

Washington Afro-American, July 16, 1983.

25 Courtland Milloy, "Campaign Trail Tougher Than Toms Creek Fields of John Ray's Boyhood," *Washington Post*, September 10, 1982.

26 *Report on the Committee of the Judiciary on Bill 4–123, 5*, John Ray to Members of D.C. City Council re: Bill 4–123, May 18, 1981; Burtell Jefferson to John Ray, May 14, 1981, Legislative Services Office, D.C. City Council.

27 Joanne Ostrow, "Ray Asks Citizen Support for City Anticrime Bills," *Washington Post*, March 26, 1981; John Ray to Members of D.C. City Council re: Bill 4–123.

28 Keith B. Richburg and Eugene Robinson, "Witnesses Decry D.C. Crime, Differ on Ways to Combat It," *Washington Post*, March 14, 1981.

29 Testimony of Jerome Page on Criminal Code Reform Bills to the Committee on the Judiciary, D.C. City Council, March 13, 1981, Legislative Services Office, D.C. City Council.

30 哥伦比亚特区联邦检察官职位特殊，他们既是特区的地方首席检察官，也是联邦检察官。

31 Keith B. Richburg, "D.C. Officials Split on Crime Penalties," *Washington Post*, March 13, 1981.

32 同上。

33 United States Sentencing Commission, *Special Report to Congress: Mandatory Minimum Penalties in the Federal Criminal Justice System* (August 1991). 哥伦比亚特区在各州中也处于领先。1980

年，仅有5个州针对贩毒设置强制最低量刑，约20个州针对持枪或犯罪中使用枪支的案犯规定了强制最低量刑。Richard S. Morelli, Craig Edelman, and Roy Willoughby, *A Survey of Mandatory Sentencing in the U.S.*, Criminal Justice Statistics Division, Pennsylvania Commission on Crime and Delinquency (Washington, D.C.: National Criminal Justice Reference Service, 1981).

34 Keith B. Richburg, "City Council Adopts Drug Code Without Mandatory Sentences," *Washington Post*, May 20, 1981. 投票没有明确的结果，关于强制最低量刑，雷在市议会仅获得一名支持者，即纳丁·温特（Nadine Winter）。

35 Michael Javen Fortner, *Black Silent Majority: The Rockefeller Drug Laws and the Politics of Punishment* (Harvard University Press, 2015); Vanessa Barker, *The Politics of Imprisonment: How the Democratic Process Shapes the Way America Punishes Offenders* (Oxford University Press, 2015), 146–149.

36 James H. Cleaver, "PCP Growth Goes 'Crazy,'" *Los Angeles Sentinel*, May 15, 1980.

37 "WGG Founder's Celebration to Salute Top Leaders," *Los Angeles Sentinel*, June 9, 1997.

38 Inventory of the Maxine Waters Papers, 1976–1990, Online Archives of California, Collection No. LP411.

39 "Waters Attacks PCP," *Los Angeles Sentinel*, March 30, 1978. 1990年，沃特斯入选国会议员。此后她一直致力于反对各种严惩犯罪的措施。

40 Editorial, "The Ultimate Low," *Los Angeles Times*, July 10, 1978;

"The Lawmakers," *Los Angeles Sentinel*, May 4, 1978.

41 Ed Davis, "L.A. Becomes PCP Capital of World," *Los Angeles Sentinel*, October 25, 1979.

42 Editorial, "An Open Letter to PCP Dealers & Other Dog!," *Los Angeles Sentinel*, September 25, 1980.

43 Ed Davis, "Pushers: The Grandfathers of PCP Crimes," *Los Angeles Sentinel*, September 11, 1980.

44 Jim Cleaver, "Sentinel Declares World War III on PCP," *Los Angeles Sentinel*, August 28, 1980.

45 Ed Davis, "Cochran Seeks New PCP Law," *Los Angeles Sentinel*, November 25, 1979. 科克伦始终坚持反毒立场。2003年，他在回忆录中写道，他从不代理毒品大案涉案人，因为"不愿意与任何毒害我们社区的毒品扯上关系"。Johnnie Cochran, Jr., and David Fisher, *A Lawyer's Life* (Thomas Dunne Books/St. Martin's Press, 2002), 207.

46 *Ebony*, August 1979.《乌木》特刊使用"黑人侵害黑人"，是该说法最为高调的一次应用。不过，此前很早就有许多黑人作家用过类似说法。例如，黑人牧师杰西・杰克逊曾于1970年谴责芝加哥警方"任由黑人侵害黑人的凶杀案发生"。20世纪70年代，黑人警官常用该说法表明执法部门的黑人越来越重视"黑人侵害黑人"的案件。Jesse Jackson, "Black and White Crime," *Chicago Tribune*, August 19, 1970; Renault Robinson, "Black Watch," *Chicago Defender*, November 27, 1971（"'非裔美国人巡逻队联盟'成员反对犯罪，特别是'黑人侵害黑人的犯罪'"）; 见"Black on Black Crime Rising," New York *Amsterdam News*,

January 29, 1978（请注意：黑人侵害黑人的犯罪占据不断增长的凶杀案发生率的近60%）。

47 Ed Davis, "Cochran Denounces Black Crime Apologists," *Los Angeles Sentinel*, February 14, 1980.

48 Davis, "Cochran Seeks New PCP Law"; Davis, "Cochran Denounces Black Crime Apologists."

49 American Civil Liberties Union, "Memorandum to the Legislative Committee of the National Capitol Area ACLU on the Proposed Mandatory Sentencing Initiative for the District of Columbia," Legislative Services Office, D.C. City Council.

50 Laura A. Kiernan, "Officials Divided on Merits of Mandatory Sentencing," *Washington Post*, August 25, 1982.

51 Tom Sherwood, "Petitions Ask Fixed Terms for Some Crimes," *Washington Post*, March 5, 1982.

52 Vincent Taylor, "Groups Fight Initiative," *Washington Afro-American*, September 7, 1982; Laura A. Kiernan, "Voters in D.C. Back Mandatory Sentence Plan," *Washington Post*, September 3, 1982; Tom Sherwood, "Sentencing Initiative Is Opposed," *Washington Post*, April 1, 1982.

53 Charles F. Ruff, "Mandatory Minimum Sentence Initiative," *District Lawyer* (September/October 1982), 28; Laura A. Kiernan, "Charles F. C. Ruff Quits as Chief Prosecutor Here," *Washington Post*, October 24, 1981.

54 Laura A. Kiernan, "Mandatory Sentence Measure Opposed," *Washington Post*, September 8, 1982.

55 Laura A. Kiernan, "District Voters Decide Tuesday on Initiative 9," *Washington Post*, September 12, 1982.

56 Juan Williams, "Jefferson Resigning as Ray's Campaign Manager," *Washington Post*, August 3, 1982.

57 Kiernan, "Voters in D.C. Back Mandatory Sentence Plan."

58 同上。

59 Juan Williams, "Heroin in My Neighborhood," *Washington Post*, August 12, 1981.

60 Edward D. Sargent, "Neighborhood Enjoys Day of Freedom in Drug Sweep: Dealers 'Busy Again' After D.C. Drug Sweep," *Washington Post*, July 18, 1983; Vincent Taylor, "Ray Releases Paper on Crime-Fighting," *Washington Afro-American*, May 4, 1982.

61 Vincent Taylor, "Ray Releases Paper on Crime-Fighting" ; Juan Williams, "Ray, at 14th & W, Outlines Plans to Curb Crime," *Washington Post*, April 29, 1982.

62 Juan Williams, "Ray, at 14th & W, Outlines Plans to Curb Crime."

63 Laura A. Kiernan and Al Kamen, "Mandatory Sentence Proposal Strongly Backed in D.C. Vote," *Washington Post*, September 15, 1982.

64 作者基于哥伦比亚特区选举委员会提供的数据计算得出。

65 同上。

66 Kiernan and Kamen, "Mandatory Sentence Proposal Strongly Backed."

67 Benjamin J. Lambiotte, "Retribution or Rehabilitation? The Addict Exception and Mandatory Sentencing After *Grant v. United States* and the District of Columbia Controlled Substances Amendment Act of 1986," *Catholic University Law Review* 37 (1988): 733, 734.

68 "Crime and Justice Report for the District of Columbia," November 1985, John A. Wilson Papers, Box 12, Table 8.

69 同上，Box 9, Table 4。

70 United States Sentencing Commission, *Special Report to the Congress: Mandatory Minimum Penalties in the Federal Criminal Justice System* (1991).

71 Attorney General Eric Holder, Remarks, Annual Meeting of the American Bar Association's House of Delegates, San Francisco, August 12, 2013.

72 Ostrow, "Ray Asks Citizen Support."

73 *Problems in Urban Centers: Oversight Hearings Before the House Committee on the District of Columbia*, 96th Congress 314, 328 (1980) (statement of Burtell Jefferson, chief of D.C. Metropolitan Police).

74 Rowan, "Locking Up Thugs."

75 Jerome Page, Testimony on Criminal Code Reform Bills, 4.

76 1984年，《乌木》曾对1 200名美国黑人做过调查，可作为例证。调查员问："针对下列选项，您认为联邦政府做得不够，应该减少投入，还是投入得当？"绝大多数黑人受访者认为，政府应该在职业培训（89%）、教育（87%）及反歧视法执行（70%）方面加大投入。Kenneth B. Clark and Kate Clark Harris, "What Do Blacks Really Want?," *Ebony*, January 1985, 113. 八年后，"政治经济研究联合中心"对美国黑人再次进行民调，数据与八年前几乎无异。当被问及"您是否认为政府应该加大对贫困人口的职业培训、教育及儿童医疗投入"时，95%的受访者给出肯定回答。当被问及"政府对教育投入过多，严重不足，或投入得当"时，85%的受访者回答"严重不足"。当被问及"有人认为20世纪60年代的'伟大社会'计划是美国城市现有问题的源头。还有人认为，在罗纳德·里根、乔治·布什两任总统执政的12年中，政府对城市问题的无视，导致问题频仍。上述两种意见，哪个与您的想法最接近"时，71%的受访者选择后者，仅有13%的受访者对"伟大社会"计划持批评立场。尽管人们支持从"根源"上解决问题，但丝毫不妨碍人们力促出台"严打"措施。当被问及"对任何贩卖毒品者，不论数量多少，都应采取强制最低量刑。您支持还是反对"时，在接受该机构1992年民调的受访者中，73%的受访者选择支持，24%的受访者反对。The Joint Center for Political and Economic Studies, *Voices of the Electorate Among the African-American Population*, July 1992, accessed September 9, 2016, http:// ropercenter.cornell.edu /.

77 Kevin K. Gaines, *Uplifting the Race: Black Leadership, Politics, and Culture in the Twentieth Century* (University of North Carolina Press, 1996); Evelyn Brooks Higginbotham, *Righteous Discontent: The Women's Movement in the Black Baptist Church, 1880–1920* (Harvard University Press, 1993).

78 Elijah Anderson, "The Code of the Streets," *The Atlantic*, May

1994.

79 "New Drug Clinics Funded," *Washington Star*, April 28, 1977.

80 David Clarke to Chief Burtell Jefferson, August 18, 1978, Clarke Papers, Box 150, Folder 19, Special Collections Research Center, George Washington University Library.

81 Burtell Jefferson to David Clarke, September 29, 1978. Clarke Papers, Box 150, Folder 19.

第五章 "自奴隶制以来我们面临的最致命的打击"

1 Seth Stoughton, "Law Enforcement's 'Warrior' Problem," *Harvard Law Review Forum*, April 10, 2015, 227; *Final Report of the President's Task Force on 21st Century Policing* (Office of Community Oriented Policing Services, Washington, D.C., 2015), 1.

2 Lenese Herbert, "Can't You See What I'm Saying? Making Expressive Conduct Notes to pages 155–158 273 a Crime in High-Crime Areas," *Georgetown Journal on Poverty Law & Policy 9*, no. 1 (2002): 135–137.

3 Khalil Gibran Muhammad, *The Condemnation of Blackness* (Harvard University Press, 2010).

4 James Baldwin, "Fifth Avenue, Uptown: A Letter from Harlem," *Esquire*, July 1960.

5 Cheryl Devall, "Jackson Calls Himself 'General' in Drug War," *Chicago Tribune*, May 23, 1988.

6 Ronald Reagan, "A Vision for America," televised address (November 3, 1980).

7 Pub. L. No. 97–35 (June 1981). 参见Ronald Reagan, “Address Before a Joint Session of Congress on the Program for Economic Recovery,” televised address (February 18, 1981); Robert Moffitt and Douglas A. Wolf, “The Effect of the 1981 Omnibus Bud get Reconciliation Act on Welfare Recipients and Work Incentives,” *Social Science Review* 61 (1987): 249–252 (概述OBRA对AFDC的申请资格与花费计算的修改); Publ. No. 97–35 Sec 104(a) (codified at 7 U.S.C. 2013) (将可申请食品券的家庭总收入定为贫困收入的130%，以限制人们参与此项目); Zachary D. Smith, “District Facing Hardship,” *Washington Afro-American*, March 11, 1984 (解释特区将失去数百万美元针对联邦医疗保险与AFDC的联邦补助)。

8 House Committee on Ways and Means, 98th Congress, *Effects of the Omnibus Bud get Reconciliation Act of 1981 (OBRA) Welfare Changes and the Recession on Poverty*, 12, Table 1 (Comm. Print 1984); U.S. Government Accountability Office, GAO/PEMD–85–4, *An Evaluation of the 1981 AFDC Changes: Final Report*, 28, Table 4 (1985).

9 John E. Jacob, “The State of Black America, 1985,” *Los Angeles Sentinel*, January 24, 1985.

10 Harry S. Jaffe and Tom Sherwood, *Dream City: Race, Power, and the Decline of Washington, D.C.*, rev. ed. (Argo-Narvis, 2014), 209.

11 Mark Kleiman, *Against Excess: Drug Policy for Results* (Basic Books, 1993), 296; David Sklansky, “Cocaine, Race and Equal

Protection," *Stanford Law Review* 47 (1995): 1291.

12 Sklansky, "Cocaine, Race and Equal Protection," 1291.

13 Peter Reuter et al., "Drug Use and Drug Programs in the Washington Metropolitan Area" (Greater Washington Research Center, 1988), vi.

14 Tracie Reddick, "Communities Move Against Drug Dealers," *Washington Times*, March 1, 1988.

15 Devall, "Jackson Calls Himself 'General.'"

16 Editorial, "The War Goes On," *Los Angeles Sentinel*, March 24, 1988. 将"快克"比作奴隶制，同"黑人侵害黑人"的说法一样，都出自美国黑人作家或政治人物。不过，其他领域也有类似说法。例如，自20世纪80年代末开始，"无毒品美国伙伴"组织将吸毒比作奴隶制，并将此观念传递给黑人听众。该组织曾拍摄过《这是你吸过毒的大脑》(This Is Your Brain on Drugs)系列公益广告，将矛头从毒贩转向吸毒者。该组织曾在《美国黑人报》上刊发题为"哟，奴隶！"的整版广告，一名黑人手拿几小瓶"快克"，警示文字如下："毒贩向你兜售的可不是你想要的，你即将付出的也绝非仅仅是金钱。你将搭上希望和梦想，甚至赔上你的自尊。你真的还想买吗？"最后，广告以粗体字亮出该组织的口号："上瘾即为奴役。""Yo, Slave!" *Afro-American*, October 20, 1990. "无毒品美国伙伴"还制作了一则电视公益广告，继续强化"快克"与奴隶制的关联。"大约400年前，"一个喑哑的画外音响起，"非裔美国人被缚上锁链带到这片大陆，被剥夺了尊严，被迫骨肉分离。"伴随着语调阴郁的叙述，画面呈现一个非洲村落，村民的脖子被套上锁链，拽出家园。接着广告适时跳转至毒品话题，一名女奴手持蜡烛祈福，继而画面渐变成一个打火机，点燃装着“快克”的烟管。此时响起口吻不容置疑的画外音：“不要成为海洛因、可卡因或者‘快克’的奴隶，不要让父辈蒙羞。”同时出现两个低着头的黑人青年，颈项上闪现出锁链。至此，人们得出结论，与祖先的苦难不同，这些人完全是作茧自缚。Partnership for a Drug Free America. *Drug Abuse as the New Slavery*, YouTube video, 1991.

17 Linda Wheeler, “1 D.C. Homicide Closes ’87, 2nd Brings in the New Year,” *Washington Post*, January 2, 1988; Sari Horwitz, “Weapons, Drugs and Youths: Formula for the District’s Deadliest Month,” *Washington Post*, February 2, 1988; “District of Columbia Neighborhood Report Crime Watch,” *Washington Post*, January 14, 1988.

18 Isaac Fulwood, “Washington’s Year of Shame,” *Washington Post*, January 1, 1989.

19 Horwitz, “Weapons, Drugs and Youths” ; “District of Columbia Neighborhood Report Crime Watch,” *Washington Post*.

20 “District of Columbia Neighborhood Report Crime Watch,” *Washington Post*.

21 Eric Charles May and Anne Simpson, “District of Columbia Neighborhood Report Crime Watch,” *Washington Post*, January 21, 1988.

22 Horwitz, “Weapons, Drugs and Youths.”

23 “2 Slayings Reported in District,” *Washington Post*, January 12,

1988.

24 Horwitz, “Weapons, Drugs and Youths” ; Lynne Duke, “Last Days of Slain NE Woman Puzzle Family,” *Washington Post*, January 21, 1988.

25 “1988 Homicide Toll Reaches 24 in D.C.,” *Washington Post*, January 21, 1988.

26 Horwitz, “Weapons, Drugs and Youths.”

27 “Body Found in Car in NE,” *Washington Post*, January 27, 1988; “January 1988 Homicides in the District,” *Washington Post*, February 2, 1988.

28 Sari Horwitz, “D.C. Homicides Equal Record: NW Barbershop Slaying Is 32nd Killing in Single Month,” *Washington Post*, January 28, 1988.

29 Weil Martin and Sari Horwitz, “3 Fatal Shootings Bring D.C.’s Bloodiest Month to an End: 3 Slayings in 1 Day in D.C. Bring January Total to a Record 37,” *Washington Post*, February 1, 1988; Horwitz, “Weapons, Drugs and Youths.”

30 Martin and Horwitz, “3 Fatal Shootings.”

31 Horwitz, “Weapons, Drugs and Youths.”

32 Fulwood, “Washington’s Year of Shame.”

33 David M. Kennedy, *Don’t Shoot: One Man, a Street Fellowship, and the End of Violence in Inner-City America* (Bloomsbury, 2011), 11.

34 Mike Tidwell, In the Shadow of the White House, quoted in Patrick Symmes, “Swift and Certain,” *Washington City Paper*,

January 28, 1994.

35 Albert Herring, interview with author, February 18, 2014, 11. 赫林以个人身份而非美国司法部代表的身份发言。

36 U.S. Department of Justice, "The Chances of Lifetime Murder Victimization, 1997," in *Crime in the United States*, Uniform Crime Reports (1999); Jaffe and Sherwood, *Dream City*, 379. 1991年，在哥伦比亚特区，有467名黑人公民遇害，而白人遇害者为18人。Hamil Harris, "Homicide: 467 Black; 18 White," *Washington Afro-American*, January 4, 1992.

37 Harris, "Homicide: 467 Black; 18 White."

38 同上。参见：Andrew Papachristos, Anthony Braga, and David Hureau, "The Concentration and Stability of Gun Violence at Micro Places in Boston, 1980–2008," *Journal of Quantitative Criminology* 26, no. 1 (2010): 33–53。数据显示，波士顿30余年的枪支暴力案件中，50%集中发生在3%的街区范围内。

39 Jonetta Rose Barras and Clara Jeffery, "Poor Record," *Washington City Paper*, November 4, 1994.

40 Centers for Disease Control and Prevention, *Nonfatal and Fatal Firearm-Related Injuries — United States, 1993–1997* (Morbidity and Mortality Weekly Report, 1999); Peter Reuter, *Money from Crime: A Study of the Economics of Drug Dealing in Washington* (RAND Drug Policy Research Center, 1990), 97. 吉尔·里奥维写道："南洛杉矶每起枪击致死案件中都有三四名伤者。" Jill Leovy, *Ghettoside: A True Story of Murder in America* (Random House, 2015), 49.

41 Molly Moore, "D.C. Trauma Trains Medic for the Gulf," *Washington Post*, November 8, 1990.

42 Patrick Sharkey, "The Acute Effect of Local Homicides on Children's Cognitive Performance," *Proceedings of the National Academy of Sciences* 107, no. 26 (2010).

43 Elijah Anderson, *Code of the Street: Decency, Violence, and the Moral Life of the Inner City* (W. W. Norton, 1999), 317; 塔那西斯·科茨叙述了自己在巴尔的摩西区度过的艰辛的中学时代，见*Between the World and Me* (Random House, 2015), 26–28。

44 John A. Rich, *Wrong Place, Wrong Time: Trauma and Violence in the Lives of Young Black Men* (Johns Hopkins University Press, 2009), ix–xvii.

45 Kennedy, *Don't Shoot*, 10.

46 Rick Christie, "Atlanta Business Sector's Pick for Mayor Quits, Leaving Field to Maynard Jackson," *Wall Street Journal*, August 9, 1989.

47 Lisa L. Miller, *The Myth of Mob Rule: Violent Crime and Democratic Politics* (Oxford University Press, 2016), 133–142.

48 Sklansky, "Cocaine, Race, and Equal Protection," 1286; Naomi Murakawa, *The First Civil Right: How Liberals Built Prison America* (Oxford University Press, 2014), 113–147.

49 David Morrison, "Anti-Crack Bias," *Washington City Paper*, September 8, 2000.

50 Michael Isikoff, "Getting Too Tough on Drugs," *Washington Post*, November 4, 1990.

51 Sklansky, "Cocaine, Race and Equal Protection," 1294.

52 David Cole, *No Equal Justice: Race and Class in the American Criminal Justice System* (New Press, 1999), 141–145.

53 NOBLE, *Justice by Action*, 14.

54 Joint Center for Political and Economic Studies, *Black Elected Officials: A National Roster*, xv, xxxi (University Press of America, 1991).

55 Phil McCombs, "Regardie, Zeroing in on Barry: War of Words Heats Up Over 'Nightline' Clip," *Washington Post*, March 3, 1989.

56 Marion Barry, Remarks to the National Press Club, on March 23, 1989, as broadcast by C-Span.

57 Tom Sherwood, "Aides Warned Barry of Backlash on Crime," *Washington Post*, November 29, 1988.

58 Christie, "Atlanta Business Sector's Pick for Mayor Quits."

59 "Woman Gets 10 Years in Heroin Case," *Atlanta Journal-Constitution*, January 15, 1992; Larry Copeland, "Drug Czar Proposed by Lomax Also Plans to Hire 300 More Police," *Atlanta Journal-Constitution*, May 24, 1989.

60 Adam Gelb, "3 Deputies in Line for Chief's Job; Hard Nosed Candidate Favored," *Atlanta Journal-Constitution*, July 15, 1990.

61 Devall, "Jackson Calls Himself 'General' in Drug War."

62 Lynn Norment, "Charles Rangel: The Front-Line General in the War on Drugs," *Ebony*, March 1989, 128.

63 Nicholas Benton, "Drug War Ravages Nation's Capital," *The*

Executive Intelligence Review, December 9, 1988; Sari Horwitz and Michael York, "Police Mum on Probe of Drug Killings; D.C. Police Closemouthed on Investigation of Drug War Killings," *Washington Post*, November 22, 1988.

64 Nelson F. Kofie, "Race, Class, and the Struggle for Neighborhood in Washington, D.C.," in Graham Russell Hodges, ed., *African American History and Culture* (Garland, 1999), 111.

65 *Gun Control: Public Hearing Before the Committee on Judiciary & Criminal Law of the District of Columbia Council* (June 6, 1975), 14, Legislative Services Office, D.C. City Council.

66 Sari Horwitz and Athelia Knight, "Barry Announces 3-Pronged Attack on Drugs, Violence," *Washington Post*, February 13, 1988.

67 Jon Cohen, "The Force May Not Be with You," *Washington City Paper*, December 16, 1988; Carlos Sanchez, "Firepower on Streets Rises: D.C. Police Take 9 mm Gun from Boy, 12," *Washington Post*, January 20, 1988.

68 Ron Harris, "Blacks Feel Brunt of Drug War," *Los Angeles Times*, April 22, 1990.

69 Brian N. Williams and J. Edward Kellough, "Leadership with an Enduring Impact: The Legacy of Chief Burtell Jefferson of the Metropolitan Police Department of Washington, D.C.," *Public Administration Review* 66 (November/ December 2006): 816, 817.

70 Ed Bruske, "Plea Bargains Erode Drug Law's Intent," *Washington Post*, May 12, 1986.

71 Sari Horwitz, "D.C. Drug Crackdown Nets 23,000 Arrests," *Washington Post*, August 21, 1987.

72 Linda Wheeler, "D.C. Tops Country in Drug Arrests," *Washington Post*, September 24, 1987.

73 莉萨·道高在西雅图LEAD项目的工作经历，以问题为导向的治安行动都表明警方没有必要如此狭隘。Sara Jean Green, "LEAD Program for Low-Level Drug Criminals Sees Success," *Seattle Times*, April 8, 2015; Herman Goldstein, "Improving Policing: A Problem-Oriented Approach," *Crime & Delinquency* 25 (1979): 236–258.

74 Wil Haygood, "Locked Up Inside," *Washington Post*, December 18, 2005.

75 Herbert, "Can't You See What I'm Saying?," 137.

76 Michael York and Pierre Thomas, "Taking It to the Streets," *Washington Post*, December 15, 1991.

77 同上。

78 William Chambliss, "Policing the Ghetto Underclass: The Politics of Law and Law Enforcement," *Social Problems* 41, no. 2 (1944): 179.

79 同上。

80 纽约警察局局长雷·凯利（Ray Kelly）被指在2010年也曾用类似理由为警方"随意拦截盘查"的手段辩护。针对弗洛伊德诉纽约市案（*Floyd v. New York*），纽约市参议员埃里克·亚当（Eric Adams）在一份书面证言中表示，他于2010年7月曾与凯利局长会商"随意拦截盘查"相关立法议案："凯利局长表示，纽约警察局实施随意拦截盘查的对象为非裔与拉美裔年轻人，旨在向上述两个群体灌输一个想法：只要离家就有可能被拦截，并受盘查，以此威慑他们不要携带武器出门。" *Floyd v. City of N.Y.*, 283 F.R.D. 153, 163 n.40 (S.D.N.Y. 2012).

81 Chambliss, "Policing the Ghetto Underclass," 179.

82 York and Thomas, "Taking It to the Streets."

83 Carolyn Johns-Gray to David Clarke, September 23, 1989, David A. Clarke Papers, Special Collections Research Center, George Washington University Library.

84 Sari Horwitz, "When Officers Go Too Far," *Washington Post*, November 19, 1998.

85 *Cox v. District of Columbia*, 821 F. Supp. 1 (Dist. Ct. D.C. 1993).

86 哥伦比亚特区近期对没收财产的相关法律进行了修订。了解更多相关历史进程，见D.C. Council Committee on the Judiciary and Public Safety, *Report on Bill 20–48, "Civil Asset Forfeiture Amendment Act of 2014"* (November 12, 2014)。

87 John Ward Anderson, "15 Vehicles Seized in D.C. Drug Cases," *Washington Post*, September 3, 1986.

88 Pam McClintock, "Barry: Take Cars from Drug Users," *Washington Times*, October 5, 1989.

89 Marion Barry, Remarks to the National Press Club on March 23, 1989, as broadcast by C-Span; Sari Horwitz and Nathan McCall, "Barry Hopes to Seize Cars in Which Drugs Are Found," *Washington Post*, September 29, 1989.

90 John Ward Anderson, "'Clean Sweep' Takes Drug Effort to the

Streets," *Washington Post*, September 27, 1986.

91 Judith J. Scott, "Operation Clean Sweep to Continue," *Washington Afro-American*, May 2, 1987.

92 Editorial, "Declaring War — Again," *Washington Afro-American*, September 6, 1986.

93 Scott, "Operation Clean Sweep to Continue."

94 Grace Huey, troop leader, to David Clarke, February 3, 1988, Clarke Papers, Box 21, Folder 14.

95 Albert Herring, interview with author, February 18, 2014, 18.

96 同上。

97 同上。

98 William Choyke, "User Unfriendly," *Washington City Paper*, May 31, 1985.

99 同上。

100 Marjorie Hoyer, "Punish Dealers, Users Swiftly, Bennett Urges," *Washington Post*, May 4, 1989; "Drug Czar: Go After Casual Users, Parents," *Chicago Tribune*, May 4, 1989.

101 Lt. Lowell K. Duckett, Chairman, D.C. Black Police Caucus, to Mayor Marion Barry, February 3, 1989, Clarke Papers, Box 39, Folder 1.

102 Larry D. Payne, "Cops Selling PCP?," *Washington Afro-American*, September 20, 1986.

103 Editorial, "Continue the Drug War ... ," *Washington Afro-American*, September 20, 1986.

104 William Raspberry, "Go After the Drug Buyers Too," *Washington*

Post, September 2, 1987.

105 Committee Report, Committee on Human Services, District of Columbia Substance Abuse Treatment and Prevention Act of 1989 (Bill 8–77), 3.

106 John Ward Anderson, "Prisoners Lost Control of Uprising, Probers Told," *Washington Post*, July 13, 1986; Nancy Lewis, "Barry, Prison Chief, Cited for Contempt," *Washington Post*, March 13, 1987.

107 *Inmates of Occoquan v. Barry*, 650 F. Supp. 619, 620, 621, 635 (D.D.C. 1986).

108 一审法官最终揭穿了巴里虚张声势的做法，认定他及其公共关系总监藐视法庭，并对每人处以五万美元罚金。Lewis, "Barry, Prison Chief, Cited for Contempt."

109 Rita McWilliams, "Death Row," *Washington City Paper*, October 19, 1990, 24.

110 Courtland Milloy, "A General in the Drug Wars," *Washington Post*, December 11, 1988.

111 "Cracked: A City Running Scared," *Washington Post*, June 18, 1995.

112 Keith A. Harriston, "Fulwood Resigns As Police Chief; D.C. Homicide Rate Cited in Decision," *Washington Post*, September 9, 1992.

113 *Jet*, October 26, 1992; Leroy Mobley, "The Real Black on Black Crime," *Afro-American Red Star*, November 7, 1992.

114 我在以下论文中提出这一模式，见James Forman, Jr., "Community

Policing and Youth as Assets," *Journal of Criminal Law & Criminology* 95 (2004): 1。

第六章　马丁·路德·金会怎么说?

1 U.S. Department of Justice Civil Rights Division, *Investigation of the Ferguson Police Department* (2015), 10–15.

2 马里兰州警察局1995—1997年的拦截数据显示，95.6%的司机愿意配合警察的路检。俄亥俄州公路巡警提供的两组拦截数据，分别是1987—1991年和1995—1997年的。前者中愿意配合的司机占88.3%，后者中愿意配合的司机占93.1%。Ilya D. Lichtenberg, "Voluntary Consent or Obedience to Authority: An Inquiry into the Consensual Police-Citizen Encounter" (unpublished Ph.D. diss., Rutgers University, October 1999), 160–164, 386, Table 7-1. 马里兰州警察局开展的另一项调查（数据从1995年1月至2000年6月）显示，愿意配合警察者占96%。Samuel R. Gross and Katherine Y. Barnes, "Road Work: Racial Profiling and Drug Interdiction on the Highway," *Michigan Law Review* 101 (2002): 658, 672. 1992年，伊利诺伊州警察局拟将拦截列入一项公路封锁计划，为此征求司机的意见，获得超过98%的司机的同意。*Chavez v. Illinois State Police*, 251 F.3d 612, 621–622 (7th Cir. 2001).

3 Pamela K. Lattimore et al., *Homicide in Eight U.S. Cities: Trends, Context, and Policy Implications* (National Institute of Justice, 1997), 14.

4 U.S. Department of Justice Bureau of Justice Statistics, *Criminal*

Victimization and Perceptions of Community Safety in 12 Cities, 1998 (1999), 9.

5 General Social Survey (GSS), 1994.

6 Paul Duggan, "D.C. Residents Urged to Care, Join War on Guns," *Washington Post*, January 14, 1995.

7 同上。

8 Ruben Castaneda and David Montgomery, "In King's Name, a Mandate," *Washington Post*, January 17, 1994.

9 "Jackson Addresses Alabama Prisoners," *Philadelphia Tribune*, March 14, 1995.

10 William J. Clinton, "Remarks to the Convocation of the Church of God in Christ in Memphis (November 13, 1993)," Administration of William J. Clinton, 2359.

11 同上，2360。

12 米歇尔·亚历山大和唐娜·默奇公开谴责克林顿总统的作为导致了监狱过度拥挤。Michelle Alexander, "Why Hillary Clinton Doesn't Deserve the Black Vote," *The Nation*, February 10, 2016; Donna Murch, "The Clintons' War on Drugs: When Black Lives Didn't Matter," *The New Republic*, February 9, 2016. 贾梅尔·鲍伊认为，1994年打击犯罪法案出台时的政治环境很复杂，一些非裔美国人支持，其余人的态度则模棱两可。他对此做了详尽阐述。Jamelle Bouie, "The Messy, Very Human Politics of Bill Clinton's Crime Bill," *Slate*, April 11, 2016.

13 Duggan, "D.C. Residents Urged to Care."

14 Eric Holder interview with Derek McGinty, *The Derek McGinty*

Show, WAMU, November 24, 1994, p. 7.

15 全美各地开展了不少针对枪支暴力的整治行动，均以“停火行动”命名。

16 New York Police Department, Police Strategy No. 1, *Getting Guns Off the Streets of New York* (1994).

17 Lawrence W. Sherman and Dennis P. Rogan, “Effects of Gun Seizures on Gun Violence: ‘Hot Spots’ Patrol in Kansas City,” *Justice Quarterly* 12, no. 4 (1995), 680–681.

18 Charles R. Epp, Steven Maynard-Moody, and Donald Haider-Markel, *Pulled Over: How Police Stops Define Race and Citizenship* (Chicago: University of Chicago Press, 2014), 32.

19 Edmund F. McGarrell et al., “Reducing Firearms Violence Through Directed Police Patrol,” *Criminology and Public Policy* 1, no. 1 (2001): 119–148.《纽约时报》的一篇报道解释说：“这里（印第安纳波利斯）和密苏里州堪萨斯城警察局为了将非法枪支从街头清除，敢为人先，以长期以来针对毒品和醉驾的方式打击非法枪支。听起来很简单，却很实用。” Fox Butterfield, “A Way to Get the Gunmen: Get the Guns,” *New York Times*, November 20, 1994.

20 Nancy Lewis, “Holder Says Gun Campaign Will Enlist 50 Officers; U.S. Attorney to Be Host of Summit This Week,” *Washington Post*, March 8, 1995.

21 尽管行人和车辆都将成为警方的目标，但霍尔德表示：由于搜查车辆在堪萨斯城很有成效，警方将以车辆为重点展开拦截搜查。Eric Holder interview with Diane Rehm, *The Diane Rehm*

Show, National Public Radio, January 25, 1995, 6–7.

22 Lewis, "Holder Says Gun Campaign Will Enlist 50 D.C. Officers."

23 Nancy Lewis, "Under the Gun: 3rd Police District Squad Gets There First to Get the Weapons Off the Street," *Washington Post*, June 16, 1995.

24 *Whren v. United States*, 517 U.S. 806 (1996), 813. Michelle Alexander, *The New Jim Crow: Mass Incarceration in the Age of Colorblindness* (New Press, 2010), 108; David Cole, *No Equal Justice: Race and Class in the American Criminal Justice System* (New Press, 1999), 39; Paul Butler, "The White Fourth Amendment," *Texas Tech Law Review* 43 (2010): 250.

25 Holder interview with Rehm, 6.

26 但他在其他采访中提及了。在接受《华盛顿邮报》记者南希·刘易斯采访时，霍尔德表示，过度贴膜的车窗就是警方关注的焦点。刘易斯报道说，霍尔德主导的"停火行动""以车辆为目标，特别是那些违反安全规定的机动车，包括不当打灯、车窗过度贴膜等。同时，如果行人满足疑似携带枪支人群的特征，他们也将进入警方视野"。Nancy Lewis, "Special Teams to Draw Bead on Illegal DC Guns," *Washington Post*, June 6, 1995.

27 Holder interview with Rehm, 6–7.

28 同上，7。

29 1973年，联邦最高法院裁定，警方无须告知司机他们享有拒绝受检的权利。*Schneckloth v. Bustamonte*, 412 U.S. 218 (1973).

30 Charles Remsberg, *Tactics for Criminal Patrol: Vehicle Stops, Drug*

Discovery and Officer Survival (Calibre Press, 1995), 212, 215.

31 American Civil Liberties Union of Illinois, "CPD Traffic Stops in 2013: Searches of Cars by Consent: Contraband Finds Per Search, by Type," December 2014; Sgt. Greg Stewart and Emily Covelli, "Stops Data Collection: The Portland Police Bureau's Response to the Criminal Justice Policy and Research Institute's Recommendations," Portland Police Bureau, February 13, 2014; Larry K. Gaines, "An Analysis of Traffic Stop Data in Riverside, California," *Police Quarterly* 9, no. 2 (June 2006): 210, 216, 224, 225.

32 Remsberg, *Tactics for Criminal Patrol*, 69.

33 Sherman and Rogan, "Effects of Gun Seizures on Gun Violence," 683; McGarrell et al., "Reducing Firearms Violence," 131, Table 2.

34 2013年研究者对芝加哥做的一项调查显示，在同意受检的司机中，0.5%的人被发现藏有枪械，9.5%的人藏有毒品，其中83%的人藏有少量毒品（10克及以下）。在波特兰，4.7%的人藏有枪支，22%的人藏有毒品。在加利福尼亚州河滨市，这两项数据分别为1.1%和8.4%。在三个城市的调查样本中，被搜查的白人与黑人或拉美裔相比，更易在车中藏毒。ACLU of Illinois, "CPD Traffic Stops in 2013"；Stewart and Covelli, "Stops Data Collection," 27, Table 21; Larry Gaines, "An Analysis," 225, Table 7.

35 Lewis, "Holder Says Gun Campaign Will Enlist 50 D.C. Officers"；Ruben Castaneda, "DC Tops States in Arrests for Weapon Offenses, U.S. Says," *Washington Post*, November 13, 1995.

36 Metropolitan Police Department, *MPDC 1998 Annual Report:*

Investing in Public Safety for Today and Tomorrow (1999), 19.

37 DeNeen Brown, "District Weekly: A Suburb Thrives in the City but Despite Affluence, Ward 3 Faces Problems," *Washington Post*, June 16, 1994.

38 Robert L. Wilkins, "Comments of the Public Defender Service for the District of Columbia Concerning Public Oversight Hearing on the Impact of the Joint Gun Initiative Conducted by the Metropolitan Police Department, the U.S. Attorney's Office, and the Bureau of Alcohol, Tobacco and Firearms," October 25, 1995, p. 2.

39 同上，3。

40 议员比尔·莱特福特（Bill Lightfoot）担心，警方"缴枪分队"以青年黑人为目标。Nancy Lewis, "Officials Say D.C. Anti-Gun Program Seems to Be Working," *Washington Post*, October 26, 1995.

41 Wade Henderson, "NAACP Washington Lobby: More Than Just Black and White," *About ... Time Magazine*, October 31, 1994.

42 Lenese C. Herbert, "Et in Arcadia Ego: A Perspective on Black Prosecutors' Loyalty Within the American Criminal Justice System," *Howard Law Journal* 49 (2005): 513.

43 Paul Butler, "Brotherman: Reflections of a Reformed Prosecutor," in Ellis Cose, ed., *The Darden Dilemma* (Harper Perennial, 1997), 1–2.

44 Bill Gifford, "Good Cop: Eric Holder, Liberal Crime-Fighter," *The New Republic*, May 1, 1995, 16.

45 Robert E. Pierre, "Police Hail the Success of Gun Drive,"

Washington Post, July 18, 1996.

46 Jeffrey Goldberg, "The Color of Suspicion," *New York Times*, June 20, 1999.

47 Michael Isikoff and Tracy Thompson, "Getting Too Tough on Drugs: Draconian Sentences Hurt Small Offenders More Than Kingpins," *Washington Post*, November 4, 1990.

48 Ron Harris, "Blacks Feel Brunt of Drug War," *Los Angeles Times*, April 22, 1990.

49 David Cole, "The Paradox of Race and Crime: A Comment on Randall Kennedy's 'Politics of Distinction,' " *Georgetown Law Journal* 83 (1995): 2562, note 68; Charisse Jones, "Crack and Punishment: Is Race the Issue?" *New York Times*, October 28, 1995.

50 Nkechi Taifa, "Laying Down the Law, Race by Race," *Legal Times*, October 10, 1994.

51 参见本书第二章内容。

52 在这一话题上，本杰明·莱文的论述是必读之作。他阐明了自由主义者——其中不乏倡导种族平等人士——如何认为枪支犯罪并无过度惩罚之虞。Benjamin Levin, "Guns and Drugs," *Fordham Law Review* 84 (2016): 2173.

53 Paul Duggan, "D.C. Votes More Leeway for Judges; Mandatory Sentences in Drug Cases Altered," *Washington Post*, December 7, 1994.

54 "United States: Call in the Feds," *The Economist* (April 3, 1999); Daniel C. Richman, "Project Exile and the Allocation of Federal Law Enforcement Authority," *Arizona Law Review* 43, no. 2

(2001): 369–412.

55 Frank Lynn, "New Yorkers Face a Busy Election Day," *New York Times*, November 6, 1988. 1990年10月，约翰逊向《阿姆斯特丹新闻》透露："联邦法院针对枪支或毒品案件规定5年强制刑期，因此我们将许多此类案件移交联邦法院。" Jesse H. Walker, "Bronx DA Defends Self, Office and His Borough," *Amsterdam News*, October 13, 1990; Bob Kappstatter, "DA Guns for More 1-Year Terms," *Daily News*, September 29, 1995.

56 1997年，保罗·巴特勒以精彩而尖锐的笔触描述了自己被黑人警官"挑中"，在距离他家——位于特区某种族融合的富裕社区——三个街区的地方遭监视尾随。Paul Butler, "Walking While Black," *Legal Times*, November 10, 1997.

57 Ronald Weitzer, Stephen Tuch, and Wesley Skogan, "Police-Community Relations in a Majority-Black City," *Journal of Research in Crime and Delinquency* 45, no. 4 (2008): 419; Ronald Weitzer, "Citizens' Perceptions of Police Misconduct: Race and Neighborhood Context," *Justice Quarterly* 16, no. 4 (1999): 820–822.

58 Ronald Weitzer, interview by author, March 10, 2014.

59 Weitzer, "Citizens' Perceptions of Police Misconduct," 830.

60 同上，841–842。

61 同上，841。

62 David K. Shipler, *The Rights of the People* (Knopf, 2011), 48, 57.

63 同上，72–73。"缴枪分队"将其理念归纳为一个简单而引人注目的想法。分队训练材料上写道："警方长期以来受到教化，街头执法受《宪法》及其司法解释的严格限制，似在保护罪犯逃避警方追捕。”其实不然，《宪法》应被理解为“执法利刃，而非罪恶保护伞”。同上，41。

64 Police Reform Organizing Project, *Nearly 2,000,000 Per Year Punitive Interactions Between the NYPD and New Yorkers*, August 2015, 3, 5.

65 Epp, Maynard-Moody, and Haider-Markel, *Pulled Over*, 13–14, 65–66, 72.

66 同上，14，72–73。

67 同上，67，figure 3.3。

68 同上。

69 Jeffrey Goldberg, “The Color of Suspicion.”

70 我想说明这并非不平等的**唯一**源起，仅是其中之一。警方尤其有责任消除上述不平等。

尾声　仁慈的限度　2014—2016年

1 哥伦比亚特区在大麻除罪化问题上代表了全美的走向。Bill Keller, “How to Legalize Pot,” *New York Times*, May 19, 2013（到2013年，科罗拉多和华盛顿两州已实现大麻除罪化）; Mark A. R. Kleinman, “Marijuana Legalization Doesn’t Have to Lead to Commercialization,” *New York Times*, September 9, 2015（到2015年，除上述两州外，华盛顿哥伦比亚特区、俄勒冈州和阿拉斯加州已实现大麻除罪化）。民众对大麻除罪化的态度也发生了巨大转变。一项全美民调显示：1969年，仅有12%的美国民众支持大麻除罪化；2003年，支持率提升至34%，2014年，支持率达到

51%，大麻除罪化获得多数美国人的支持。Lydia Saad, "Majority Continues to Support Pot Legalization in U.S.," *Gallup*, November 6, 2014.

2 议会于2014年2月以11∶1的投票结果通过该大麻除罪化提案，提案于一年后的2015年2月26日生效。

3 Franklin E. Zimring, *The Great American Crime Decline* (Oxford University Press, 2007).

4 Uniform Crime Reports, Federal Bureau of Investigation.

5 例如，见Zimring, *The Great American Crime Decline*; Philippe Bourgois, "Crack and the Political Economy of Social Suffering," *Addiction Research and Theory* 11, no. 1 (2003): 32–33; Malcolm Gladwell, "N.Y. Crack Epidemic Appears to Wane; Seeing Drug's Destructiveness, Younger People Are Turning Away," *Washington Post*, May 31, 1993; Katherine Boo, "Crack's Crash: Teens Are Rejecting the Drug That Ruled D.C.," *Washington Post*, August 28, 1994, A1。

6 Ashley Nellis, *The Color of Justice: Racial and Ethnic Disparities in State Prisons* (The Sentencing Project, 2016), 3; *Report of the Sentencing Project to the United Nations Human Rights Committee Regarding Racial Disparities in the United States Criminal Justice System* (2013), 1.

7 Becky Pettit, *Invisible Men: Mass Incarceration and the Myth of Black Progress* (Russell Sage Foundation, 2012), 64; 参见 Bruce Western, *Punishment and Inequality in America* (Russell Sage Foundation, 2006), 85–107。

8 ACLU report, *Behind the D.C. Numbers: The War on Marijuana in Black and White* (2013), 4.

9 James B. Jacobs, *The Eternal Criminal Record* (Harvard University Press, 2015). 法案催生了众多间接后果。1975年，克拉克在提案中仅建议用民事罚款代替刑事处罚。而韦尔斯增加了众多条款，有些会在1975年市议会看来很荒谬。比如，2014年法案规定“任何人不得因为违反（大麻持有除罪化修正案）……而被剥夺接受公共救助的资格”。Marijuana Possession Decriminalization Amendment Act of 2014, D.C. Act 20–305, §402 (2014). 公民因持有毒品被捕即被剥夺应享有的福利，在1975年时根本没有先例可循。

10 D.C. Council, Committee on the Judiciary and Public Safety, *Public Hearing Before the Committee on the Simple Possession of Small Quantities of Marijuana Decriminalization Amendment Act of 2013*, October 24, 2013, 55.

11 *Public Hearing on Marijuana Decriminalization Amendment Act of 2013* (statement of council member David Grosso), 3, 50. 亚历山大的影响力深远。为响应她的号召，一个名为“新吉姆·克劳寻求改变”（New Jim Crow Group for Change）的市民团体成立。其中一名成员在听证会上支持大麻除罪化。同上，84–85。

12 Jay Mathews, “Legal Marijuana Opposed,” *Washington Post*, August 1, 1975.

13 1975年，黑人和白人就大麻除罪化所持的立场仍然大相径庭。哥伦比亚特区73%的白人市民支持大麻除罪化。同时，民调数据也显示了阶层差异：收入10万美元以上的人群趋向于支持除罪化（71%支持），比例高于收入不足5万美元的人群（61%

支持）。此外就该问题还存在性别差异，男性比女性更趋向于支持，其中黑人女性群体最为反对（51%支持，45%反对）。*Washington Post* D.C. Poll, January 9–14, 2014.

14 “百名牧师委员会”领袖安德鲁·福勒就曾在1975年指出：“年轻人如吸食大麻，将更容易对硬性毒品产生依赖。” “A Statement by (Rev.) Andrew Fowler in [*sic*] behalf of the Commite [*sic*] of One Hundred Ministers and Baptist Ministers Conference of Washington, D.C., and Vicinity Before the City Council,” July 16, 1975.

15 Council of the District of Columbia Committee on the Judiciary and Public Safety Committee Report: *Report on Bill 20–409, Marijuana Possession Decriminalization Amendment Act of 2014*, January 15, 2014, 14, 19. 大麻除罪化并未获得黑人教会领袖的全部支持。有些人仍然认为大麻除罪化将促使年轻人吸食大麻，因此导致不良后果。同上，14 (summarizing testimony of Elder Bernard Howard from Sanctuary of Praise), 18 (summarizing testimony of Yvonne L. Williams, chair of Bible Way Church)。

16 韦尔斯将大麻除罪化立法的通过称为“纠正毒品战错误的第一步”。Steven Nelson, “D.C. Council Endorses Pot Decriminalization as Legalization Fight Looms,” *U.S. News & World Report*, February 4, 2014.

17 仅2010年一年，哥伦比亚特区因持有大麻被捕的人数就达5 115人，而其中90%以上都是黑人。见ACLU, *The War on Marijuana in Black and White* (2013), 43。

18 在所有服刑人员中，因非暴力案件或因持有少量大麻（10盎司及以下）而入狱的占比为0.06%，即每1万名服刑人员中有6人涉上述案件。Eric Sevigny and Jonathan Caulkins, “Kingpins or Mules,” *Criminology and Public Policy* 3 (2004): 421. 参见：John F. Pfaff, “The War on Drugs and Prison Growth: Limited Importance, Limited Legislative Options,” *Harvard Journal on Legislation* 52 (2015), 173。

19 玛丽·戈特沙尔克认为：“毒品战的反对者中，有些人支持对吸毒者及其他非暴力案犯减轻惩处力度，以加大惩罚‘罪有应得之人’。” Marie Gottschalk, *Caught: The Prison State and the Lockdown of American Politics* (Princeton University Press, 2015), 167.

20 Barack Obama, Speech to NAACP, July 14, 2015.

21 同上。

22 Barack Obama, “Press Conference by the President, July 15, 2015” (Office of the Press Secretary, 2015).

23 Press Release, October 8, 2015, “House Judiciary Committee Unveils Bipartisan Sentencing Reform Legislation.”

24 Press Release, “Fudge, Delahunt, Issa, Rooney, Introduce Bill to Review Nation’s Criminal Justice System,” April 28, 2010.

25 Miriam Gohara, “Grace Notes: A Case for Making Mitigation the Heart of Noncapital Sentencing,” *American Journal of Criminal Law* 41 (2014): 41; National Juvenile Defender Center, “Role of Juvenile Defense Counsel in Delinquency Court,” Spring 2009.

26 Kristin N. Henning, “What’s Wrong with Victims’ Rights in Juvenile Court?: Retributive v. Rehabilitative Systems of Justice,” *California Law Review* 97 (2009): 1107–1170.

27 丹蒂早年受到的停学处分对黑人学生而言很普遍。早在学前班阶段，大批黑人学生即不成比例地被停学，或经常受到更严厉的惩罚。Sarah E. Redfield and Jason P. Nance, *School-to-Prison Pipeline: Preliminary Report*, American Bar Association, February 2016, 27–30.

28 Victor Rios describes the dilemma Dante faced in *Punished: Policing the Lives of Black and Latino Boys* (NYU Press, 2011), 55. 何塞是里奥斯的研究对象之一，他加入帮派是为了寻求保护，结果却成为帮派内斗的受害者。

29 Michael Eric Dyson, "President Obama's Racial Renaissance," *New York Times*, August 1, 2015.

30 Matt Apuzzo, "Justice Dept. Starts Quest for Inmates to Be Freed," *New York Times*, January 30, 2014.

31 *All Things Considered*, "White House Adviser on 'Devastating Consequence' of Solitary Confinement," January 26, 2016.

32 "President Obama Interviews the Creator of 'The Wire' David Simon," transcript available at Medium.com, March 27, 2015.

33 E. Ann Carson, *Prisoners in 2014* (Bureau of Justice Statistics, 2015), 16.

34 Bryan Stevenson, *Just Mercy: A Story of Justice and Redemption* (Spiegel & Grau, 2014), 17–18.

35 William Bennett et al., *Body Count: Moral Poverty ... And How to Win America's War Against Crime and Drugs* (Simon & Schuster, 1996), 26–27.

致　谢

我要感谢我的代理人戴维·麦考密克，他深知我所想。我还要感谢本书编辑，了不起的亚里克斯·斯塔尔，我写就本书得益于他的帮助。

感恩朋友们和同事们从百忙中抽出时间阅读书稿，并提出想法与建议，他们是雷金纳德·德韦恩·贝茨、肯尼思·麦克、理查德·班克斯、韦斯拉·韦弗、戴维·斯克兰斯基、金·福特–马兹瑞、莉萨·米勒、杰夫·费根、里莎·戈卢布夫、希瑟·格肯、丹·里奇曼、伯纳德·哈考特、唐·埃尔佐格、罗伯特·波斯特、兰德尔·肯尼迪、阿齐兹·拉娜、弗兰克·齐姆林、莉萨·道高、多萝西·泽尔纳、克里斯托弗·穆勒、安德鲁·怀斯等。特蕾西·米尔斯督促我向“作家夏季午餐会”提交初稿，她总提醒我，先把初稿拿出来，才能逐步完善。本书几易其稿，我有幸请约翰·维特过目，他不断鼓励我，提出的建议也非常中肯。

阿瑟·叶文奇克逐字逐句阅读本书数十次，从初稿到清样，他一一审阅。其间，就本书提出的想法与观点，我们曾花数百小时深究，激辩。这份情谊让我终生难忘。

本书得到众多大学的教师工作坊的不吝反馈，包括密歇根大学、乔治城大学、康奈尔大学、加州大学伯克利分校、耶鲁大学、哥伦比亚大学、哈佛大学、天普大学、弗吉尼亚大学、斯坦福大学等。不少学生就本书提出的探索性问题供我参考，他们来自莎伦·乔洛维奇在纽约大学法学院开设的课程《定罪之后》、薇斯拉·韦弗在耶鲁学院主导的“种族与惩罚政治”研讨会、迈克尔·里奥·欧文在埃默里大学主导的“政治与罪惩”研讨会、黛博拉·登诺在福特汉姆大学法学院主持开展的“高阶刑法与刑事诉讼”系列研讨会。本课题得到莱尼·贝尔纳多的支持，并获得开放社会基金会的资助，基金会驻纽约、巴尔的摩及华盛顿哥伦比亚特区的办公室均给予了支持。

耶鲁大学法学院图书馆的管理员团队堪称一流。乔尔丹·杰斐逊和朱莉·克里希纳斯瓦米坚持不懈，为我找寻到珍贵资料，创造了奇迹。戴·特罗皮亚诺任劳任怨，整理了无数细枝末节。参与研讨会的学生和研究助手们也给了我很多帮助，他们是阿龙·利特曼、蒂娜·托马斯、辛西娅·廖、哈兰·达、梅根·麦科马克、塔马尔·莱雷尔、贾尔·索托、温迪·祖帕克、萨拉·托尔曼、克里斯滕·兰、西尔维娅·易卜拉欣、马夫雷·斯塔利–巴茨、伊里娜·范纳曼、米歇尔·曼根、凯特·莫利森、黄田（音译，Tian Huang）、亚历桑德拉·范·内爱芙乐特、梅甘·奥普特曼、安娜·阿伦斯、凯瑟琳·登比、泰勒·希尔、杰姬·德利加提、艾伦·布拉德利、奥利娃·施沃布、迈卡·约内斯、阿什利·多尔顿、丽贝卡·奥杰斯基斯、雷切尔·贝克、杰雷林·路德、安德烈亚·卡茨、阿斯利·巴希尔、拉基姆·布鲁克斯、克里斯托弗·帕利亚拉、伊丽莎白·福特、德沃拉克·特伦、艾瑞卡·詹姆斯、希拉里·韦德维格、布兰登·汤普森、凯利·希夫曼、乔纳斯·王、亚历山德拉·巴洛维、玛里安·梅辛、拉维·巴拉、朱莉·哈钦森、山姆·布里尔、雷切尔·卢班、卡罗琳·利普、奥布里·琼斯，以及来自曼森青年学会“监狱内外交换项目”的学生，其中特别感谢马修·李、雷纳·奥列阿里和杰西·施雷克。

感谢霍华德大学莫兰德–斯平加恩研究中心、乔治·华盛顿大学图书馆特别藏品研究中心、华盛顿哥伦比亚特区市议会立法服务处，以及作为特区公共图书馆中枢的小马丁·路德·金纪念图书馆华盛顿藏品馆等机构，我得到了上述机构的工作人员的大力支持。

我在研究中采访了许多人，正是他们的配合让我得以完成研究并成就了本书。他们是罗杰·威尔金斯、安杰拉·戴维斯、尼克钦·塔伊法、克利福德·亚历山大、辛西娅·琼斯、唐·布拉曼、琼·杰弗里斯、杰克·埃文斯、格雷格·迈兹、凯西·帕特森、基思·斯特鲁普、金·泰勒–汤普森、劳里·罗宾逊、帕特·沃尔德、莱内斯·赫伯特、罗纳德·沙利文、罗恩·魏希、哈利姆·威廉森、特德·格斯特、布伦达·史密斯、艾伯特·赫林、夏丽蒂·托利弗、约翰·贝丝、卡罗尔·汤普森·科尔、埃西·马西斯、弗兰克·史密斯、朱莉·斯图尔特、罗恩·韦策和哈罗德·布拉齐尔等。

还有很多人提供的间接支持也不可或缺。我在哥伦比亚特区公设辩护人服务处同事们的指导下逐渐成长为一名律师。欧文·菲斯、阿希尔·阿马尔、凯瑟琳·麦金农、哈罗德·科赫、杰弗里·莱曼、兰迪·赫兹和小阿道夫·里德引领我进入了学术殿堂。查尔斯·劳伦斯、玛丽·马楚达和金伯利·克伦肖等许多人说服了我：我们的故事可以被纳入法律学术研究之中。埃米·赤和杰德·鲁本菲尔德热情地鼓励我把研究成果整理出版。

我在撰写本书期间，前往华盛顿哥伦比亚特区调研。戴维·多梅尼西和谢里尔·米尔斯接待了我，卢卡和因迪格·多梅尼西–梅尔斯幽默风趣，晚上大家说说笑笑，一起跳霹雳舞，看电影《禁忌岛》。在研究写作遭遇瓶颈时，我得到了大家的鼓励，他们是沙伦·布鲁克斯、伊丽莎白·亚历山大、菲克瑞·盖布雷伊瑟斯、米里亚姆·古哈拉、马库斯·麦克费伦、韦斯拉·韦弗、克里斯·莱夫龙，以及“黑人家庭晚餐”的全体朋友们。穆拉伊·兹迈尔斯在关键时刻提供了艺术家的视角。阿比·雷斯纳克和迈尔斯·埃利希给我信心，请我喝皮爷咖啡，吃意大利冰激凌。

家人给予了我莫大的支持。我的母亲康斯坦西亚·罗米利和继父特里·韦伯无数次来我居住的纽黑文帮我带孩子，因为我“还需要一个周末来完成我的书”。我的妻子艾夫奥玛·恩沃科耶在操持家务的同时，通过艰辛努力完成了研究生课程，并开启了自己的执业护士生涯。我的外祖母杰茜卡·米特福德已离开我们二十年，她留下的《仁慈且寻常的惩罚》是对美国监狱的檄文，我每隔一段时间都会阅读。这部作品出版于1973年，在大规模监禁潮出现之前，已揭示出我在本书中记述的危机之根深蒂固。

本书得以完成，离不开我的父亲老詹姆斯·福曼。他以毕生精力为争取黑人自由而战。他教导我，非裔美国人的历史就是美国的历史，值得书写。家父离世后，我无时无刻不在思念他，缅怀他。

索 引

（说明：条目后的数字均为英文原版页码，即本书边码。
引述中出现的人名均为化名。）